イェーリング法学論集

イェーリング法学論集

山口廸彦 編訳

信　山　社

編訳者序言

日本の法学教育は今揺れ動いている。構造改革の一環としての司法改革や教育改革の推進のなかで、法学教育の欧米型再編が成されようとしている。グローバリズムがいよいよ法学教育にまで波及してきた訳である。欧米型のロー・スクールが設置されれば、従来の法学部は法教育（Rechtsunterricht）を担当することになり、旧来の大学院法学研究科は主として研究者養成に当たる学問としての法学教育（Rechtswissenschaftsunterricht）を引き受けることになり、新設される法科大学院は文字通り法曹養成を目ざす法曹教育（Juristensunterricht）を負担することとなる。司法改革や法学部改革をめぐって沢山の論著が発表されはじめ、ソクラテス・メソッドやケース・メソッドなど教員の側からの一方的な従来型の講義とは異なる教育方法も様々に議論されている。長い間イェーリング研究を通じて、法哲学、法文化論、法学教育論などの諸分野に携わってきた私からこのような論議を見ると、イェーリングが果した画期的な法学教育改革の実践に関して言及した論著は皆無に近いように思われる。ドイツの法学教育においてケース・メソッドを始めて実施したのはイェーリングを以って嚆矢とする。このイェーリングの創始した法学教育の新しい技術は、商法学者ツィーテルマンらによってトルコのイスタンブール大学などで実験的に試行され次第に有効な教育方法として認められるようになったのである。コモン・ローの伝統に立脚しているわけではない日本の法学教育において、法的伝統を全く異にするコモン・ロー諸国の法学教育をそのまま模倣することは危険である。この意味で、本書に収録した珠玉ともいえるいくつかのイェーリング論は、転換期にある日本の法教育・法学教育・法曹教育にとって多くの有益な教訓を含んでいると思われる。イェーリングの主著『イェーリング・法における目的』（信山社、一九九七年）、イェーリングの苦闘の人生と輝やかしい法学上の作品に触れた『大法学者イェーリングの学問と生活』（信山社、一九九七年）に続くこの第三冊目の編訳書が、大陸法系という点でドイツと同質な法的プラットフォームにある日本で法律学を学ぶ学生・院生諸君や法律家の方々に資する所があるならば、編訳者としてはこの上ない喜びである。本書に先行して論文集『イェーリングの法理論』（信山社、二〇〇二年）はすでに出版されているが、続いて予定している『ヴェーバーとイェーリング』（仮題）は法律学の枠を越えて社会学、哲学、歴史学などにも新しい問題提起をすることになると思われる。まことに、イェーリングはバハオーフェンやヴェーバーと同様に汲んでも汲んでも尽きることのない学問的源泉たりうると私は確信している。これらの出版および翻訳権交渉についてお世話になった信山社の袖山貴さんには心からの謝意を表したいと思う。著者なき出版者や出版者なき著者は、車輪のない車両のようなものですから。

平成一五年早春

Y・M

目次

イェーリング法学論集

1　グスタフ・ラートブルフ「ルドルフ・フォン・イェーリングの著作『法をめぐる闘争』の予定された出版のための序文」

解説

戦後西ドイツの法哲学者グスタフ・ラートブルフは、四本の遺稿を残したが、下記に紹介するラートブルフのイェーリング論は、これらの遺稿のうちのひとつである。発表された時期は、戦後七年目にあたる一九五二年であった。本稿は、短文ではあるが、イェーリングの法律学の発展と挫折とを簡潔にとらえており、現代法学からするイェーリング評価の標準的な作品たりうると考えられる。ラートブルフはイェーリングを三期に区分してとらえているが、主題となっている『法をめぐる闘争』をもって、『法における目的』の〈前触れ〉ととらえ、同書を『法における目的』との関連において把握している点に特徴があり、同書を独立した著作として見ている多くの凡庸な見方を凌駕しえている。イェーリングがなぜ概念法学に決別したのかという問題、いわゆるイェーリングの転向問題についても簡潔に要約しえている。わが国ではラートブルフの本稿についての紹介はまだなされていないのが、現状である。紹介のベース・テキストは、下記の『法と国家』シリーズ（一九五二年）を用いたが、ルッシェ編の下記イェーリング・アンソロジー（一九六五年）にも同文が収録されている。

原題は、Gustav Radbruch, Vorwort zu einer geplanten Ausgabe von Rudolf von Jherings Schrift, Der Kampf ums Recht である。ベース・テキストは次のとおりである。(in): Gustav Radbruch; Eine Feuerbach Gedenkrede sowie drei Aufsaetze aus dem wissenschaftlichen Nachlass, in: Recht und Staat Heft 172, Tübingen 1952, S. 24－30. 同文が次にも収録されている。(in)：Rudolf von Jhering, Der Kampf ums Recht, Hrsg. von Christian Rusche, Nürnberg 1965, S. 7–14.

ラートブルフのこのスタンダード・ワークにおいては『法のための闘争』を論じながらそれに接続する第二の講演『法感情の発生について』への言及はみられず、さらに、イェーリングの二冊の遺著『インド・ヨーロッパ人前史』(一八九四年)、『ローマ法発達史』(一八九四年)を視野に入れていない。このような点について本稿も、従来からのイェーリング研究と欠陥を共有しているのであって、たとえラートブルフほどの大法学者のスタンダード・ワークであってもやはり批判的に読まれなければならないであろう。したがって後学の者の課題としては、このような欠陥やイェーリングの歪小化をのりこえて、新しいイェーリング像を提起することが必要になってくるわけである。

しかし、このようなラートブルフの『権利のための闘争』観の中から私たちは、『権利のための闘争』のみにとどまらないラートブルフのイェーリング観をみてとることが出来る。このようなイェーリング観はラートブルフの影響力もあって広まり、多くの法学者によって「船荷二重売却事件」鑑定を契機とする概念法学への訣別とそれにつづく法における目的を重視する立場への移行という形でイェーリングの「転向」についての理解が広まっていった。いずれにしても、このラートブルフのイェーリング論は今日まで支配的な法学界の代表的なイェーリング観だと言うことができる。

＊

グスタフ・ラートブルフ「ルドルフ・フォン・イェーリングの著作『法をめぐる闘争』の予定された出版のための序文」

1　グスタフ・ラートブルフ「ルドルフ・フォン・イェーリングの著作『法をめぐる闘争』の予定された出版のための序文」

ルドルフ・フォン・イェーリングの生涯（一八一八―一八九二年）は、研究生活の場所が移転しただけの大過なき大学教授の人生であった。彼が主として活躍した場所は、ギーセン（一八五二―一八六八年）、ウィーン（一八六八―一八七二年）、ゲッチンゲン（一八七二年以降）であった。しかし、実に激しい情熱を伴った学問的生活が、破滅なく輝ける経歴の枠内でおこったのであった。イェーリングの学問的発達は、その全思考様式のふたつの精神的変革によって相互に区別される三期を経過している。

イェーリングは、サヴィニーとくにプフタの弟子として、歴史法学派の伝統のなかから歩み始めたのであった。彼の著作『ローマ法の精神』（一八五二年以降）は、この伝統からの解放、のちにいわゆる初期歴史学派の基礎づけだった。彼は本書にたんなる歴史叙述の課題を設定したのではなくて、むしろ、本書の特徴は、法史の衣をまとった法哲学にある。本書はローマ法をその一回性にみるのではなくて、むしろ、普遍的な法思想を伝達するもの、いいかえれば法学的様式の所産なのだと見る。それゆえ、ローマ法からこの普遍的理論をかちえたとき、ローマ法は、その使命を果し終え、ローマ法への決別が可能となるのだ。リュベックの［第二回］ゲルマニステン集会（一八四七年）の記念帳（Album）に、彼が当時以降からくりかえして述べた次のような言葉を書きしるしている。「ローマ法研究が何世紀来我々をこの法の奉仕者になして来たにしても、ローマ法は、もう一度我々にローマ法からの解放を与えることができる。ローマ法に最も有効な対抗手段は、ローマ法自体のうちにある。そして我々をしてローマ法をのりこえさせる道は、ローマ法を通じてである」と。

イェーリングの大著『ローマ法の精神』には、ローマ法を越えて法学的技術の実に普遍的な考察へと高まる特徴が示されている。イェーリングは、本書において、法律学をもって、歴史的・法的解釈の平面から、新しい法の創造によって、いやむしろ、従来潜在化していた法内容の意識化によって法の欠缺を創造的に補うのに役立つはずの法的構成の方法へとみちびこうとしている。彼はこの方法を、もっとあとになって、彼がこの方法から離反しこの方法を反駁したもの、すなわち、「概念法学」と呼んだ―事実この狙いは、概念による純論理的操作によって新しい法認識をつくり出す点にあったと言うべきであろう。

イェーリング自身、彼が従来の思考様式においてまちがった事件を我々に訂正したことがある。イェーリングは、一八四四年の論考の中で、「ある人は同じ奴隷を二重に売却した」というパンデクテン（D. 18. 4, 21）（学説彙纂第一八巻一八章第四法文）に含まれているローマの法学者パウルスの判断に、賛意を表したのであった。その奴隷は、引渡し以前に死亡していた。危険は買手にあり（periculum est emptoris）。だから売手は二人の買手に支払を請求できるとパウルスは言うのである。さて、イェーリングは、一八五八年に、ギーセン大学判決団に送付された以下の訴訟事件に直面した。ある船舶所有者が持分たる船荷を二重に売却した。この船舶は沈没していた。第一審は一八四四年のイェーリング論文と同様に、二人の買手に対する売手側の支払請求権を認めたが、第二審は、このような法見解をしりぞけた。イェーリングはのちになってこう述べた。「この訴訟事件ほど、わが生涯において――言いあらわすのに当惑するほど――心をゆり動かした事件はない。もし論理上の誤謬が刑罰に値するものであったならば、当時、私は十分に罰せられていたのである。」さらに、彼はこう語を継いでいる。「法源から読み取れると思われたり結論から引き出しうると思われる法文が実生活においてひき起こす結果や害悪を配慮せずに、純理論的にその法文に満足することと、その法文を適用することとは、実際上別問題である。たとえその他の点でひとり本人自身がいくら良識豊かであっても、良識を欠く見解は、そのような吟味に耐えきれないものである。」イェーリングは、以前の見解とは逆に「本職は、本件につき、当然、原告の請求権はこれを容認しないと判示する」と断じたのであった。

「それは、新しい道に公然と踏み出す第一歩であった。」イェーリングは一八六一年以降雑誌に発表し後に著書『法律学における冗談と真面目』（一八五五年）に収録した「現代法学に関する密書――匿名者より」の文を書いたとき、すでに、ひそかに概念法学から身を転じていた。『ローマ法の精神』は、未完に終わった。イェーリングは、新しい見方に詳しい根拠を与えようとした。一八七七年には、著書『法における目的』が出版され始めた。本書の二つの巻は、もちろん前著と同様、大部な未完の書に終わった。本書の標語は、「目的こそ、法全体の創造者である」とするものであった。彼にとっては、もはや純粋な理論ではなくて、実際的な目的思想が、今や新しい法の生産的創造の手段となった。そして、今や、新しい法ばかりではなくて、彼は、習俗や道徳をも、目的を創造するものとして証明しようとするのである。一八九二年四月一〇日附けシュトラースブルク大学神学教授 E.W. Mayer あて未公開書簡の中で、彼はどれほど本書の続巻に腐心しているかを述べている。「拙著『法における目的』において、愛の問題したがってキリストの問題が視野に入ってくる個所にまで書き及ぼしていないことほど、私が残念に思うことはありません。私は、神学者の方々が私に満足して下さることと思います。以前に私のとった立場ではエゴイズムの観点にもっぱら注目しなければならなかったのですが、この観点からすれば『不思議だ』と言わざるをえなかった自己否定の問題も、第三巻に立ちいたれば、解明されるでありましょう。私は、自己否定を、自己主張の一態様だと考えました。すなわち、利己的なものとことなる道徳的なものと考えたのです。自己否定においてはじめて、わが真なる自我はあらわれるのです。すなわち、純粋に利己的な自我とことなって社会の諸目的によって設定された私の自我は自己否定にあらわれるのです。」

このような見方が勇み足であり誤謬であるということは、詳論するまでもないであろう。イェーリングは、ヘーゲル体系崩壊後の哲学なき時代に生きたのであり、みずからも、哲学の学派になんら係わり合いをもたなかった。彼は、哲学だけが解きうる問題を解決するために、実定法学を通じて道をきり開かねばならなかった。そしてそれはなんら不利益なことではなかった。専門科学からする哲学へのそのような分裂は、哲学をますま

1　グスタフ・ラートブルフ「ルドルフ・フォン・イェーリングの著作『法をめぐる闘争』の予定された出版のための序文」

す豊かにし、一般哲学体系の高みからする専門的問題の解明よりも実り豊かであることが多かった。とりわけ法律学に対するイェーリングの学説は、測り知れぬ影響をもたらした。利益法学、自由法運動、目的論的な概念形成といった現象はイェーリングから発するものであり、それらの諸現象の側としても、法実務それ自体に資することを心得ていたのである。目的思想の中には、従来なおざりにされた法の一側面が、効果的に表現されていた。もとより、目的思想は、その一面性のなかに、重大な危険をも含んでいる。目的思想の一面的な適用からは、民族に役立つ法がすべてであるという危険な学説が生じる。もし彼が「目的こそ法全体の創造者である」とする認識を後になって捨て去ることができたとするならば、彼は、このテーゼに含まれている危険を、こう述べる前に、とうの昔に明瞭に認めていたわけである。イェーリングは、目だたぬ箇所、すなわち、彼が第五版を編集したファルクの『法学百科全書』に対する註の中で、こう述べている。「道徳界を支配するのは、合目的的性の原理だけではない。この原理のおかげで存在している法文や諸制度と並んで、何ものをも目的とせずに結果である別のもの、いいかえれば、道徳的または法的な根本思想の発露、したがって合目的的性という基準によってはいささかも測りえない別のものが存在する。前世紀（すなわち一八世紀）には、このような誤謬がよくおこなわれたのであって、この誤謬によって、最も気高く最も深奥なるものが、塵埃と考えられたことが珍しくなかった。」法の世界において王冠に値する観念、すなわち正義が、法の合目的的性について完全に忘れ去られているのであるから、法思想が「塵埃と考え」られるのと同じようなぐあいに、我々自身があらためて生きているのである。

イェーリングの著書『法をめぐる闘争』は、彼が概念法学から身を脱し目的法学に向かった時期にあたる。本書は、大著『法における目的』の前触れたる小品である。その思考過程は、三区分して述べることができる。一、法をめぐる闘争　二、権利のための闘争　三、法のための闘争としての権利のための闘争

1　グスタフ・ラートブルフ「ルドルフ・フォン・イェーリングの著作『法をめぐる闘争』の予定された出版のための序文」

一　法をめぐる闘争。ここでイェーリングは、静観主義的な学説に反対している。静観主義的な学説によれば、法の発達は、言語の発達や民謡の発生に比較でき、法は、闘争なしに、静かなる有機的な成長を通じて慣習法として生じ、法律の任務は慣習によって生じた法を言葉に言いあらわすことに存する。歴史学派のこういう見解に反論してイェーリングは、法もまた意識的な働きによってのみ文化的な産物と言うにふさわしいのであり、法におけるこういう動きは、主として、新しい法に対する適・不適の諸利益の闘争において実現されると、述べている。現行法はひとえに強力の所産（Machtergebnis）であるとする点に、イェーリングが誤解される恐れがあるにはある。しかし、彼自身は、別の個所で、法とは「権力の政策」（die Politik der Gewalt）であると述べている。けれども、このような権力の政策という実にたくみな言いまわしは、こうした見解の法形式における表現、こうした見解の法文化に他ならないのである。もし権力が、外見上、法としての装いを整えるばかりではなくて、実際上法として形成されることができなかったならば、権力は、耐久寿命（Dauer）を持ちうるだけである。もし権力が、法の一要素であるならば、まさしく実際上は、自律性こそ、もうひとつの要素である。

二　さらにイェーリングは、自己の権利を守ることは論理的自己主張の道徳的義務であると言う。我々は、ふつう自己主張ではなくて自己否定を道徳の本質と考え、道徳的義務と権利とを対比する。けれどもイェーリングは、法と道徳的義務との関係づけをあやまることがなかった。法の使命は、道徳に奉仕することにある。すなわち――道徳的な行為は本質上ひとえに自由の行為であるから――法の使命は、道徳的な行為を直接に強制することにあるのではなくて、道徳的な義務の履行を可能にすること、いいかえれば、道徳的な義務の履行がはじめて可能となるまさしくかの外的な自由を与えることにある。もちろん、権利を道徳的な義務として守ることを概念的に把握することは、法と道徳とのこのような結びつきを心理学的に解明することよりも容易である。各人は皆、ふたとおりの倫理的な秩序の支配下に生きている。一方の倫理的秩序の特徴は、義務、平和、愛情、謙遜といった概念系列であり、他方の倫理的秩序の特徴は、権利、闘争、名誉といった価値概念でありうる。前者は、とくに我々の良心において我々に語りかけ、後者は我々の法感情において表現される。我々は、一目見ただけで、心において良心が勝っている人と法感情が勝っている人とを互いに明確に見分けることができる。たとえば心の柔和な人と癇癪持ち、温和な人と心猛々しい人、信心家と勇士、陰気な人と雑々しい人、お人好しとがんこ者、というように区別できる。けれども、理想的な目標は、法感情と良心とのバランスを保ち、道徳的な義務の履行を法の最高目標ととらえ、法をもっぱら道徳的義務を履行するための一権利と考えることにある。自分の権利のためにする闘争において法が首尾よく成功することは稀である。法がもっとも良く実現をみるのは、権利闘争の最高形態、すなわち他人の権利のためにする闘争においてである。

三　けれどもイェーリングによれば、法をめぐる闘争は道徳的な義務である。というのは、法をめぐる闘争は、個々人の道徳的な自己主張を意味するばかりではなくて、とりわけ、自分の権利のためにする闘争は同時に法秩序のための闘争であるからである。自分の権利を踏みにじる者は、法の支配が無力となる原因を自分からつくり出す。もちろん、自分の権利のための闘争は、実際上、その対象から言えば、いわゆる自分の権利のためにする闘争にすぎないし、その動機から言えば、大抵、法感情がもたらすものではなくて、むしろ、自己欺瞞や偽善において法感情としての装いをまとう嫉妬や悪意、復讐心や意地悪さがもたらすものである。それにもかかわらず、自分の権利のための闘争から法が高らかに生ずるとするイェーリングの楽天的な見方は、あらゆる方面の私利私益から自動的に公益が生じるとする、当時の支配的であった見方である自由主義的なドグマのひとつの部分現象である。もちろん、自分の権利をないがしろにすることが習いとなるならば、それは、実現されないまま放置された法の効力をも問題化することがありうるということは否定しうべくもないが、そ

1　グスタフ・ラートブルフ「ルドルフ・フォン・イェーリングの著作『法をめぐる闘争』の予定された出版のための序文」

れにしても、我々は、イェーリングのあまりにも楽天的な法闘争観に疑いのまなざしを向けざるをえない。

最後に指摘しうるのは、なるほど我々は「良き法」について語ることを習いとしているが、しかし、我々はそれと同じように、「愛ある平和」についても語ることを習いとしているという点である。義務から始まって法的な闘争に至るとするイェーリングの誇張された理論は、まさしく我々ドイツ人にとっては危険な側面をもっている。というのは、ドイツ人の特徴は一方で、過度の法感覚、いいかえればふつう脆弱な自意識の他面でありそれゆえに由々しいまでに訴訟狂や訴訟好きの気のある自分の名誉や自分の権利に対する極端に敏感な感情にあるからである。他方では、健全な法感覚、いいかえれば、自分の権利に対するかの過度の感覚を制限することもありうるであろう公民としての法秩序に対する責任感が、ドイツ人には欠如しているからでもある。それにもかかわらず、まさしく法のための闘争と責任にもその占めるべき位置を認めたイェーリングの本書は、現代の法意識を自覚化するための啓発力をこの上もないほどに有している。本書は、法律学の世界の外にさえ、広範囲に読者と崇拝者とを勝ち得た唯一の法律書として、現代の法学文献のうちでも別格の地位を占めているのである。

2　ヨゼフ・コーラー「フリージアの田舎牧師イェーリング」

解説

司法官試補をしていた若き日のヨゼフ・コーラーの才能を見い出し学界に推薦の労をとったのは名声に輝くイェーリングであった。コーラーはドイツで最もはやくに特許法理論を打ち出したりしながら実定法のいろいろな分野のみならず、法史学、法哲学においても活躍し、その意味ではイェーリングの期待したとおりの多才な人であった。人は、多才なコーラーを、Aller Kohler（何でもコーラー）と呼んだ。

日本の刑法学者では、牧野英一がイェーリングを信奉し、小野清一郎がコーラーに心酔していくという興味ある対立を示している。法史学において、コーラーは「法の普遍史」を提唱し、法民族学、比較法学においても業績を残し、Leopold Wenger との共著『法の普遍史』（Allgemeine Rechtsgeschichte）（一九一四年）を残している。小野清一郎訳『法の一般的な歴史』（日本評論新社、一九五三年）は、原著の一五三頁までのコーラー執筆分の邦訳である。

コーラーの「法と文学」領域における業績として、シェークスピアの作品を法学の立場から論評した Josef Kohler, Shakespäre vor dem Forum der Jurisprudenz. (2. Aufl., 1919) がある。同書は冒頭の論文として「ヴェニスの商人と債務法」を掲載する。コーラーとイェーリングの間では、コーラーの側に恩義があるように見えるが、しかしふたりの間の人間関係は悪化の一途をたどり、ついに決裂するまでに至った。その直後の原因は、「今どういう研究をしているのか」というイェーリング先生の御下問に対し、コーラーが「今はシェークスピアを研究しています」と答えると、このことをイェーリングが酷評した結果、犬猿の仲となった（勝本正晃『文芸と法律』）。イェーリングが『権利のための闘争』序文で、シェークスピア論を展開しているのは、このような悪化したコーラーとの決裂という人間関係を背景としている。

数多いイェーリング批判のなかでも、下記に邦訳するコーラーのイェーリング批判がもっとも激烈である理由は、上記のような感情によるものであるが、イェーリングもコーラーも著述においてさえ感情を抑制することが出来なかったようである。フランツ・ヴィアッカーは、一九四二年の『ルドルフ・フォン・イェーリング論』（本書**5**所収）において、躁鬱病的であったイェーリングの気質と鋭い分析能力とを結びつけているが、イェーリングにかぎらず、法思想家たちの理論形成を精神分析学の方面から考察するという作業は、今後の興味深い課題となろう。

イェーリングのアンソロジー(1)の編者ブフヴァルトは、アンソロジーの序文で様々な代表的なイェーリングへの批判を列挙しているが、下記のコーラーによるイェーリングの酷評について次頁のように述べている。コーラーの法民族学的研究は結局は失敗に終るが、イェーリングとコーラーはともにバーゼルのローマ法学者バハオーフェンと交友があったことも興味深い。バハオーフェンは、イェーリングを自分の後任としてバーゼル大学にイェーリングを招聘しているが、コーラーとも意見交換をひんぱんに行い、そのためコーラーはバハオーフェン追悼文をのちに執筆しているほどである。私（山口）がバーゼル大学図書館地下の手稿部に保管されているバハオーフェンの手稿を見た限りではバハオーフェンは非常に几帳面で粘着的かつ偏執的な気質であった様に見受けられた。イェーリングとコーラーは爆発的な感情に左右され易い気質であったのに対して、バハオーフェンやヴェーバーは粘着的であった点は著作の文体や思考様式からも言えることではないだろうか。(下記はブフヴァルトのコーラー論である。)

対立する意見に対するイェーリングの反論もまた折にふれて鋭く、時として、一面的でもあり、間違ってもいた。著書『法律学における冗談と真面目』を開けてみさえすれば、それはわかる。けれども、当時の彼の批判は、大部分、彼自身、および、従来の自説に向けられていたのであり、また、彼の批判は、自分の職業の高みにあって、彼がこれまで出発点としてきた根本は見解が間違っていたと考えたとき、一定の絶望から生まれ出たものであった。さらに、『一匿名者の手紙』は、すべて認識しうる諷刺のためと考えたのであり、また、目的に適したものと判断されえたのである。ところが、コーラーの場合に残るのは、ただ、あけすけな粗野だけである。

実際上の内容についてもそうである！　コーラーは、習俗に関するイェーリングの考察は、民族学的な裏づけを一切欠如しており、それゆえ、ディレッタントで何の役にも立たないとイェーリングを非難している。そしてコーラーは、このことを立証するために、『法における目的』の喪服の論証を挙げている。しかし、イェーリングの側からすれば、自分にとって問題であるのは、現代における習俗の多かれ少なかれ拘束的な力を示すことであって、その場合、石器時代の人や南洋の島民の葬式の習俗などはまったくどうでもよいことなのだと、コーラーに対して正当にも答えるだろう。コーラーの論争は、イェーリングの意欲したことに対する完全な誤解に基づいている。どの程度まで、『インド・ヨーロッパ人前史』に対する厳しい評価が言えるかどうかということを、私は、ひとまず措いておいてもよいだろう。いずれにせよ、本書は、新しい研究分野における最初の突撃だったのである。けっして軽率な批評家ではなかったÖrtmannは、たしかに本書を、天才的な著作だと呼んだことがあるほどである。

コーラーのあげている第二の非難は、事柄の核心にあたっている。それは、イェーリングの著作が、「一切の形而上学的な基礎づけを欠如しており、それゆえ、まったく砂上の楼閣であり」、イェーリングの形而上学は、おおよそのところ、フリージアの田舎牧師の形而上学の立場に立脚しているという非難である。

イェーリングの法理論は、法哲学にまで高まっておらず、形而上学的には根拠がないというこの非難は、その他の点では全く好意的で公平な他の批評家からも提起されている。

（1） Ruldolf von Jhering, Der Geist des Rechts, Eine Auswahl aus seinen Schriften, hrsg. von F. Buchwald (Bremen, 1965)。

コーラーのイェーリング批判はもともと左記[2]に掲載されたものであるが、ここでは上記のイェーリング・アンソロジーのなかのブフヴァルトの序文への収録文から訳出した。

（2） Josef Kohler, Rechtsphilosophie und Universalrechtsgeschichte, (in) Enzyklopädie der Rechtswissenschaft, 1. Band, 1904, S. 12.

何はさておいても役に立つ法哲学を樹立しようとしながらも、ヘーゲルは実際には何ひとつ達成しなかったのだという甚だしい意図をもって登場しながら、その著書自体は実に何ものをも果たすことなく、ただひとつの支持しうる結論にも達していないある著書を、指摘することだけが残されている。それこそ、イェーリングの『法における目的』第一巻と第二巻である。本書には、形而上学的な基礎づけが一切欠如している。個人はああだ、社会はこうだというだけで、一切万事が砂上の楼閣である。—さらに何かその哲学的基礎づけに関係があるのか？　何か時間と空間とについて哲学しているのか？　実際上、イェーリングの形而上学は、おおよそのところフリージアの田舎牧師の形而上学の立場に立脚している。事実、彼自身が、当時ヘーゲル的な思考様式に習熟していなかったと認めているのである。

因果関係ではなくて、目的が法を創り出す。このことが、大発見として述べられる。実際上、それは、汎神論的進化論の稀薄化であり浅薄化に他ならない。最高の哲学領域においておのずから示されるもの、すなわち、世界に内存する目的的努力による世界全体の発展、こういうことが、哲学用語に置きかえられる。目的的努力は、個々人においては当然まず利己的な努力であるが、しかし、この利己的な努力は、個人のエゴイズムではなくて社会のエゴイズムが活動するようになってくると道徳になる。けれども、目的的努力は、社会のエゴイズムが働く諸目的に関して言えば、何なのか？　健康という目的か、成功という目的か、気高い心情という目的か？　我々は、このことについては不確かなことしか教えられない。いずれにせよ、社会のエゴイズムの現実は、何世紀もの流れの中ではじめて生じ個人を支配している何かしら二次的なものである。――これは、歴史の初期のデータに矛盾する見解である。というのは、我々が広く振返ってみると、人間性のなかに利他主義的な動機のあることがわかるからである。子への愛情とかお客を歓待することとかは、所有するよりも古い。誠に、はじめは、社会的動機の方がはるかに有力なのであって、個人のエゴイズムは、後になってはじめて発達するのである。もし、多くの人々がいまだに、客の歓待は後代になってはじめて見い出されるのだと考えているとするならば、それは、未開民族の思考と動機とを完全に誤解しているということを示しているのである。こうした考察方法全体は、歴史をすっかり変えてしまい、徹頭徹尾、歴史を誤解するものである。

それゆえ、このように道徳を導き出すことは何の役にも立たないのであるから、習俗の考察は、民族学による十分な裏づけを欠くことになり、したがって、ディレッタントであり、かつ、物の役に立たない。かくして、喪服が本来あったところのもの、すなわち、喪服はもともと死者の亡霊から身を守り亡霊に対して扮装するための変装であったという予測なしに、『法における目的』第二巻三一二頁で、喪服の由来が論じられる。いったいどうして、トーテミズムからマニ教礼拝に至る宗教的観念の上げ潮全体が、まるで、人類が昔から生殖にいそしむフリージア人から成り立っていたかのように、無理解で無分別のままに捨ておかれるのであろうか。私には観点のまったくの平板さが生じている遺著『インド・ヨーロッパ人前史』については、同書をもはやみずから編集しないで終った著者に対するいたわりから論じないでおく。

3　ヴォルフガンク・フィケンチャー「イェーリングの近代法学方法論」

解　説

一　ヴォルフガンク・フィケンチャーの『比較叙述における法の諸方法』について

1　はじめに

私が本書の存在を知ったのは、法哲学者によってではなくて比較民法学者五十嵐清教授からいただいた私信によってであった。フィケンチャー教授もまた私法学から出て比較法学と法哲学の分野で現代自由世界における法哲学上おそらく最大の好著を長い執筆期間を経て世に問われたのであった。私がつたない論稿を通じてドイツの同教授とコンタクトをはかった一九七八年の夏には、ただちに「アナーキーと法的変化」、「ルドルフ・フォン・イェーリングの処女論文の発見」という短篇を短い書簡と共に日本の片田舎に送って下さった。爾来長い歳月が流れたが、わが国においてはいまだこの大著について沈黙が続いているようにみえるので、ここで取り上げたいと思う。ここではまず第一に本書の成立事情を述べ、第二に本書の全体的構成を巻別、章別に追い、第三に若干の論点に批判的に言及したい。

2 成立の背景

フィケンチャー博士は、すでに、ミュンヘン大学正教授を一九九六年に退官されたが、かつては同大学国際法研究所に勤務しておられた。同研究所がヨーロッパおよび国際的経済法を主たる研究対象としていることにも関連して、ヨーロッパ共同体の成立に伴うヨーロッパ経済活動の国際化およびこれに対するヨーロッパ法の統一と法観の国際化が、本書成立の重要な背景となっている。社会福祉法と並んで経済法領域の出現それ自体がすでに、狭隘な公法と私法の伝統的区分を陵駕するものであるとともに、ヨーロッパ共同体における法的紛争の国際的処理の必要性は、アングロ・サクソンの判例法（Fallrecht）によるのか、大陸法系の法典の方法（Kodexmethode）によるのか、との実際的問題を必然的に提起している。このような法的交渉の国際化という現象は、国内法諸領域の解釈学をもって事足れりとしてきた法律学の伝統的あり方と方法論に再検討をせまり、ここにおいてとりわけ民・商・経済法の私法的領域において比較法（Rechtsvergleichung）的方法論がにわかに現実性を帯びることとなった。本書もまた上記の法律学および法学方法論の転換に対応することを強く意識するものである（Vorwort)。

全五巻、総頁三〇〇〇をこえる本書は、古代宗教法から現代EC法秩序に至る広い歴史的視野と独米英仏を中心とし他のヨーロッパ諸国からソ連、日本、イスラム、インドネシアまで収めるマクロな比較法的視座を有している。本書の中心的設問は、「現代および過去の最も重要な法秩序において〈法〉(Recht) ということのもとで理解されているのは何であるのか」という問いかけにあり、具体的構想から一六年、執筆開始から一三年の歳月を費して完成された。一九四五年以来マルクス主義が、一九四六年から二年間日本を含む仏教的思考が、一九五七年にはイェーリングが、一九六二年にはホームズがすでに討究されていた。Max Kaser, Ar. Kaufmann らとの討論が継続されたが、本書成立の直接の動機は、ワシントンの師 Heinrich Kronstein（1897—1972,

Georgetown Univ. 国際法・外国貿易法研究所）によって与えられたIsay法源論の執筆をめぐる助言にあった。以後、一九六二、六六年の二度にわたるアメリカ留学（Georgetown Univ., Michigan Univ.）、一九六五年のフランス留学の期間中、各国法学者、裁判官のインタビューを利用しながら書き続けられ、一九七一年から一九七二年にかけてWassenaarのオランダ人間行動科学研究所（NIAS）において集中的に執筆され、同年秋に完成された（あとがき）。全五巻は、一九七五年から一九七七年の二年間に逐次公刊された。

3　内容の概要

第一巻は、〈初期宗教法・ローマ法圏〉に関する。序言と序論のための文献表に続き、「批判の部」が展開される。第一章（100 S.）は、「方法論的基礎附け」で人間学的出発点、被拘束性理解の理論、構造主義が論じられる。第二章（194 S.）は、「初期法、宗教法の方法論」に関し、古代法、ギリシャ法、ユダヤ教、イスラム法、インドネシア法、マルクス主義に言及し、このうち仏教において日本法を三五頁にわたって論ずる。第三章（24 S.）は、「ヘレニズムとスコラ哲学との間のローマ法方法論」第四章（7 S.）は「正義と法の〈素朴な並立〉の一般的評価」を論ずる。次いでローマ法圏の論述に入り、第五章（35 S.）は「スコラ哲学とフランス革命間の大陸法の伝統」第六章（39 S.）は「法典編纂とその解釈」に関しナポレオン法典、フランス注釈学派を論ずる。第七章（104 S.）は「現代フランス法方法論」に関し、科学学派、サレイユ、ジェニー、デュギー、オーリユーを論ずる。第八章（22 S.）は「ベルギー、オランダ、イタリア」を、第九章（6 S.）は「スペイン、ポルトガル、ラテン・アメリカ」を第一〇章（4 S.）は「比較法的方法論へのローマ法圏の寄与」を論ずる。

第二巻〈英米法圏〉に関する。第一一章（148 S.）は、「イギリス法の方法」に関しホッブス、ブラックストン、マンスフィールド、オースチン、ハート、フリードマン、判例法、法の支配、クロロス、ストーン、ウォルトレイを論ずる。第一二章（72 S.）は、「オリヴァー・ウェンデル・ホームズJr.」に関し、イェーリングとの関係、ホームズ批判をめぐりポロック、ラスキ、レンナー、マッキノン、ブザンスキーに言及する。本章は一九七〇年既発表の論文「O.W. ホームズにおける法学と民主主義」を発展させたものである。第一三章（50 S.）は、「パウンド、カドーゾ、ブランダイス、支配的理論」に関し、パウンド、イェーリング、利益法学との関係、アメリカ判例法理論を論じる。第一四章（88 S.）は、「リーガル・リアリズム」に関しアメリカ・プラグマチズム、ルウェリン、フランク、計量法学、カントロヴィッツ、両コーエン、北欧リアリズム法学を論じる。第一五章（34 S.）は「アメリカの法実証主義」に関し、実証主義と判例法、ケルゼン、ハント、アノルドを論じる。第一六章（37 S.）は「アメリカにおける反自然法運動」に関し、ペトラジツキー、フラー、ケスラー、ルシー、ハミルトン、クロンシュタイン、ノルスロップを論じる。第一七章（40 S.）は、「アメリカの法方法論における比較的新しい要約と発展」に関し、ホール、ウー、ストーン、クラウスト、H・M・ハート、ヴェヒスラー、トロット、ケスラー、ロストウ、ミラー、マクドガル、ボーデンハイマー、フリードマン、シューマン、ドウォーキンに言及する。第一八章（34 S.）は「法の方法的理解への英米法圏の寄与」に関し、ラートブルフ、シュルツに言及する。

第三巻は〈中部ヨーロッパ法圏〉に関する。第一九章（31 S.）は「ヒュームとカント」、第二〇章（42 S.）は「ドイツ観念期への法方法論、F.C.v. サヴィニー」に関し、カントの時代、サヴィニーの生涯、体系論、法典編纂、歴史法学派を論じる。第二一章（22 S.）は「法における事実実証主義」に関しコント、イェーリング、イェリネクを取り上げる。第二二章（24 S.）は、「概念法学、法律と国家との実証主義的概念」に関し、プフタの慣習法論、諸概念の系譜学、ヘーゲルを論じる。第二三章（182 S.）は「R・V・イェーリング」に関し、伝記、解釈学的業績、方法論的業績、影響を論じる。第二四章（24 S.）は、「方法論のための多様な法哲学的な新しい萌芽、新カント主義、新ヘーゲル主義、現象学、実存哲学」に関し、マールブルグ学派、西南ドイツ学派、ケルゼン、ビンダー、シェーンフェルト、デュルカイト、エンギッシュ、ラレンツを論じる。第二五章（54 S.）は「自然法と実証主義との間の振子運動」に関し、形式主義の克服、E・カウフマン、スメント、後期ラートブルフ、シュミット、新実証主義、ヴィルブルグ、エッサーを論じる。第二六章（44 S.）は「経験的伝統；利益法学と法社会学」に関し、ビアリング、バウムガルテン、イザイ、クリール、フック、カントロヴィッツ、ライヒェル、ルーマン、イェーリングに言及する。第二七章（50 S.）は、「法の方法論における現代の価値問題」に関し、価値法学、ヴェスターマン、ラレンツ、エッサー、ヴィアッカー、ジッペリウス、クロンシュタイン、Ar.・カウフマン、ビーテンコップ、シュタインドルフ、メストメッケル、ガダマーを論じる。Kp. 28（182 S.）は「マルクス主義的法圏、ヘーゲルとマルクスによる法の諸方法」に関し、ヘーゲル、ヘーゲル学派、ガンス、クリステアンセン、キエルフ、アダム、ゾイフェルト、ヴァンゲロウ、ベール、マルクス、レーニン、ローザ・ルクセンブルグ、ヴィシンスキー、社会主義法、新マルクス主義、ドゥチュケ、ヴィートヘルターに言及する。第二九章（156 S.）は、「結論、中部ヨーロッパ法圏の現代法方法論における支配的理論と実務」に関し、もたらされた状況、法秩序と法文、法文の解釈、慣習法、法の持続的形成、法の適用、ドイツ以外の中部ヨーロッパ法圏の方法論上の重心、領域をはみ出る法的問題の取り扱いにおける方法的問題、開かれた可能性を論じる。

第四巻は〈解釈学〉に関する。第三〇章（126 S.）は、「法をめぐる歴史的、体系的、方法的思考の基礎づけのために」、ブレイシッヒ、シュペングラー、トインビー、トレルチ、ゲーレン、ヴェーバー、ヘロドトス、ツキジデス、カルヴィン、イェーリング、ベルグソン、ディルタイ、ルローチェ、コリングウッド、ポッパー、シェラー、プレスナー、フッサール、ハイデッガー、シーデル、ファーベル、ヴァグナー、ヴェーラー、ヨンパルト、ラレンツ、エッサーに言及する。第三一章（140 S.）は、「法秩序と法文、判例規範の概念」、第三二章

（112 S.）は「法律の法と法曹法、判例規範の機能様式」、第三三章（14 S.）は「規範と価値」、第三四章（244 S.）は「価値の獲得」に関し、目的概念・価値概念の検討からスピノザの理性概念の批判的検討までに至る。第三五章（20 S.）は「法をめぐる哲学的思考の基礎づけ」、第三六章（46 S.）は「結論、法理論と法戦略」に関する。第三之に引続きフランス語による「私法とその歴史の産出」と、「比較法的方法論論考」の二つの補論が添付されている。第五巻はあとがき、索引、文献リストなどが詳細に編集されて一巻を成している。

4　比較的方法の批判

上記のように全五巻のこの大著は、詳細かつ網羅的を特徴とするばかりではなく、哲学、社会学、歴史学へも考察と論及の範囲を拡げ、古代から刊行時（一九七五年）までの主要な法方法論上の提案のほとんどに漏れなく当たっているように思われ、その知的関心の広さには驚くばかりである。けれども、これらの優れた諸点は同時にまた欠点ともなっている。たとえば、イェーリングを興味深く感じる第二三章を通読した場合、あまりにも長文のため、かつ個々の論点を深く論じているため、イェーリングの思想的発展の全体的流れが把握されにくいように思われた。

一体、法思想研究における比較的方法とは何を言うのであろうか。比較とは、ひとつの対象のみに係わることではない。それは、複数の対象を必要としひとつの対象と他の対象とを相互にくらべることをいうのであろう。けれども、比較することには何らかの基準がいる。二つの対象を〈時間—空間—価値〉の共通の平面上にのせることによって比較が可能となる。同一のものの比較は無意味であるから、差異のあることが前提となる。個々に論争がなされる差異ある法理論も、類として同一性を有していれば、同じ思想類型として、すなわちひとつのシューレとしてみなすことが可能となる。このように、比較とは、ひとつの対象へのまなざしを他へも及ぼすことであるから、個々の法思想家に他の思想家を対置し、ひとつの思想グループに対して他の思想に立脚する学派を対立させ、その異同を個々に、あるいは、類型的に論ずることが、比較的方法のあり方であろう。このような理解からすると、たとえば、個々の法思想家の生涯と法思想の個別的な研究を膨大な分量において論述した約七〇年前の Landsberg, Geschichte der deutschen Rechtswissenschaft 全四巻（一九一〇）の評価は変わらざるをえないであろう。しかし、たとえば、イェーリングに論及する本書第二三章にみられるように、個々の法思想家を個々に論じる場合に、従来の個別的な研究法とどれだけのちがいが出てくるのであろうか。第二三章において特に比較的方法の有効性がみとめられるのは、イェーリングと他の法思想家との法思想上の異同の比較、イェーリング法思想の・後行する法思想への理論史的影響を論ずる個所においてであろう。もちろん、ことなる法体制、ことなる法系間での比較的方法の有効性は疑うことができないが、法思想の場合、事態はそれほど容易ではない。本書では、イェーリングの比較対象としてホームズ、ジェニー、カルドーゾ（第一巻、第二巻）、パウンド（第二巻）、イェリネク（第三巻）が挙げられ、それらとの比較においてイェーリング法思想の概観が求められた上で、第二三章に導入がなされる。このような方法は、理解され易い。もともと、近代法学における比較法学の創始は、思想史上、モンテスキュー『法の精神』を継承するイェーリング『ローマ法の精神』にはじまる（Vgl. Konrad Zweigert, Jherings Bedeutung für die Entwicklung der rechtsvergleichenden Methoden; in: Hrsg. v. F. Wieacker u. C. Wollschläger, Jherings Erbe, 1970）一般的に外国法・外国法理論の研究は、日本法・日本法理論の態様をめぐる議論にフィード・バックされるのであるから、日本のそれらを基準とする比較的方法を内在するといえよう。このばあい、同一な形式における差異ある内容か、差異ある形式における同一な内容が分析の目標とされ、特徴づけがなされることになろう。文化と経済活動のグローバル化現象を前にわが国においても法思想の研究領域において、こうした比較的方法をヨーロッパ、アメリカにのみ適用するのではなく、さらに東洋、イスラム、（旧）ソ連、東欧、ラテン・アメリカなどへと拡大することが、焦眉の課題とならざるをえないのであろう。この意味でも、とらわれることなく視角を広く世界の法思想へ向ける本書は先鞭をつけるものである。

イェーリングは、〈望遠鏡的方法と顕微鏡的方法〉に言及したが、法思想全体における個々の思想と特殊類型の位置づけには、広角レンズ的方法の適用が有効であり、個々の思想家の法思想のズーム・アップには望遠レンズ的方法が有効といえる。近年盛んとなりつつある法思想の社会史的研究においては、ともすれば法思想発展の論理が社会事象一般の中にかき消され、外見上のはなやかさにもかかわらず方法的にみて過度に単純化された実証主義と経済決定論とを特徴とするスターリン主義的思想と軌を一にしがちであるが、この点で、本書の比較的方法は有効性を発揮できる可能性を内蔵すると思われる。本書に対して方法的に対立する Werner Sellnow, Gesellschaft–Staat–Recht, Zur Kritik der bürgerlichen Ideologien über die Entstehung Von Gesellschaft, Staat und Recht, 2 Bde., 1. Aufl., 1963, 2. Aufl., 1976, Berlin)、はマルクス主義的方法に立脚して英独仏の法思想を対象とする約九〇〇頁の大著であるが、フランス革命以前のブルジョア的自然法啓蒙家から一九世紀ドイツ実証主義者までに視野を限定している。フィンチャーの著書において上掲書が考慮されていないことは理解しがたいことのひとつである。フィンチャーの全五巻は一九七五年から一九七七年にかけて出版されたため、Larenz, Methodenlehre der Rechtswissenschaft, 3. Aufl. をはじめとする一九七五年以降発表された、Going, Henkel, Miller, Ar. Kaufmann, Kriele, Schmidt らの新増改各版への配慮は第五巻の補遺においてなされている。

いずれにせよ、この労作が、法思想史の学問的対象と方法とをめぐり高度の水準において優れた問題提起を行なうとともに、現実世界の動向に対応した比較的方法の有効性に実りある提示を果たしていることは確言できる。なぜならば「重要なのは、人間精神が法における人間的諸問題の解決をはかりうる状態となる諸条件を明らかにすることである」（第五巻 S. 33）からである。

二　フィケンチャー教授の「大法学者イェーリング伝」について

本邦訳は、ドイツの経済法・民法学者W・フィケンチャーの全五巻三、〇〇〇ページを越える大著『法の諸方法』の中の、イェーリングと外国法学およびイェーリング小伝である。

フィケンチャー先生は、本書公刊後、私あてに書簡と共にいくつかの論文を恵送され、私のささやかな研究に激励と啓発を与えられたが、同先生は、人間的思考の文化人類学的研究へと転じ、カール・ヤスパースの軸期（Achsenzeit）論などを駆使して英文の大著『思想のモード』を世に問うておられる。同教授は、イェーリングの名前の表記が「J」ではなくて「I」で始まるべきことについて注意を喚起しておられる。後掲の「イェーリングの近代法解釈学方法論」とこの「イェーリングと近代法学方法論」とを合わせてフィケンチャー教授のイェーリング論の全体を知ることができる。この大著部分訳の著作権・翻訳権の交渉の中で、原著の出版社は、同教授のプロフィールを下記の様に寄せられた。

それによれば、フィケンチャー教授は、ミュンヘン大学法学部退官教授で現在はカリフォルニア大学ロースクール客員教授、ミュンヘン・マックス・プランク研究所正教授（特許法、著作権法、不正競争防止法分野担当会員）、バイエルン科学アカデミー会員（哲学・歴史部門）、ミュンヘン大学およびカリフォルニア大学バークレー校の「法人類学」講義担当である。誠に輝かしい御経歴と超人的な幅の広さを誇示してみえる。膨大な御著作のうち最新のものは私の知る限りでは法人類学に新境地を開拓された前記『思想のモード』と『課題としての自由』であるが、ミュンヘン大学御在職の時代から、債権法、経済法、不正競争防止法などに関する浩瀚な著作をも多数発表してこられた事はわが国でも周知である。ナチズム、スターリニズム、グローバリズムといった啓蒙主義にひたすら迎合し単なる法の解説者にしか過ぎないとりわけわが国の法学者に多く見られる・専門分野に閉じこもるタコ壺的な類型に比較すると、民法学、経済法学から出発しながら法哲学、法思想史においても大きな業績を残しつつさらに法人類学にまで進んだ同教授の学問のあり方は誠に驚嘆に値する。それはまるでローマ法学から発しながら法哲学、法思想史を経て法の文化理論にまで到達したバハオーフェン、イェーリング、ヴェーバーらの獅子奮迅とも言うべき学的生涯と重なるかのようである。イェーリング法理論発展の理解の仕方については、フィケンチャー教授の御見解は独創的ではあるが、私自身は異なる見解を有している。この点については著作によってお答えしてゆくつもりであるが、さしあたり拙稿「イェーリング法理論研究の対象と方法」(拙著『イェーリングの法理論』信山社、所収)において現時点での私からの解答は提起されている。

原著の出版者が提示したフィケンチャーの教授の略歴は、ドイツの代表的な経済法学者として、否、欧米を代表する有力な法学者の中の一人の紹介としてはやや簡略にすぎると思われるので、私の承知している限りにおける経歴と業績を、不完全なものではあるが以下に録しておきたい。

現代ヨーロッパにおける反トラスト法の基礎理論を構築し、一九五七年には市場競争の法的概念を提起し、一九五八年には知的財産権と競争法の相互関係を指摘したフィケンチャー教授の重要な諸著作は、すでにフランス、イタリア、セルボ＝クロアチア、日本、中国、韓国などにおいて翻訳されている。これらの翻訳は、たんなる学問的関心に因るものというよりはむしろ各国における近代資本主義形成過程における反トラスト的な近代的パラダイム構築に際しフィケンチャー教授の諸著作が指導的な役割と使命を果たしたということを意味している。

同教授の膨大な諸著作の経済法学上の第一の意義は、WTOのヘゲモニーの下にある国際連合および世界競争コードのモデル・ドラフト理解のための体系的かつ概念的構造を確立したことにあり、第二の意義は現在私たちが不可避の課題として直面しているグローバリゼーションとリージョナリゼーション（地域主義）の問題や、ＥＥＣに始まり、ＮＡＦＴＡ、ＡＰＥＣ、ＥＵ、ＷＴＯなど、国民経済の枠を超えた国際的な経済的―法的新秩序に対して適切な概念的枠組みを先駆的に提示した点にあった。この点から一九八三年の二巻の著作Wirtschaftsrecht, 2 Bde.（Müünchen, 1983）がグローバリゼーションを重視する私たち研究者に広く読まれ、かつ多く引用されることとなったのである。

他方、伝統的な法律学上の著作の中でもとくにDas Schuldrecht（Berlin/New York, 1965）は、初版刊行後の三五年間に九版を算え、最近では学生用にTaschenbuchまで出版され、彼の他における債権債務法の標準書としての不動の地位を獲得しているばかりではなくて、ドイツ各裁判所が法源として採用する有力な学説とも成っている。

同教授が最近示しているアメリカ・インディアンや中国（台湾）などの多民族・多文化社会に対する関心と関連して提示された方法は、〈比較〉の方法である。二年間をかけて続々と出版された五巻に上る大著Methoden des Rechts, Bde. 5,（Tübingen, 1975―77）こそ、〈比較〉という方法に依る一大成果であり、比較法思想史とも称すべき分野では二十世紀後半の欧米で最大の著作のひとつと言えるのではないかと私は思う。この分野では、同教授はさらに〈比較〉という方法を推進して一九九五年になって英文の大著Modes of Thought（Tübingen, 1995）を著し、法と宗教の文化人類学的考察を先駆的に提示した。

これらの瞠目すべき活躍によって、同教授は、一九九四年にマックス・プランク研究賞を受賞し、数十に上るドイツ学術活動の要職を占め、ミュンスター大学法学部長やドイツ最大の大学であるミュンヘン大学の十人の理事のうちの一人として商学部、経済学部、法学部、行動科学部の要職を歴任した。また、ドイツ私法学会、ドイツ比較法学会、オランダ高等社会科学研究所、グルーター研究所終身フェロー、サンタ・フェ研究所客員研究員などを経験した。

同教授は一九二八年五月一七日、ニュルンベルク生まれであり、ナチズム崩壊を青年時代に体験した世代であるといえる。同教授の研究歴は、第二次大戦後にスタートし、エルランゲン大学、ミュンヘン大学に学び、師アルフレッド・フェックの下で労働争議権の研究によりミュンヘン大の博士の学位を取得し、弁護士としてミュンヘンのヴァッカー化学で働き、アメリカに渡ってミシガン大学で法学修士（LL. M.）の学位を取得し、一九五六年ふたつの国家試験に合格したのち、民法、商法、労働法、比較法の分野について論文「競争と工業権保護」によってミュンヘン大学で大学教員資格試験に合格した。その後、チュービンゲン大学、ミュンヘン大学へと移り、同時に、マックス・プランク研究所の員外研究員となって外国および国際的な特許法、著作権法、競争法の研究を行った。又、一九九六年以来、グルーター法及び行動調査研究所（独国ミュンヘン、米国バークレー）の理事長を勤めている。

一九九六年にはカリフォルニア大学バークレー校客員教授となり法人類学の講義を担当したが、ミュンヘン大の法人類学も担当することとなった。一九九二年にはドイツ功労十字賞、バイエルン功労賞、チューリッヒ大学名誉博士号なども受けている。

家庭においては、音楽に造詣の深いイルムガルト・ヴァン・デン・ベルゲ夫人との間に息子三人、娘一人をもうけ、芸術と音楽を深く愛好し、堅い宗教的信念をも有しておられる。

チュービンゲン大学在職中に世界中の大学で吹き荒れた「学生革命」を体験し、この経験からDDR側のではなくてBR側（当時）の Recht und Staat 誌に「マルクス主義およびネオ・マルクス主義の政治的批判のために」を一九六五年と六九年の二号に亘って連載されたことも、上記の深い宗教的信念と関連したものであったのであろう。これはまた、DDRの悲惨なスターリン主義の現状を横目にみながらBRにおける「学生革命」

に知的に対応しようとしたＢＲの大学における知識人の誠実な反応のひとつのあり方であったのであろう。

フィケンチャー教授の七〇歳祝賀論文集は、一九九八年に五五論文を収録してチュービンゲンで出版されたが、法の諸方法、債権債務法、商法・社会法、ドイツ経済法、ヨーロッパ経済法、国際経済法の六分野から章別編成が成されており、日本からは経済法学の草分けのひとりである正田彬氏がドイツ語の論文「日本の企業システムの独占禁止法的評価――公正な競争の妨害の可能性」を寄稿している。

フィケンチャー教授の著作は、各国語への翻訳を除いても誠に多数で八〇点以上に上る（但し邦訳も算入した。）この他に、論文は、ドイツ語、英語、フランス語など各国語によって二二四点以上、判例評釈は七点以上、書評は一一六点以上、共同研究の成果は一四点以上に上っている。

第１部　イェーリング法学の発展

一　外的生涯

二　イェーリングの人柄の一般的評価

三　初期の学問的名声

四　Gießen 時代（一八五二年―一八六八年）

五　Wien 時代（一八六八年―一八七二年）

六　Göttingen 時代（一八七二年―一八九二年）

七　イェーリングの著作の様式

八　Gerber との友情、彼との往復書簡における主題

九　Windscheid との友情および「意識された念願」

第1部　イェーリング法学の発展

一　外的生涯

Rudolph von Iheringは、Friedrich Carl von Savignyとならんで、正当にも前世紀の最も偉大な二人の法学者の一人とみなされている。二人ともドイツ法律家のうちで実に偉大な人物そのものである。すべての法は、その神と半神とを有しているが、この意味において何が偉大さを意味するのかという判断基準をここで解明することはできない。Jacob Burckhardt は彼の Weltgeschichtliche Betrachtungen において、歴史的偉大さの規定の問題性について今日まで妥当な所を書いている。

誰がイギリス法の大人物であるのかという問題についてイギリスでは Ranulf von Glanville, Henri de Bracton, Edward Coke, Blackstone および Manfield が挙げられ、フランスでは、Dumoulin, Cujaz, Donneau, Jean Bodin および Montesquieu が挙げられるように、サヴィニーとイェーリングは、Eike von Repgow, Johnnes Althusius, Samuel Pufendorf および Johann Pütter と肩をならべている。

こうした人物がすぐれてなしている所のものは、いちじるしく必ずしも、しばしば集積、変更、次世代に対する伝統的な法素材の近代化された一層の贈物のうちに存する実質的法の領域における活動のみであるとはかぎらない。一人の法学者は、実質的法における業績を、後代から肯定され継承されるであろう新しい方法的な観点と結びつけたときはじめて、偉大だといわれる。今日ドイツ法において述べられているテーマについて、サヴィニーとイェーリングとを比較してみると、イェーリングは、方法的観点において今なおより大きな意義を有している。このことは、サヴィニーの業績がますます重要たりうるということ、すなわち、方法論を問題とする現代の主たる関心が実質的法の問題の優先的な修正を避くべきだということを意味するものではない。サヴィニーとイェーリングとは、相互に独立して理解されるべきではない。イェーリングはみずからのライフ・ワークを広く（サヴィニーに対する）補足だと考えていたが、しかし、サヴィニーに対する対立物と考えていることも珍しくなかった。サヴィニーはその時代の法をその歴史的発生に結びつけているけれども、イェーリングは未来に目を向けて、時代における体系として継続的に自己発展する法の内的原則を求めようとする。イェーリングのテーマは、我々の身近にある。Karl Larenz によればサヴィニーは、近代的で多様な解明を生み出す方法的な解明を行った。以下では現代の法理解と法思考に対して誰れも彼ほどには刺激を与え、影響を与え、Ludwig Mitteis の言うように「活発化」したことのなかった法思想家としての Rudolph von Ihering を問題とする。

Caspar Rudolph von Ihering は、一八一八年 Ostfriesland の Aurich に一八一八年八月二二日に生まれた。イェーリング家は、Ostfriesland の出で、そこには、今日も、彼の先祖の一人がイェーリング沼（Iheringsfeln）と名づけた開拓地がある。イェーリング家の先祖は、八代が法律家で、別の血統は一〇代が法律家であった。父（Georg Albrecht Ihering）は、一八二五年に死亡した。Rudolph は、一八三六年に高等学校卒業試験（Abitur）をすませ、次に Heidelberg, München, Göttingen, Berlin に学んだ。彼は二三歳で一八四二年に Berlin 大学を卒業して学位を取得し、翌年すでにベルリン大学で私講師（Privatdozent）としての許可をえた。一八四二年、処女論文がもちろん匿名で出版されたが、それはそうとしか述べえないようなその後の急速な出世を促したように思われる。イェーリングはどの教授に対しても弟子の関係になかったのだが後立て（Protektor）はすこしも問題とならなかったように思われる。一八四三年、彼は Berlin の Privatdozent として出発した。一八四四年には再び匿名で、五部に分れた歴史学派批判が続いた。一八四五年の Ostern にイェーリングは Basel で彼の最初の教授職についた。すぐに彼は Basel から Rostock に呼び戻される。一八四六年に Rostock で教え、一八四七年 Kiel への招聘をうけた。イェーリングは、この招聘を一八四八年の初頭に受諾した。けれども政治的な事件が、彼の移転を一八四九年まで延期させた。イェーリングは、一八五二年まで三年間 Kiel にいた。一八五二年には、一六年間にわたる彼の「Gießen 時代」が始まる。

一八四四年から一八五二年に至る初期の学問的名声と、動揺はしつつも職業上の成功と個人的な知り合いとに富んだ放浪の歳月に暗い影を投げ落としたのは、最初の妻および彼女との婚姻から生まれた三人の子の死亡であった。一八四六年四月三日、イェーリングは Helene Hoffmann（Oldenburg の娘）と婚姻した。二年間の幸福につつまれた婚姻生活ののち、一八四八年四月三日、一人の息子が生まれた。分娩後の九日目に、「翌日にはベッドを出ることになっていたほど健康だった妻は、ベッドの中で起きあがり、その直後に倒れて死んだ。」子供は五月二日に死んだ。Wieacker は、このような最大の個人的な不幸は、「がっちりとした肉体によって」経験世界とつながったイェーリングの心にその傷跡を深く刻みはしなかったと述べている。他方、イェーリングの息子 Hermann は、回想録（拙訳『大法学者イェーリングの学問と生活』信山社、所収）において、「純粋な傾向から閉じられた」イェーリングの最初の婚姻は、「彼が悲哀をもってのみ追慕しえた短期の牧歌」だったと述べている。

実際上、彼は、Ida Christina Frölich（一八二六年九月一六日シュレスヴィッヒ生、一八六七年九月二日ギーセン死）と第二の婚姻を結び、この婚姻から五人の子供、Hermann, Helene, Friedrich, Albrecht, Rudolf が生まれた。二番目の妻の死後、彼は、彼の子供たちの世話をしていた婦人（Pflegerin）Louise Wilders（1840—1911）と三番目の婚姻に入った。Louise von Ihering は、手書きで判読しにくいことの多かった遺著の出版、とくに Indoeuropäer の刊行をめぐって学問に対しても著しく貢献した。多くは彼がしばしば見せた軽快なユーモアに溢れた彼の手紙が雄弁に物語っているイェーリングの度重なる不幸、婦人たちと彼との率直な手紙による親交、しばしば変わらぬ文通となっていた彼がたまたま冗談に述べた「征服」は、彼がかの重い痛みなしにこれらをなしたというよりもむしろ、彼が最初の妻の死後は人生の諸事をより懐疑的に、味気なさと陽気さとの距離をもって、「より相対主義的に」みたという事を示している。おそらくこの点に、イェーリングの「相対主義」の根源のひとつがあるのだが、けれども、人間の運命、心配事、特性に対する彼の温く鋭い理解の根源もここにある。又、イェーリングの性格の中で闘争的なもの、魅力的なものへと目を向ける多くの資質も、彼にとって、最初の妻の死後「人生の死は去った」ということと関連している。

けれども人生はさらに続いた。一八五一年イェーリングはくりかえされたGießenへの招聘を受け取り、一八五二年これを受諾した。彼は、一八五二年春から、Wienへの招聘に従った一八六八年秋まで、一六年来にわたってGießenで活躍した。Gießenでは第二の婚姻から子供たちが誕生し、豊かな精神的、音楽的生活が、烈しい教授と研究との仕事の外的な枠を形成した。彼はローマ法の全体に亙って、一週一八時間も講義した。

Biermannの言によれば、イェーリングはGießenで、（大学法学部）判決団（Spruchkollegium）たる、いわゆる法学部判決団（Spruchfakultät）の会議に熱心に参加した。重要な法的問題は鑑定による判断のため大学法学部に提出されたという当時の慣行は重要である。イェーリングは、しばしば報告者となり、「そしてまさしく重要な問題を規則的に論じた」。Gießenでは『ローマ法の精神』四巻が生じた。（一八五二年、一八五四年、一八六五年）、イェーリングがKarl Friedrich von Gerber（1823―1891）とともに、『解釈学年誌』を創始したのもGießenにおいてであった。同誌は後になって、『イェーリング年誌』（Ihering Jahrbücher）と呼ばれるようになった。Gerberは、最初の六巻に協力したが、それ以後は、イェーリングが単独で同年誌を編集した。Gießen時代の間に九巻が出版された。第八巻は例外として、各巻ともイェーリングの論文を一篇、多いときには数篇を掲載している。その中には、非所有者に対するrei vindicatisの移転（die Übertragung der rei vindicatis auf Nichteigentümer）、他人の法律行為への協力（die Mitwirkung an fremden Rechtsgeschäften）、売買契約時の危険理論考（Beiträge zur Lehre von der Gefahr beim Kaufvertrag）、契約締結上の過失（die culpa in contrahendo）、占有に関する諸論文（die Aufsätze zum Besitz）などの重要な業績がある。イェーリングは、たしかに何度も学部長（Dekan）となったが、しかし、総長（Rektor）にはならなかった。イェーリングはGießenでフィリップ勲章（Phillipsorden）と枢密法律顧問官（Geheimjustizrat）の称号とを授けられたが、「両者ともに、Gießen以外の地で慣例となっていた取得期間がまだ経過していないうちに」授けられたものであった。

書簡の中には、Gießen とその俗物たちについて、多くの嘲笑がみられる。とくに、初期において、世界的なローマ法学者たる彼は、当時人口九千人足らずの町で気楽に暮らすのは、大きな困難をもたざるをえなかったように思われる。

一八五五年に二番目の妻と行った旅行がはじめてイェーリングの Gießen 嫌いを「直してくれた」。彼はある手紙の中で、すでに当時存在した Göttingen へのあこがれは衝撃を受け、ドイツの他大学における事情は、彼にギーセンでも事態はそんなに悪くはないということを教えてくれた、と書いている。イェーリングは、もちろん親戚関係の扶養から勝負事の見物という日常の関係に至るまでの彼の東フリースランド風の生活様式の多くの特性を、この民族性にとって通常である忍耐によって継続することによって、Gießen に足場を確保した。一六年間の終り、彼に、Tübingen へ行く機会が与えられた。これは、彼の友人 Gerber と共に、法学部を組織化する機会であったが、彼は Tübingen をことわった。おそらくその理由は、彼が Vangerow の後継者として、Heidelberg への招聘を期待していたからであろう。この点に関する Gerber と Windscheid とにあてた手紙は、シュワーベン人の貧欲さやその他ささいな物事についての多かれ少なかれ大がかりな冗談の背後に Tübingen への拒否を秘めており、そのため、真の理由は推測できるだけである。

イェーリングは、一般に友人に対しては、いちじるしく、しばしばきざなほどに率直である。けれども、以下でさらに述べられるべき彼の最終的には失敗した Heidelberg への招聘という重要事において、イェーリングは、実に慎重にふるまい、彼の最も親しい友人たち、Gerber と Windscheid にさえ、真実を打ち明けなかったほどであった。このことにつき、Windscheid は、Heidelberg について、熱心に競争し、ついに招聘を獲得したほどだった。彼はたぶん Gerber にも彼の最も秘密にしていた考慮を教えなかったであろう、というのは、

Gerber は、Tübingen で学長（Kaglan）だったし、Heidelberg の学長職は Tübingen 同様、Württemberg に属していたからである。

Ludwig Mitteis は、イェーリングがかくも長く Gießen に留った事情を専門領域におけるイェーリングの近代主義的な方法論を指摘する抵抗に帰している。「ここでは、彼の学問生活における長い沈黙が生じた。みられるとおり、彼が一六年間 Gießen に留まったのは、自由意思によるものではなかった。彼によって当時提唱された学問的方向に対する多様な反対がここで共に働いたという推察が明白に成り立つ。……というのは精密歴史学者たちは、こうした（Jhering の）著作の方法にしばしば全面的に激昂したからである。すなわち、『精神』第一巻は、あからさまな拒否によって歴史学派に受け取られたのであった。イェーリングがこの論文の著者〔たる私 Mitteis〕にかつてみずから語ったように、人望ある当時まだ若かった学者たる彼の友人の一人は、自分は、『精神』第一巻をよく検討はしなかったとイェーリングに弁明したことがあった。彼は個人的には第一巻にきわめて好感をもっていた。しかし、彼は自分の学問的人生を考慮したためこのことを語るだけの勇気がなかったのであった」。

イェーリングの手紙の中には、Gießen を去ろうとする気持ちはほとんどみられない。こうした方向における努力は、まず、とにかく、Gießen 初期に払われたと思われる。後期の Gießen 時代には大学を変る意向は、すこしも注目されない。これはおそらく、ふたつの明白な理由を有している。肺結核（Tuberkulose）にかかっていたイェーリングの二番目の妻の健康状態は、悪化し（彼女は一八六七年に死去した）、その結果この理由から移転は禁じられた。さらにイェーリングは、自分がいつかは、Heidelberg における Vangerow の後継者に指名されるであろうという Vangerow の約束にもとづいて、当時、一八七一年以前には、Wien をはぶけば、全生涯を通してドイツにおける最も人気のある法学部であった Heidelberg に固執したように思われる。

別の法方法論的思想が彼を激しくとらえたので、彼は『ローマ法の精神』をもはや完成しえないであろうということを予感した五〇歳の一八六八年、あらゆる見込みからみて、欲しかったHeidelbergのローマ法教授の席がWindscheidに与えられるであろうということが確定的となったので、もはやこうした事情は、彼を狭いGießenに閉じ込めておくことはできなかった。すでにイェーリングは、つねにオーストリアのドイツ人と密接な学問的接触をもっており、オーストリアで育まれたローマ法学を評価していた。イェーリングは、一八六六年五月一日Glaserあての手紙で、（一八六六年の〔プロシアーオーストリア〕戦争によって）オーストリアに加えられている「不名誉な不法」について語っている。

一八六八年、イェーリングは、Wienへの招聘を承諾した。その地で講義は大成功であったはずである。彼はパンデクテンの講義においては四〇〇人以上の聴講生がいると書いている。社交生活も盛んであった。彼はStraßburgへの招聘を、一八七一年に拒否した。イェーリングは、フランスに対するドイツ諸邦の戦いを、情熱的に、かつ、種々の持分をこえて、その感情の表明において受けとった。『法をめぐる闘争』に関する著書は、かの外的・内的にゆれ動いた時代の産物である。Wienでイェーリングは、彼および彼の子孫に "von" の称号を称する権利を与える騎士貴族（Ritteradel）の称号を受けた。

ドイツ帝国の建国後二年、イェーリングは、彼に残された歳月を学問、とりわけZweck im Rechtに関する仕事に捧げるため、比較的狭いドイツの連盟国の小規模な大学に戻る時期が到来したと考えた。

彼はGöttingenへの招聘を受諾し、死ぬまでそこに留った。一八七四年、彼はLeipzigとHeidelbergへの招聘を拒否した。あれほど熱望していたHeidelbergではあったが、時期があまりにもおそすぎた。

彼はGöttingenで、多分今日もっともしばしば引用される著作Der Zweck im Rechtの第二巻を完成し、一連の他の学問的企てを終結せしめた。もちろんZweckも、Geistと同様、トルソーに終った。イェーリングは、いかなる大著をも書き終えることはなかった。

一八八九年秋以来、彼は数多くの法律学の論文から全面的に身を転じた。それ自体としては、別の内容の Karl Binding の依頼が彼にきっかけを与えることになった法人類学的―歴史学的な仕事を彼は開始した。それゆえ、イェーリングは、一八八八年八月二二日に祝われた七〇歳の誕生日をもって彼の「解釈学的」業績にはっきりと意識して終止符を打ったといって良いであろう。

さはさりながら彼の仕事の能力は、依然として変らなかった。占有意思をめぐって彼が最後に完成した論文の中で、彼は、なお七〇歳で「法における支配的方法」と闘っている。六八歳で、彼は今一度法学部長(Dekan)となった。こうした地位(Eigenschaft)において、彼は Bismarck に名誉博士の学位記を手渡した。

イェーリングは、その除々に悪化して行く健康状態にもかかわらず、七三歳のとき、一八九一年夏学期に、なお講義を「苦もなく」(ohne Mühe)やってのけ、Indoeuropäer に従事している。一八九一年五月三日 Bernhard Windscheid にあてた彼の最後の手紙で彼はこう書いている。「私の今の健康状態が現状を保つならば、私は、来年、私の新しい仕事をお見せできると思います。それは、解釈学の著作ではありません。私は解釈学とは永遠に断絶してしまいました。それは、歴史学の著作です。Binding のために計画した拙著『ローマ法発達史』(Entwicklungsgeschichte des römischen Rechts)が私に刺激を与えてくれました。けれどもこの著作は、ローマ法を越えて、アーリア人母族およびインド・ヨーロッパ人の民族移動期のローマ法の原始時代へと立ち戻るものです。」

イェーリングは、その青年時代にすでに非法律学的テーマにたずさわった経験がある。彼は短篇小説(Novelle)と喜劇(Lustspiel)の構想について語っている。

イェーリングの健康は、すこしも安定していなかった。すでに早くから、彼は自分の「下腹の調子が悪い」

と訴えている。この意味するところは、もっと後になっても彼を繰返し苦しませることとなった消化器系統の故障であった。その後、再び胃病について語られている。著しいユーモアとともに、この領域における肉体的故障は、他人および彼自身の精神的故障と関連することとなった。しばしば彼は、自分の気分が自分の肉体的状態に左右されるのと同様に、「消化不良は陰欝な世界観、消化良好は明朗な世界だ」と確認している。

けれども、イェーリングが「ぶどう酒、うなぎの燻製、シャコ（鳥）、シギ（鳥）、ホイスト（トランプ遊び）、ピアノ、妻、女友達らは」人生の一部であるということをつねに実際に自慢していたということは、付言されねばならない。

一八九二年八月六日、彼は Wilhelmshöhe において内輪で〔家族の範囲内で〕彼の博士号取得五〇周年記念を企てている。なるほど彼は、彼がそれを企て、Binding に約束したように、この時点までに Indoeuropäer に関する仕事をやりとげることには成功しなかった。

この書は、後になって彼の娘 Helene の夫である Viktor Ehrenberg によって遺稿から編集された。イェーリングが死を予期していたとは言えない。

なるほど彼は一八九〇年三月にすでに Minna Glaser にあててこう書いている。「今や死は、さしせまった自分自身の死という思いが私を尚けっして離れないという収穫を私にめぐらしております。私は完全に死にとらわれていますが、私は新たに体験する毎日をすべて、神の思し召しだと思っております。私は力の限り、私になお残された時間を使うよう努めております。私はふたたび大著にとりかかりますが、しかしそれは、完成は無理でしょう。と申しますのは、私の精神力は、かなり衰えをみせてきたからです。」博士号取得五〇周年記念の宴は、盛大に祝われた。

Helene Ehernberg は、彼女の編集した書簡集の末尾でこう書いている。「私の父が女友だちへのこの最期の手紙を書いたとき、彼の死をもたらすこととなった病気の最初の徴候がすでに起こっていた。けれども、彼は死に至るまで、病気が重いことに気がついていなかった。……彼は、Göttingen に帰るために、再び仕事に取りかかった。しかし彼の久しく待ちこがれていた Minna Glaser 男爵夫人と彼女の子らの接待に専念できるよう、ただ一過性の病いだと思い違いしたのだが、死の前日の数日間はその仕事を中断した。そして、彼が九月一七日突然に死んだとき、彼の家族と共に実に長い年月を過したその女友達も深い感動をもって彼と別れを告げたのであった。」

二　イェーリングの人柄の一般的評価

イェーリングほど、表情に富み、八面六臂で、かつ自らにおいて矛盾だらけの人格の特徴を、数語のうちに要約することはきわめて困難である。さまざまなイェーリングの伝記はどれも、いまだにこの法学者の全人格のひとつをも理解しうるよう提示していない。この著名な法学者にして偉大な人間の巾広いスペクトルはきわめて魅力に富んだものであろうし、上記に略記した生涯が認めるであろう多くの矛盾に関する大胆な試みは困難であろう。

最も優れた性格描写のひとつは、イェーリングと同様ローマ法学者で、イェーリングより若い世代でありみずから完全に独立した人物であり彼の生涯の晩年において認められた「ドイツ・ローマ法学者の長老」である Ernst Immanuel Bekker に由来する。

Bekker はこう書いている。「私たちは、幾年もかかって、長い歳月ののちにはじめてお互いに学問的に理解しあうことを学んだ。イェーリングは、北ドイツ人だった。しかし、多血質と短気な気性との独特な混合は、普通の北ドイツ的な気性に対応してはいなかった。想像力は豊かで、心は情熱的であった。最も決定的なアンチ決定論者は、多くのばあいイェーリングが全くその通りに振舞いえたということを承認しなければならぬであろう。私は彼の中に強い詩的な素質を認めてのち、はじめて、この学者を理解しえた。細心の注意をもって収集し、比較（messen）し、熟慮し、組立て、そしてふたたび否定するということは、彼の得意とするところではなかった。さまざまな反応が立体鏡からの映像のように、彼の中で花開くものであるにちがいなかった。彼の眼前に明白となるのは、魅力的な美であった。美を見ることをしない人、美を見ようともしない人はすべて、美を見うるはずであり、悪しき意思は、彼の感情的な法感情、美的感情をそこなうのである」。

この意見において、イェーリングの詩的素質の指摘はたしかに的をえている。イェーリングの学問的意見の中に創造的に形成する要素を顧慮しない者は、彼の不正確な表情の中に、あらゆる可能な学問領域からとられた多くの比喩と、しばしば苦しげにひびく言葉づかいとを見おとすであろう。

イェーリングは、なにか新しいことを語らねばならないという感情をもっていた。彼は、このため適切な表現を見出だすことにずいぶん苦労した。彼は自分が言おうとすることがまだこれまでに誰からも述べられていないことを実際に自己否定して、適切な表現法をえようと努力し、長い作業において紙上に書きとめたことを多く投げすて、削除し、否定した。Bekker の評言は、まったく思い付きで執筆し、それとともにほとんど訂正をしない著述家の姿をイェーリングの中に読者に想像させうるかぎりで、誤解である。それどころか、彼は「細心の注意をもって」、自分の言い表わそうとしたことを集め、比較し、考慮し、組み立て、再度捨てたのであった。イェーリングが印刷のため長い努力のあとに結局与えた多くの表現は、印刷された時点になるともはや彼の観念に対応していなかった。しばしば彼は、彼において「花開いた反応」が、誤解されうるよう誤って表現されているのではないかという感情をもった。ゲラ刷りが彼の手許で机のうえにおかれた後に、章全体を新たに書き直すことも珍しくなかった。出版屋たちは、彼に苦労したにちがいない。

こうした訂正は、明らかに、彼がみずからの理論の新奇さそれ自体を感じていたことと関連している。すでにきわめて早くから、彼は、一八四二年の歴史法学派の批判において、法の発展的理解を決意しており、そしてこの理解は、『精神』、『目的』、占有の諸研究、『法をめぐる闘争』を介して、彼の人生晩年の『インド・ヨーロッパ人前史』にまで彼に連いて回ったのである。

以下では、イェーリングが彼の人生の半ばにおいて、従来のイェーリング解釈によって大抵のばあいに仮定されているほどには、彼の方法論の核心部において変化していないということをさらに詳しく提示しよう。イェーリングが、彼の学問的な基本的態度のあらゆる決定において、そして、実定法の微細な認識においてつねに随伴せしめた精神的な不安定さ（die innere Unsicherheit）は、こうしたほとんど詩的なものに近似した新しい物事への視野とうたがいもなく関連している。

イェーリングが良い意味における「政治思想家」と呼ばれうるということは、彼の視野の広さに対応していた。彼がすでに一八五三年にWindscheidにあてて書いたように、法はひとえに政治的関連においてのみ考えられうるということは、イェーリングにとって、すでにローマ法から自明であった。ローマ法の理解は、共和国という実在およびその特殊な私法上の忠誠義務から分離されるべきではないということは、イェーリングにとって確実であった。政治に対する彼自身の関心は、たとえば、北ドイツ連盟立法議会への彼の立候補において、そして、周知の一八八七年一一月になされた「Hermannとの会話」においてももちろんのこと、多くの会話や書簡において示された。

Windscheidにあてた彼の最初の手紙のある箇所では、ローマの宗教さえ論じられている。今日言われているような「社会的諸機能において」思考する彼の特徴的な方法において、イェーリングは、宗教性、国家的確信、法との間の意味連関をうちたてている。彼のテーゼは、本来宗教に向けられた古典ローマの精神力が、しだいしだいに国家に向けられたということを見失っている。——第三章において上述したように、このテーゼは、今日 Nilson によって、ギリシャのポリスについて主張されており、愛国的宗教（Patriotische Religion）と呼ばれている。その手紙の箇所は、宗教、社会、法の意味連関の最も初期の説明のひとつと見なすことができる。

イェーリング個人にとっても、宗教は、彼がドイツ市民（Bürger）および法学者として送った生活の本質的部分（Essentialien）のひとつであった。もちろん彼は、対外的には、みずからの宗教的確信をすこしも用いなかった。彼は、ユーモアたっぷりにきわめて尊大に書かれた選挙立候補用の履歴書において、みずからたてた「宗教は?・」という問に意外にも「ローマ法学者」という指摘で答えている。

彼は、これがカソリックの信者でもなく教皇主義者の印象をも与えないということをあてこんでいたにちがいない。多分、こうした指摘のために彼に流れるべき票が犠牲となり選挙の勝敗に関しては敗北したのであった。というのは、すなわち、彼は実に僅差の票で負けたのであるから。イェーリングの言おうとしたことは、完全には明らかではない。確実であるのは、ローマ法という仕事を一種の「宗教」として指摘することがユーモアたっぷりに意味されていたことである。たぶん、さらに、新教的―ルター的な種類の信心のかすかな響きをも斥けようという底意も、その中に隠れている。イェーリングは、福音教会派の新教徒であった。クリスマスには、教会へ行った。

晩には、妻が不在であっても子供たちとともに祈った。しかし、明らかに彼はこの私的な宗教的立場が選挙の立候補者としての適・不適の判断において役割を演ずることを欲しなかった。

三　初期の学問的名声

自分の名前を録して出版されたイェーリングの初期の作品は、一八四二年の相続財産の占有に関する学位論文を除けば、ローマ法論集（Leipzig, 1844）である。彼が本書で論じているのは、用益権（Nutzungen）のテーマ、所有権の類推を通じた占有の信義誠実（bonae fides possessis）と他物権（iura in re alienu）との合併、休止状態（hereditasiaceas）の理論である。彼は本書によって直接に学問的名声の基礎を得ることとなった。

とりわけ、著書『母権論』（Mutterrecht）によって著名となったJohann Jakob Bachofen は、未決定の Basel 大学へのイェーリング招聘との関連で、Andreas Haeusler—Rynier にあてて、一八四五年三月七日の教育教授団への管理文書に添付されたイェーリングおよびその著書 Abhandlungen に関する鑑定意見をきわめて肯定的に述べている。彼の生涯において Bachofen がそうであったような批判的精神においてそれは注目すべきことである。イェーリングの Basel 時代の間およびその後もイェーリングの真価を認める Bachofen の友情は、確実に彼に対して終始変ることがなかった。

Geist 第一巻出版時の意見は、違っている。当時の諸書簡は、どれほどにイェーリングが緊張して専門家たちの意見を期待し、次に、主として有望な拒否からにべもない否定に至るまで、どれほど深く心配したかということに満ちている。Dirksen が彼に与えた「冷水浴」については、彼は、くりかえし苦情を述べている。

わずかな賛同者の中には Kart Friedrich von Gerber と Roderich Stintzing がいた。Stintzing は当時まだ Heidelberg の私講師であった。

けれどもイェーリングは、すぐに自分をとり戻した。「私は安じて人々を放任しておこう。私にとって拍手喝采がたとえどうでも良いものではなかったにせよ、私が書いたのは、拍手喝采のためではなくて、内的な欲求からであった。たとえ私がさらになお強く押し倒され、非難され、打たれたりなどされても、この内的衝動は、強く十分であるから、放棄されることはさらさらないのである」。

彼は、右顧左眄することなく、青年たちの賛同を期待している。

「私におけるこの方向がたとえ多くの欠陥を負っていようとも、未来と勝利とは、この方向に属している。炭殻は片づけられるが、鉄心は残るであろう。法哲学から何かが生ずるべきであるならば、それは、法律学に接近するものでなければならず、法律学から業を受くるものでなければならない」。彼は、自分の問題が「我々の学問の司祭職掌握者から追放」されたことに満足し、Geist 第二巻に向っていく。

外国では、イェーリングの成功は、はじめから比類なく大きかった。一八五五年からは、Geist の各巻は、ほとんど著者の認可なしに、外国語に翻訳された。後になって、イェーリングは著作物によって、この種の精神的剽窃に対して、身を護ろうとしている。その場合勝利は多く彼に与えられたわけではなかった。Losano の文献リストは、一一一点以上の外国語へのイェーリングの著作の翻訳を数えているが、Lasano は、この表は当然不完全なはずであると評している。多数のこれらの翻訳は、認可されたものではなかったのであろう。

四　Gießen 時代（一八五二年―一八六八年）

イェーリングは、一八五一年に Kiel 大学から Gießen 大学へ移られたとの招聘を受けとった。彼の親友 Gerber は、Gießen への招聘にもかかわらず、Tübingen へ行った。

イェーリングが気楽な気持で、Kiel よりも Gießen を選んだということは、Gerber とイェーリングとの間の書簡から明らかである。その後なお長期にわたって彼は、長く旅する者として当地の小市民的生活を批判した。

それにもかかわらず、イェーリングが一六年の長きにわたって Gießen に留まったということの多くの根拠は、一部は学問上の、一部は個人的な類のものに帰しうるものである。イェーリングは Heidelberg への招聘を期待した。イェーリングは Heidelberg における自分の後継者となるはずだと、たぶん一度話したにちがいない von Vangerow に対する彼の関係にもとづいて、彼は Heidelberg をかなり確実視していた。このような待望の終着駅を前にして、彼はいま一度、大学を変ろうとはしなかったのである。

そして、事態はイェーリングよりも Windscheid が運ばれるということによって、イェーリングにとっては心苦しくかつ予期されていなかった経過を辿った。この点から、イェーリングと Windscheid との間の友情に関連した詳細については、後述したい。

また、イェーリングが Gießen で突進し、彼をしてくりかえし躊躇させた多数の学問的な仕事をすぐに修復しようと努力したことは、確実である。Gießen では Geist des römischen Rechts のうち、第一巻、第二巻の二冊分、第三巻第一部が出版されたが、第三巻第一部をもって、未完に残された著作は中断した。さらに一連の初版が出版される。

『年誌』、後になってもっぱら『イェーリング年誌』と呼ばれた所の、一八五七年 Gerber と創刊した Jahrbücher für die Dogmatik des heutigen römischen und deutchen Privatrechts は、彼の学問的活動におけるかなり幅広い余地を要求した。イェーリングの偉大な解釈学上の諸論文、それゆえ、現行法に関する彼の諸論考は、『年誌』に含まれている。『年誌』のほとんど全巻が、時には一篇、時には数篇、彼の長文の論考を含んでいる。

この時代、イェーリングは、彼がその「政治的」生涯において報告しているように、多くの時間を割いたドイツ法学者大会の共同発起人の一人となった。Gießen 時代には、また、彼の有名となった鑑定意見、たとえば、Basel-Land 対 Basel-Stadt の城砦訴訟に関する鑑定意見が生じた。

この鑑定意見は、イェーリングの鑑定意見と異なる鑑定意見を認めたHeinrich Derburgと一時的な重要な仲違いへと至った。Dernburgに対して、イェーリングは、Dernburgが実際上現行法を故意に歪曲していると批判する鋭い返事を作成した。イェーリングは個人的にもそうせざるをえなかった。まず彼は、自分の表現法の鋭さに関しても十分に正しいと考えた。その後、たとえ上品な表現法であったにしても、Derburgに味方するWindscheidからの手紙が届き、その手紙は彼をほとんど意気消沈させた。「書きがたい興奮」のみならず、「数日間続いた不快さ」からも、彼の興奮が判る。

一八六二年一一月一二日のWindscheid宛ての彼の返信は、迷いと困惑とのあらゆる特徴を示している。年の終りに彼はもう一度、友情溢れる関係についてWindscheidに感謝している。

イェーリングは自分の鑑定活動をつねに学問への貢献という視角の下で考えた。このことは、Lucca―Pistoja事件に関する二つの鑑定意見においてもっとも明らかに示されている。

E.I. Bekkerは迅速に口述筆記された、明らかにきわめて有益な鑑定意見について述べている。

同時に彼の学問的なサークルでもあった個人的なサークルもGießen時代に発するものである。Geist des römischen Rechtsに述べられている、法の「自然科学的研究」の元素すなわち法の「科学的分析」は、それ自体、しだいしだいに彼の気に入らなく始めた。とくにKantorowiczが言い、また、Kantorowiczに続いて、今日、支配的な意見が言っているように、イェーリングが一種の概念法学のSaulus（使徒パウロPaulus）の改宗前の名）から目的的―利益法学のPaulusに豹変したかどうか、あるいは、イェーリングのライフ・ワークが従来考えられたよりもはるかに偉大な統一態であるかどうかということは、以下で検討することにしたい。明らかにイェーリングは晩年の五〇年代に、法の理念をめぐる研究は彼を邪路に導いたと感じた。しだいしだいに構成的なるもの、技術的なるものが重きをなしていったが、もしこうした構成法学に対して嫌悪の念が彼の心中に生じなかったならば、今日のイェーリングはなかったであろうし、彼が構成法学のためになした所のものも存在しなかったであろう。

一時代の思惟における大きな変化がどれほどひんぱんにおころうとも、その道はまず、自己判断、自らの立場に対する皮肉、揶揄を介してキャニク主義――皮肉にまで達した。一八五九年は、イェーリングの個人的――学問的な構成におけるどん底期として評価することができよう。

自己判断の所産は、第一に、直ちに文学的な成功となった『親展の書』であり、本書は一八六一年六月以降、Preußische Gerichtszeitung、後には Deutsche Gerichtszeitung に発表された。たとえ当時匿名であったにしても、後に Scherz und Ernst に収録されたことにより、この種の六つの手紙はイェーリングのものだということが確認される。他の匿名作家たちもまぎれ込んでおり、結局、第二、第三シリーズの親展の書も存在した。親展の書は、――イェーリング自身に対する――厳しい批判である。彼は、彼自身の構成法学をからかった。彼は親展の書を、社会的規範としての法を問題とする Geist における以前の立場に結びつけている。迷いと研究の比較的長い段階を経て、Geist が中断されたのちに、Zweck im Recht が出版された。けれども Zweck は、Wien に訣別した後、一八七七年になってはじめてその第一巻が Göttingen で出版されたのである。やむをえざる動機も無しに Gießen を去ったのは決定的な精神的転向によってもたらされた十分な学問的活動のゆえだったことは明らかであった。Gießen では新しいものが古い場所で熟さねばならなかった。けれども、新しい地平が展けてしまった後では、もちろんイェーリングはもはや Gießen に留まることはできなかった。

その上、上記のように、夫人に対して転地という過労を要求すべきではないと彼に対して確実に医者が勧告したように思われる彼の妻の除々に悪化する健康状態があらわれた。六番目の子は一八六三年に死亡し、一八六七年には Ida Christina は、長患いののち、肺結核で死んだ。この時期の心の重荷は、書簡の中で確認することができる。

もちろん、働き場所を変えようという多かれ少なかれ、中途半端な試みは、最初から無かったわけではなかった。イェーリングの München に対する批評および Göttingen に向けられた注意も、彼と彼の二番目の妻がとにかく暫時 Gießen を去ろうという考えを持っていたことを意味している。けれども、彼がみずから可能なかぎり自覚していたイェーリングの多感な人格は、思想展開のための静かで小規模な場所を必要とした。

因みに、疑いもなくドイツの偉人の一人である Goethe は何故取るに足らぬ田舎町 Weimar にほとんど全生涯にわたって住むという名誉を与えたのであらうかということが問われてきた。たしかに地方の領主との友情関係も必要であったであろう。けれども、Frankfurt や Berlin のような都市においてだったら、Goethe は、あれほど静寂で隔絶された雰囲気、みずからのための世界にあったほどには、人物としても詩人としても Wien について全く黙して思想展開をすることはけっしてできなかったであろうということもまた、確かである。Goethe が苦しみ、彼に作品創造の巨大な堅張力を与えた分裂状態は、イェーリングについても観察されうる性格的特徴である。彼は Gießen で人間として、法学者として、友人や同僚達たちの巾広く観察しうる範囲の中で小都市の知識人および音楽生活の評価された中心人物として、München や Berlin において可能であったよりも快適に感じていたがゆえにのみ、イェーリングは Gießen を必要としたのだという想像は、明白に示すことはできない。こうしたテーゼの証拠としては、イェーリングが Wien から他のドイツの小さな大学町 Göttingen に帰り、生涯の終りまでそこにいたということをあげることができよう。

音楽は、イェーリングの生涯において、とくに Gießen に於ける重要な役割を演じた。彼自身、優れたピアニストであったし、かつて、公的なオーケストラ・コンサートで、コンサート・ピアニストが突然欠席しなければならなかったとき、飛び入り参加したことがあった。前もって、入念に練習は行なわれていた。イェーリングはGießenでコンサート組合をつくりあげ、彼自身、長年にわたってその指導者だった。彼は、芸術家たちを招待し、彼等は、しばしば、彼の家に宿泊した。又、よそからのゲストを乞い、こうして、フリージア的な社交好きを非フリージア的な音楽性と結びつけた。彼は、定期的に三重奏を演奏し、難曲をも避けることはなかった。彼は、彼の子供たちが家でクァルテットを演奏しうるよう、イタリアで四つの古い弦楽器を子供たちに買ってやったほどである。

五 Wien時代（一八六八年—一八七二年）

もし彼の心が動揺していたならば、仕事はすでに放棄されたであろう。だが、彼は仕事に没頭し、その結果、健康状態は一時悪くなった。彼は、何度も手紙の中で、過度の心の歪みが、彼を病気にしたと述べた。

イェーリングの短気な気性、彼の心に氾濫する着想を表現するためのたえざる闘い、彼の仕事の力、および、彼の健康状態は、つねに密接に関連していた。おおむね、逡巡と失敗せる苦労との中断には、Sturm und Drangの時期が続き、次にその時期は、「不快さ」をもって終るのであった。「野生味」は、いわば、彼の人格に先天的に与えられており、これこそが彼の仕事をして、生けるもの、社会的なもの、歴史的なものへの転向を受けるよう実質上配慮したのであった。この種の最も重要な転向は、上記のように、一八五九年に存在した。この転向は、しだいしだいに純粋に構成的なるものに目を向ける方法論に対する自己批判を導き、一八四二年の「現代国家学の発達過程における主たる転向」をめぐる匿名論文において本来構想された萌芽、すなわち、人間社会における法の諸課題に関する問題を振りかえりみることになった。

一八六四年と一八六六年の戦争はイェーリングの心をかき立てた。とくに彼は友人GlaserをWienで一八六六年に敵国側において知っていた。Glaserあての当時の手紙は、慎重な言いまわしで、如才ないがしかし誠実で温情にみちている。政治的なるもの、偉大な生活への衝動がふたたびイェーリングの中で前面に出てくる。北ドイツ連盟議会への立候補は僅差の票で失敗に終わった。Heidelberg における Vangerow の後継は、彼の手からすべり落ちる恐れがあった。学問的な関心は、Geist から離反し、法理解の新しい次元へ向いた。個人的な喪の期間、否、静寂のこの期、なお又自己意識と後退意識の間を動揺しながらも学問的な空気を手に入れようという感情のこの期に、Wien への招聘が起った。イェーリングは、受諾し、四年間、世界都市、巾広い社交、多くの尊敬、貴族身分への昇格を体験し、加うるに、講堂では最高の教授上の成功を収めた。パンデクテン講義は、登録聴講生数が四〇〇名を越えるかどうかという賭けには、勝つことになった。

イェーリングの Wien 滞在は、一八七〇年と一八七一年のドイツ帝国にとって決定的な時期に彼をして国境を越えさせ、歴史的な大事件に外からの観察者として彼を関与させた。イェーリング自身は兵士ではなかった。彼の長男 Hermann は、義勇兵として志願した。一八七一年一月三一日 Windscheid 宛ての感動的な手紙で、彼は、妻と長男とを戦争でなくさなかった先見の明について精神的な感謝を述べている。

戦争に対するイェーリングの関係は、熱狂的で素朴であった。そして彼は、ドイツ人および『ドイツ帝国』に味方した道徳的な力について多く語っている。けれども彼は、一八六六年にオーストリアに対したのと同様に、今回も、フランスに対して、他の文化民族の承認と尊重とを守った。敵に「全くの悪人」像が望まれる場合には感情の荒廃したときに存在する民族感情と不法との痛ましい葛藤が生ずることについて、以前と同様に述べている。

戦争に対するイェーリングの関係は、士官としてアメリカの南北戦争に参加し、common law における彼の偉大な相手たる判事 Oliver Wendell Holmes、すなわち Jr. Holmes とは多くの点でちがって戦争をつまらなく恐ろしいものと考えたように思われる。

Holmes にとって戦争とは、正義という高次の理念の貫徹によってなさるべきものではなかった。強者として自己を貫徹したものは、より強き権力を持つ者であり、それゆえに正しかった。法の問題についても Holmes の「軍人らしい」態度がしばしば語られてきた。Holmes の判決、反対意見、書簡の中の軍事的な観念や軍事用語によって証明されうるように、明らかに戦争体験、すなわちアメリカ合衆国の封建的な南部に対する良く組織された近代的な北部の自己貫徹は、Holmes の法理論に有効に特徴を与えたと思われる。

法に対するイェーリングの態度も、一八六四年、一八六六、一八七〇／七一年の戦争体験の影響の下にあった。彼の「第二期」すなわち目的法学期は、Bismarck によるドイツの政治的―軍事的団結と一致する。けれども、かの震撼事のイェーリングの法思想に対する影響は、Holmes の「法―軍事主義」からはきわめて遠かった。

イェーリングは、Wien 時代に、Kampf ums Recht に関する広く普及された彼の著書を執筆した。彼は一八七二年三月一一日、Der Kampf ums Recht というテーマについて、ウィーン法学協会で、「法心理学の一考察」として一場の講演を行なった。イェーリングのようにきわめて多感ですべてを記録し、その法に対する関係を徹底的に思考する人物には、一八七一／七二年のような戦争は深く関係しており、その法理解にも影響を与えたにちがいなかった。著作 Der Kampf ums Recht の解釈において、このことは、従来おそらく十分には評価されてこなかった。イェーリングは、著書 Der Kampf ums Recht において、法とは闘争において実現されるものであるという Holmes 的な観点を主張したのではなかったと言われるべきであろう。

もしイェーリングの戦争理解が Kampf ums Recht において表明された彼の思想に影響を与えたということが正しく、そしてこのことがありうることならば、本書の解釈のために、次のようなイェーリングの手紙の数行を利用して良いだろう。すなわち、手紙の中で彼は一八七一／七二年の戦争は、正しい物事のため、歴史における正義のため、より偉大な勇敢さの勝利のため、許し難い脆弱さと不和との克服のため、弱さと不決断とに反対して、不正と放恣とに反対してなされると述べたのであった。この種の評価は、すでに若き Holmes には全く無縁である。Kampf ums Recht に対しては、たぶん、イェーリングが重視しているのは法理念であって、法の実現能力ではないという事を見失わない場合にのみ、正しい態度をとれるであろう。いずれにせよ、この偶感の書には、時代的に色づけされたものが十分に付着している。

多分、Kampf ums Recht に対する最初の思想は、戦争の発揚している数ヶ月間何にも学問的な作業をすることがイェーリングにはできなかったことの変動にすぎなかった。「五週間程、私は何にもしておりません。実際何にもです。といいますのは、ひとたび学問的な書を手に取りましても、私の思いはその書にではなくて戦争に向かうからです……そんな風にして今や……私には新聞を読むのが唯一の仕事であるように思われることになっております。この仕事がどれほどの興奮を私の心にかきたて正しく保ってくれているか、私はあなたに言う必要はありません。私は約六週間ほど熱病にかかった気分です。はじめ、それは私にとって恐怖の感情でした。——恐怖と感じた事を私は白状しましょう。きわめて名状しがたい恐怖が私を充したのです。私が Mitraileuse と Chaussepot（地名）の戦果を読んだり聞いたりした報告によって、私は大部隊でもそれらの地を持ちこたえることはできないのではないかと実に心配しました。そして私は今月四日と六日の会議がこのような恐れから私を解放し大きな勇気を私に満たしてくれるまで、このような心配にいたく苦しんでおりました。従来の会議からわかったことは、結局尚道徳的なモメントと、指揮に関しては知的なモメントとが芽を吹いているということです……」

こうした気分の中で、考えが整理され始めた後では、闘争と法との関係を熟慮することは明白であった。いずれにしても、それは、法の「精神」ないし「目的」について執筆するよりも易しかった。Kampf ums Recht

においてイェーリングは、自分とその聴講者たちに、権力、法、正義の理解についての報告を、それゆえ「堅忍の書」(livre de circonstance)、つまり世紀を越えたイェーリング的な性質のひとつを示したのであった。

Wien におけるイェーリングの生活は長期にわたって、あまりにも緊張しすぎていた。「それは、苦労のかかる学期でした。大入り満員の講堂で毎日、連続三時間、ひどい空気の中で声を一杯に張り上げて、頭脳の力はひどく緊張したものでした。たとえ私が尚またそれ以外に三時間連続して講義したにしても、昨年の冬学期の講義ほどに、私を疲れさせた講義はありませんでした。そして、その理由は私にあるのではなくて、外的な理由に、すなわち私の講堂のひどい空気に求められるべきだという結論に私は達しております。どれほどみすばらしい場所で私たちが当地で講義しなければならないか、貴君は御存知ありません――政府がそのような部屋に学問を追いやったのは政府にとっての不名誉です。……」

イェーリングの健康状態は、次第に悪くなった。さらに、彼の借りていた家が撤去され、新しい家を探さねばならない心配があった。すでに Göttingen にあった一年後の一八七三年、五五歳になったイェーリングは、自分の労働力の明らかな衰えを書きしるしている。多分、イェーリングは一八七一年と一八七二年に、Heidelberg の重要な人物にも困惑した。なるほど、彼がすでに一八六七年 Windscheid に、自分は Heidelberg をあきらめたので Wien に行くと書いているが、このメモは、多分、イェーリングは私の後継者となるはずだという Vangerow が彼に与えた約束をもはや守らないことが確実となったときに、はじめて Windscheid に向かって成したものだった。

しかし Windscheid に宛てた一八六九年のある手紙からはっきりとしていることは、Windscheid はこの時期まだ München にいたのであり、それゆえ Heidelberg への招聘は、受け取ってもいないし、受諾してもいないということである。イェーリングは、Windscheid が Leipzig への招聘を拒否したことに祝辞を述べているが、しかし、行間から、Windscheid が Leipzig に行った方が彼にとっては好ましかったということを読み取れる。一八七一年一月三一日の Windscheid 宛ての手紙は、明らかにまだ München に向けられている。一八七一年一〇月、イェーリングは、Oskar Büllow に、彼は Heidelbrg に関してはひどい失望を受けたと打ち明けている。

この手紙の内容からすれば、Windscheid は一八七一年の中ごろに Heidelberg に行ったのであった。何れにせよ Windscheid は、Heidelberg に長くはとどまらず、一八七四年には Leipzig へ向かった。たぶんそれは、Leipzig の方が、ドイツ民法典起草準備委員会（Gesetzgebungskommission zur Vorbereitung des BGB）でもっと活動できるからであった。

かつてそれほどまでに待ち望んだ Heidelberg 大学において Windscheid の後継者に就任されたという招聘を、イェーリングは一八七四年に拒否したのであった。それは傷つけられた名誉感情によったものであろうか。はたまた、フリージア人の頑固さのためであったろうか？ それゆえ、政治的な理由からドイツに居たいという願望と健康状態の危機に加えて、実際上 Heidelberg 大学のポストに自分ではなくて Windscheid の方が選ばれたという辛さが加わったのである。

イェーリングがあらゆる友人の中で最も尊敬した Windscheid にこのことをけっして教えたり予想させたりはしなかったにしても、イェーリングはこのことをたぶん全面的には克服することはできなかった。一八七二年における彼とほぼ同時の死に至るまで、イェーリングは彼のもっとも親密な学問上の友 Windscheid に最高の尊敬と好意とを守ったのであった。

イェーリングは実に迅速に Göttingen と関係を結び、その機会をわざと秘密に取り計らい、Göttingen で学問に没頭するため、一八七二年 Wien をまさしく喜々として離れた。それは、大都市からの一種の逃走、帝国への逃走帰還、研究の静寂さへの逃走帰還であった。たまたま後期の手紙の中には、Wien への郷愁、とりわけ彼にとって、生活の外的事柄において多大の時間を占めたWienの社交への郷愁が跡づけられる。かつて彼は、Berlin人の社交よりもWien人の社交を確実に好むと述べている。自分はBerlinには五年毎に行けば良いが、Wienには毎年喜んで行くであろうと。

六 Göttingen 時代（一八七二年—一八九二年）

五四歳のとき、Wienがあらゆる種類の媚と利益をもって引き留めようとした讃美された法学者で法解釈学と法理論とにおいて成功を収め、講堂において真価を認められた教授として、幸運にも三回目の結婚をして、イェーリングは、北ドイツの田舎町Göttingenへ行く。彼は自分がいかなる手段を講じているかわきまえていた。彼は、自分の学問的な経歴の成熟期を、大都市の煩わしさの中にではなくて、中クラスの大学の静寂さの中で過そうとしたのであった。彼の決断は同時代人と伝記作家において驚きを換び起してきた。留意されたHeidelbergの重要な人事を従来ほとんど研究してこなかった人は、HeidelbergのWindscheidの後釜にすわるという冷遇だったのであり、このためにイェーリングはGöttingenに行ったのだと予想している。ともあれ、もし適当な時期にHeidelberg大学がイェーリングを獲得しようと努力したのであれば、イェーリングはWienにもGöttingenにも行かなかったであろうということは確実であると思われる。それ以後イェーリングは、いずれにしても、もはやけっして「官職」を望まなかったのであった。獅子は一度しか跳ばないのである（Der Löwe sprigt nur einmal）。

Göttingenには問題の余地があった。失望は不可避だった。彼は学問上のみならず社交上も寂しさを感じている。一八七六年五月二八日、彼は田舎の女友達Augusts von Littrow—Bishoff夫人に宛ててこう書いている。「私の同僚の多くは簡素な生活にようやく足りる程度の額以上の収入をけっして受け取っておりません——そして何人かはおつき合いも出来ない程です。……我々の当地の詩神たちは、豚の革で結ばれております。もし詩神が私に予示したとするならば、当地で私が徹底的に退屈するであろうということを正しく予言したでありましょう。私は当時このことを議論しました。けれども――詩神は、私自身以上に正しく将来をみていたのであります。一種の自殺的な義務感の中で私は自分自身にこう言い聞かせました。もしお前がBerlinとかLeipzigとかHeidelbergとかへ行くのであるならば、学問生活の厳粛さは死である。それゆえ、義務のため、学問のためには、お前の快適さを犠牲にせよ、と。私はそういたしましたし、また、それは当時私にとってそれほど困難なことではありませんでした。――しかし、Heidelberg大学へ来いという要請が今一度私に届いたならば、義務と学問とにもかかわらず私はそこへ行くかも知れません。」

「退屈で単調なGöttingen」に関する彼の嘲笑、俗物たちの中で暮しているという彼の感情、大学において自分が価値以下に評価されているという彼の感情は、Göttingenを大学都市として、ドイツ帝国建国以後はBerlin大学とは区別するという芳しからぬやり方によって強められる。当時、プロシヤの教育的政治にとって重視されたのは、明らかにBerlin大学であって、かつ地方大学の拡大などは念頭にはなかった。文化的中央主権主義は、なおつねに地方大学所在地への権利侵害を生みだしていた。

Wienとの比較がWienに有利な結末となる場合でも、時折、彼はBerlinへ心を寄せている。そして徐々に彼は、「Berlinからの尊敬」を受けることになった。

ドイツ民法典起草準備委員会にはWindscheidが招かれ、イェーリングは招かれなかったので、彼は、Berlinで大臣に自己紹介をしている。ドイツ民法典起草準備委員会への招聘は、Berlin大学への招聘と同様、結局行われなかった。イェーリングは、このことに自己を順応させていく。

避け得ぬことからは将来を向いた意思の決断を行うという彼らしい性質において、彼は、学問上ほとんど絶望的な地位に耐えつつ著述するという形で己れの運命を肯定する。「けれども、私の主たる職務は、今や著述です。そして、私は、世俗のいかなる価値と引きかえにしても、著述を放棄しないでしょう。」彼は、Göttingen 時代に生まれる法理論上の著作に自らの課題の本質があるということを知っていた。すなわち、彼にとって大切なのは、名著 Zweck im Recht であった。新しい時代の前触れたる本書の範囲の中で最も重要だがしかし今日までほとんど注意されていない「法感情」(Rechtsgefühl) をめぐる仕事が成されている。(イェーリングは矛盾をほとんど感じなかったが) 目的思想と法観念との諸々の極の間で論じられた内容は、法と習俗、客の歓待、チップ、礼儀、占有といった限界領域上にある。Göttingen 時代の一層の逃避は、Scherz und Ernst in der Jurisprudenz に見られる。本書は、当時の法学と法学教育との改善のための批判的かつ建設的な著書である。初期の著作は、ある程度新しい版では改訂して出版されている。歴史と法というテーマは、彼の晩年に至るまで彼の脳裏を煩わしている。

七　イェーリングの著作の様式

イェーリングの著作様式は、相互に部分的に背き合い、部分的に支え合うふたつのモメントによって刻印されていた。偉大な創造的、思想力は、叙述的—自己判断的かつ情緒に左右された抑制に出会い、創造的な衝動が彼を書くことへと突き動かした。

Gerber は初期の手紙の中で、とりわけ従来思考され執筆されたことに依拠することなく、いわば真空の室内の中で率直に思考するという、Gerber がイェーリングの能力の特性と理解した、イェーリングの「思想の流れの独特な自律性」に驚嘆している。イェーリングは、Gerber への返信において賞讃を与えられたことに恐縮している。けれども Gerber がここでイェーリングの学問活動の主たる特徴を言いあてたということは、疑いもなく成り立ちうる。イェーリングの学問は、新たなるものを認識し、表現しようとする強い意思が背後に存する偏見なき批判的な思考によって支配されている。

すでに前章において、Göttingen 地方へのイェーリングの反動を述べた折には、不可避なるもの、すなわち人生において歴史的に発展しゆくものを独自の意思内容へと改鋳し、こうした基本的態度によって創造的に活動するという性格的な特徴が際立っている。それと共にイェーリングは、彼の人生態度において、因果的な発展から目的的な目的設定をつくり出すという彼の哲学の主たる特徴を示している。Wieacker は、行動の動機づけにおける歴史的因果連関のこうした転換を非論理的だがしかし本質的特徴に適用された自然主義であると考えている。

Schelsky の社会学は、感情移入的にではあるが、イェーリングの思考を支配した歴史性、因果性、論理の結びつきを、そのイェーリング分析において語っている。それゆえ、存在するものを意欲されたものへと転換するという、イェーリングの一般的生活態度と哲学的な基本的態度に関する上記の観察は、以下で議論する予定の現象に対応するものである。哲学が生活姿勢から成り立ちえたということは、たしかにイェーリングの著作様式に関連している。イェーリングは観察し、読書し、とくに連想的に思考し、今日的なるものをパンデクテンの諸問題と比較し、次に、こうして得られた認識を法学上の要請へと転換する。その際、実際に思想が彼に向って「流れ出てくる」のであって、こうした意思によって結実せしめられた思考の貫徹に際しては、いかなる権威も、いかなる同僚の注意も、いかなる種類の批判も、いかなる批評も、彼を抑制できないのである。

それから Ernst Immanuel Bekker が洗練された言葉で好んで述べたように、「さまざまな反応」が彼の内部で「立体鏡からの映像」のように育った時、イェーリングにとって定式化の苦しみが始まった。「細心の注意を払って集め、測定し、考慮し、組み立て、再度拒けるということは、彼の得意とすることではなかった」というBekkerの判断は、イェーリングをめぐる後代の判断に強い印象を与えた。書簡は上記のように、むしろ逆の言葉を物語っている。イェーリングは自分が何を書こうとしているか、そしていかにそれを書こうとしているかを実に良く考慮した。イェーリングは多くのものに線を引き、ふたたび否定して、引き出しにしまいこんだのである。

結局、彼によって執筆され印刷される叙述の思想的豊富さは、構成の不手際をめぐる奇異な不均衡にある。Geist, Zweck, Indoeuropäerの目次を見る者は、イェーリングが構成および彼の叙述の組み立てに際して、どのような困難さと闘ったかということに気づかねばならない、イェーリングにおいては、叙述がたえず広がる一方であり、しかも、ほとんどの彼の著作、すなわち方法論的に中心的な著作が未完に終ったほどに拡大しているという注目すべき事実も、この点に由来する。イェーリングは一点から他の点へと思考したのではなくて、一点から、彼に向って開かれたさらに広汎な諸問題と思想事実とを考えたのである。このことが必然的に、個々の点での体系の破綻と彼の大著の未完結とを結果したはずである。

こうした定式化の苦しみのもうひとつの面は、自分の思想に、「輝かしさ」、「美しさ」、思想的な完全性、好ましい叙述を与えることに成功していないのではないかというイェーリングがしばしば行った自己批判である。彼は、「美しい形の完全な欠如」と「実際的な知識の大きな欠陥」とを嘆いている。

他方、彼は多かれ少なかれ、はっきりと念頭に浮んだものをめぐる言いしれぬ表現の苦しみについて書いている。彼が自分の著作に必要な「ソース」を添加できないことを気に病んだり、自分が服用しなければならない苦い薬を、うまく飲めるようオブラートに包む能力が自分に欠如していることに気づいた時などには、しばしば自己批判は、陽気な形をとっている。

また、イェーリングがきわめて早く仕事をなしえたということは、イェーリングがフランスの委託者のために、鑑定書を即座に口述筆記したという、Bekker が報告しているすでに上述した逸話から明らかである。まさしく Bekker がイェーリングを速筆家と考えたがゆえにこのような逸話を報告しているということは特徴的である。

イェーリングは、彼の講義の仕事から、もっと詳しく言えば、通例午前一〇時ないし一一時までたずさわったパンデクテン講義のための準備から程々の刺激を得た。その後、彼は二、三時間パンデクテンを講義してから帰宅して少し早めに昼食をとり、そして一八五五年の記述にあるように、再びパンデクテンに戻らねばならない二時まで、妻と一緒に散歩している。そこにはさらにこう述べられている。「四時半ごろ私は帰宅し、食事と共に徹底的な休養の時間を始め、アウグスブルグ新聞や音楽などと共に、コーヒーを飲み始める。七時半ごろ私は再び仕事机に座り、いくばくかのお茶とたばこによってわが深遠なる観念に向って自分を鼓舞するのです――それはワグナーの〈さまよえるオランダ人〉の姿です。」

もっと若いころには、彼は仕事をしばしば夜一〇時半ごろに終えているが、後期には夜中まで書き机に座っていることは、注目に値する。彼は、書簡をしばしば深更に書いたが、彼はこの事を受け取り手にも教えている。

彼が教授職に心を打ち込んだのは Wien 時代までだという意見がある。彼は単に教えるということから、自分の仕事のための刺激を受けるために教えることへと目を向けたのであった。

学期の終りごろ、彼は講義に飽きて、休暇を待ちのぞんでいる。それは、休暇をすごすためではなくて、休暇中に学問活動に入れるからであった。「ともかくようやく理性的な仕事に入らんがため、どれほど私が休暇を待ち望んでいるか、お話しできないほどです。」彼がその職業生活の全時代に亙って作成した鑑定意見については、書簡でくりかえし論じられている。大学法学部が、もはやこのような問題は引き受けないことを決議するまで（一八八一年）、彼は判決団に協力した。

イェーリングは釣合いのとれた著述家だったであろうか？　彼の執筆した多数の著書や論考は、この問いをほぼ肯定している。Wieacker は、イェーリングには彼の世代の著述能力が賦与されていたと書いている。たしかにイェーリングは健康が彼を見すてるまで執筆することができた。けれども、後期になってはじめてではなくて、すでに最初から彼は、その仕事の仕方において、気分に強く左右された。おそらくイェーリングは、時々激しく熱心に仕事をしたが、しかし又、逡巡と抑鬱の断絶期には全く仕事をしなかったのであった。

イェーリングが執筆に先立って多かれ少なかれ読書をしたかどうか、それゆえ、受容的に活動したのかどうかという問題は、このことと関連している。Lossano は Rudolph von Ihering の文庫カタログを報告し、ここから彼の自宅の蔵書は、約二〇〇〇冊に及ぶと推定している。

これは、多くの蔵書が法律家であった祖先から相続されたものであるということを考慮すると、多いとは言えない。イェーリングはたぶん法律学の分野ではとくにくりかえし Pandekten を読んだ。批評家は、彼が Pandekten のあらゆる箇所から、問題のある箇所を引用し解釈する巧みさを指摘している。彼は若いころには法律家の論文をかなり規則的に読んだが、しかし、おそくとも Göttingen 時代には、彼が考えたように、読書することよりも重要な事柄に時間を割こうとし、彼の友人 Bernhard Windscheid に「余り読書されたもうな」と忠告した。「イェーリングは比較的読書をせずにきわめて『創造的に』活動した」というイェーリングについて述べた著述家たちの推定は、こうした言い方ではおそらく正しくはない。時として彼は実に多くを読んだ。そのさい彼は法学文献だけに満足することはなく、彼は特別の熱情をもって Mommsen の面白さについて書いているのだが、たとえ読みすごすだけであったにせよ、哲学や国家論の文献も試みた。諸研究は、多分彼が著書『ローマ法の精神』のためにそこから表題を借用した著作たる Montesquieu の『法の精神』において証明されている。当時の指導的な哲学者〔ヘーゲルなど〕に対して、彼は専ら批判を表明した。彼は自分を魅了した非法律学的著作に出会ったときには、手紙において熱狂的に自己を表現しえた。他方、彼は、学問的テーマを論ずる際に文献を可能なかぎり完全に選ぶ必要があるとは感じていなかった。彼は、自分の心を魅惑しなかったものは、選り好みの強いやり方でむしろ放置したのであった。

八　Gerberとの友情、彼との往復書簡における主題

Karl Friedrich von Gerberはイェーリングよりも五歳年が若く（一八二三年生れ）、Jenaで一八四四年に教授昇格を獲得し、次にJena大学、Erlangen大学、Tübingen大学で教授として活動し、Tübingen大学時代に同時に大学総長となり、次に再びJena大学へ戻り、それからLeipzig大学へ移った。一八七一年、GerberはSachsenの文化相となった。彼はイェーリングより一年早く、一八九一年に死去した。多くの交際と文通とを行ったイェーリングは、Gerberとの間に遠慮のない率直さを特徴とするきわめて深い友誼を結んでいる。それは最初はおそらく学問的な性質の接触にすぎなかったが、そこから徐々に進んで、得がたい男の友情が展開された。

この友誼は生涯にわたって続いた。すくなくとも手紙のある部分から一定の蓋然性をもって推定できるような一時的な疎遠は、すぐに克服された。イェーリングはGerberに宛てて何がGeistの最初の批判をもたらしたか書いている。彼はGerberにZweckの出版を予告している。

彼はGerberに困難となったHeidelberg大学の断念を打ち明け、GerberとBerlin大学招聘の機会を検討している。

Gerber宛て書簡においてイェーリングはつねに飾り気がなく、彼の機知は苦労されたり探し求められたり

してはおらず、自然に生み出されている。この点がGerberとの文通を、他者との文通と、とくに、Bernhard Windscheidとの文通と相違させている点である。前世紀の偉大なるローマ法パンデクテン学者であったWindscheidもまたイェーリングの友人であり、たしかに学問上の思想交換に関しては最良の人物であった。この特殊で実に興味深い学者たちの友情は、さらに詳しい説明を要する。Windscheidはイェーリングにとっていつもなにほどか到達しがたい存在であったように思われる。彼のしばしば変化する口調は明らかであり、最高の敬意と好意とにもかかわらず、つねに何ほどかは折々奇妙なぎごちなさによって粉飾されている。

Gerberあて書簡においてはイェーリングは別人のようである。そこでは、彼はあるがままに気楽に書いている。おそらくその理由は、Gerberが学問的にイェーリングを尊敬し、イェーリングがこれを受け入れたからであろう。

まさしくそれゆえにイェーリングが彼の方法論上の基本概念を述べているGerber宛て書簡はとくに重要である。一八五二年Gerberはイェーリングに公法に関する著書を贈った。イェーリングはこうして返事している。「もし私がもっと早くから、貴台が私の同志であることを知っておりましたならば、本書はあらゆる面でこのことを私に教えてくれたでありましょう。本書においては、私がローマ法について努力していること、すなわち、客体の自然科学的研究、客体の化学的分析が、国家法についてなされております。そして、私は、私どもの思考と努力との類似性をめぐる貴台のお手紙の御意見に心から同意いたします。」

イェーリングがここで自然科学的な言い回しと隠喩とをもって言いかえたことは、一八五四年五月のGerber宛てイェーリング書簡でさらに明瞭に表現された。イェーリングが彼の友人らに出版直後に送ったGeist第二巻第一部の注一四〇は重要である。

Gerberは、この注をイェーリングがゲルマン法学を弁護しようとしている趣旨だと誤解した。イェーリングは返信のなかで、彼にとって重要なのは民族的な威信などではなくて、一般的な法原理およびその研究とより一層の発展の方法であると訂正している。「拙著の注一四〇に関する貴君の御意見は、まったく正しく、それゆえ私たちは原則上、同意見なのです。Sachsenspiegel やこうしたあらゆる古いドイツ法によってローマ法が排除されることがあってはたまりません。この点からも私たちがさらに一層集中化しますならば、ただ死せる犬を埋めるだけでは十分ではありません。私は、この注においてドイツ法の下にあってわが国の現代の法を考えているのです。つまり、ドイツ私法の摘要としての法のみならず、ローマ法の現代的慣用（usus modernus）をも考えているのです。」

ところで、以下の文でイェーリングは、友人あての書簡の認める気軽さでもって、時代における法に関する彼の基本的観念を定式化している。すなわち法は、法の本質たるその体系を、歴史的、現代的、未来的な社会的な欲求に従って発展しつづけると言っている。「普通法のような現代の特殊的な法のこうした実際の現行法においては、表面の下に、我々のまだ意識していない高次の法原理の核心がさらに隠れていると、私は思います。そして私たちがその核心をあらわにすればするほど私たちにのしかかっているローマ法の一定の法文は事実上その核心によって排除されるということを私たちは確信するようになると思います。ですから、実際に生きているものが後退すべきであるのではなくて、ひとえに、ローマ法大全（corpus iuris）の古い権威の力によって外見的な生を得たもののみが退くべきです。そして実際に生けるものは原始ゲルマンの特殊性に向って歩むべきであるのではなくて、その真の普遍性において認められた現代法の法文に対して譲歩すべきなのです。そうすれば、私たちは了解し合えるでしょう。けれども、私はこの注記ではもっとはっきりと言明すべきであったと思っております。」

それゆえイェーリングは、ローマ、ゲルマンなどの歴史的、民族的な根源から発して今日現れているような法の背後に、普遍的な法原則が存在しており、その解明が、こうした法をその今日的な形姿において把握することを可能ならしめ、その普遍化が、さらに法を発展しつづけることに寄与すると考えているのである。それゆえ、イェーリングによれば、法は時代において生きている。法は法が答ようとする必要によって変化する。イェーリングが二三歳のとき Berlin の Literarische Zeitung においてサヴィニーと Hegel に対して巧みに述べたように、法は、「どこから」(Woher) と「どこへ」(Wohin) とを有している。それと同時に、イェーリングはこの手紙の行間において、彼の方法論のふたつの基本的な柱を認めている。まず第一に、実定法の表面下には普遍的な法原理が隠されており、次に学問的な作業を通じてはじめて意識されるようになる(それゆえ、サヴィニーの民族精神が生ずるのとは逆)という彼の見解である。第二は、普遍的な法原理が現代法にとって基準的なその普遍性と射程範囲において認識されて現代の事実的な諸関係に適用されたときのみ、時代遅れとなった古き法の駆逐がおこなわれうるという見解である。

イェーリングが一八五四年のある手紙で、Geist 第二巻第一部出版直後に、実際上彼のすべての哲学的、方法的綱領を述べているのは実に興味深い。一八四二年の論文が綱領として素描していることは、一八五四年に明確に定式化されている。この点は、従来考えられてきたよりもさらに強い「若き」イェーリングと「老いたる」イェーリングとの見解が一致するということを明瞭に物語っている。

イェーリングは、事実上の理由からローマ法を優先させているにもかかわらず、ローマ法学者とゲルマン法学者との間ではしばしば激しくおこなわれた論争では、いささかも一方の側に加担しなかった。彼は Gerber 宛ての上記の手紙で、こう書いている。「私が、激怒する古代ゲルマン人たちよりも、むしろローマ法だけを操作しうるにすぎない強靱な法史学的ロマニステンたちに賛成しているということと、私が偶像崇拝に対してローマ法のたんなる法文言によって断固反対するため、あらゆる機会を利用しているということを貴君は御存知です。」

九　Windscheid との友情および「意識された念願」

彼らの時代の相貌を規定し重要な同時代人たちよりもなお精神的に一頭群を抜いている二人の偉大な人物がお互いに親交があったということは、歴史上めったにない幸運である。天才はお互いに語り合うべきではなく、またしばしば彼らの天才性の自己達成において阻害しあうというおそらく正しい感情においてともに道を譲り合う二人の大人物が同じ時代に共存する事例は実にしばしばあることである。

両方の知人が Bach と Händel との出会いを企図したとき、Händel はそれを避けた。二人の宗教改革者 Luther と Calvin とをたとえ友誼を結ぶに至らなくても実りある会話へと向かわせようとする多くの試みを第三者が企てても、つねに失敗した。二人の傑出した人物が傍観し讃嘆している第三者を時折求めたように思われる領域と方法でまさしく争う場合も珍しくない。二〇年代の二人の偉大な Berlin の劇作家 Alfred Kerr と Herbert Ihering（Rudolph von Ihering の甥）とは、主義としてけっして同じ意見をとらなかったということは、周知である。一方は他方の上演を賞讃したが、彼らは互いに徹底的に批判しあった。そうすることによって、現代ドイツ芸術のあらゆる分野に対する現代評論に決定的な影響を与えたのは、Kerr とイェーリングの二人であった。Nietzsche と Wagner との結びつきは、二人がしばらくの間彗星のようにお互いに接近したのち、辛辣な敵対関係に終っている。Goethe と Schiller とは、おそらくひとつの例外で、彼らの「詩人としての友誼」は、ドイツ古典期の顕著な現象のひとつである。両人の間に尊敬と刺激とを越えて助け合う好意が存在したかどうかはもちろん疑わしい。ここでは天才の友情のこうした問題を取りあげることは問題ではない。上記の諸例と比較すれば、イェーリングと Windscheid との間の友情はきわめて特殊なものと呼びうる。問題となるのは実際的な友情である。

イェーリングとWindscheidとは対立する気質であったが、彼らがたぶん種々の学問傾向の創始者であればあるほどこの事実は益々印象強い。イェーリングが本来意欲したものを、Windscheidはたぶん全面的には知らなかった。逆にイェーリングは、Windscheidの特殊な人格に共鳴しつつ立入って考えることには成功しなかった。居所をあちらこちらと移ったにもかかわらず、そして、個人的な事や学問上の事に関する相互批判にもかかわらず、彼らが生涯にわたって精神的な理解と好意をお互いに持ちつづけたということが、彼らの友情の本質を成している。

Bernhard Windscheidは一八一七年六月二六日にDüsseldorfに生まれ、一八四〇年Bonnでローマ法の教授資格を得、一八四七年Bonn大学の員外教授（Extra-ordinarius）となり、同年秋Baselで教授（Ordinarius）となった。彼は一八五二年にGreiswaldに招聘され、一八五七年にMünchenへ行き、一八六九年にはLeipzigへの招聘を拒否し、一八七一年夏がすぎるとすでに上述したようにHeidelbergへ移った。一八七四年にはLeipzigへの招聘に応じ、そこからはもう移らなかったが、それは彼が同様に一八七四年以降（一八八三年まで）Berlinのドイツ民法典起草委員会のメンバーとなった限りにおいて注目に値することであった。Windscheidは一八九二年一〇月二六日、イェーリングよりも三九日あとに死んだ。

イェーリングがWindscheidにGeist第一巻を送り、そしてWindscheidが少なくとも主たる事柄に積極的に同意しつつ返信を送ったときに、接触がはじまった。Windscheidの思考がイェーリングの目的的思考に向けられたことは、イェーリングの返信から明らかである。イェーリングは感謝の返信で、彼が法における目的の下で理解するところのものを明らかにしようとしている。イェーリングは、彼がローマ法における諸目的とともに考えるところのものをWindscheidに対して説明するのにとても苦労しながらも成功している。彼はこうした目的的思考を、Windscheid が明らかに後をおって承認することのできない観念たる一般的なるものに、たとえば、民族、国家、法などに還元している。

個人において彼は―Windscheid とともに―倫理的モメントを重視する。「けれどももし個々人の主観的な気分を度外視して民族を全体として注視してみるならば、ローマ的な目的にとって有効な徳ある人々だけが栄えるのだということが判ります。」以下では、個人の宗教的な徳が法的目的におけるローマ的な思考へと徐々に変化して行くことに関する上記の注について述べよう。多かれ少なかれ内的な宗教から除々に退化と発展とを結合させる形成過程のなかで国家的な徳と法的了解が生じる。

イェーリングは、価値観念が退化と前進をくりかえしながら目的へと変化していくというこうした観念をけっして取り消したことがなかった。彼の見解によれば、歴史学の書であって法学の書ではない彼の後期の著作 Vorgeschichte der Indoeuropäer においてなお、イェーリングはこの考えを持ち続けて詳しく論じている。それにもかかわらず、この観念はイェーリングにおいて、文化悲観主義的なものを附帯しておらず、また解釈的なもの、啓蒙主義的なものをも付着していない。

それゆえ、Erik Wolf だけではなくてよくそう言われているように、イェーリングも没価値的な実証主義者だと呼ぶのは正しくないのであろう。「徳あるもの」とは、時代のなかで変化する法の体系に内在的であると、今日ならば言われるであろう。徳あるものは、時として、より内的になったりより外的になったりしうるし、宗教や法により傾斜しうる。いずれにせよ、イェーリングは、ローマ人においてそうだと考えたし、又、ここにおいて、宗教性の衰微とそれに対応した法的了解の増大とを観察しうる当時すでに存在した歴史研究を参照することができた。

ゆっくりと開花していく若き Windscheid が公刊したものは、Windscheid が書きそして説いた実際的なものへ眼を向け、あらゆる抽象的ながらくたを厭う方法において、ただちにイェーリングにとっても明らかとなった。彼は「現代」ローマ法の刷新という点でWindscheidと同意見であった。

イェーリングは、彼の疑惑と内的な変化とについてWindscheidに弁明している。彼は、自分がふたたび構成から脱して、法における機能的考察へ向おうとしている『親展の書』の発生を暗示している。

Gerber宛ての初期の書簡でイェーリングは、法がそのために使われる新しい問題設定による法の刷新という彼の綱領を構想した。彼は、晩年になって、こうした努力における成功と失敗をふたたびWindscheidに打ち明けている。さらに一八八八年に彼は、自分はGeistの中につねに自分の生涯の課題をみてきたと打ち明けている。彼はそのためGeistを軽ろんぜざるをえなかったので、つねに良心に痛みを覚えながら、いわば中間的にZweckとBesitzwillenとを書いたのであった。けれども、彼にとって、つねに問題であったのは、(彼が実質上Savignyと同一視した）支配的な法学方法論に対する闘争なのである。

Heidelberg人事の個人的な悲劇を別にすれば、イェーリングとWindscheidとの関係における事実上の悲劇は、イェーリングが晩年に実際上、彼イェーリングの完全に新しい法の解釈を理解しうる唯一の人物をWindscheidの中にみたのに対し、他方、まさしくWindscheidがくりかえし述べたように、Windscheidの方はこうした方向に進むことを拒否したということにある。目的的思考という問題において、すでにWindscheidとイェーリングははじめから相違していた。なるほどイェーリングは、はじめから彼が――現代的に表現すれば――目的のもとに人間的・文化的行動の人間学的目的的性を理解し、こうした関連において、法の中にある課題を、詳しくいえば、文化が実質上払う課題を課することに何の疑いももたなかった。けれども、Windscheidは生粋の法学者としての知識をもってしてはこうした思想の方法的な高揚に従いうるにはあまりにも技術者でパンデクテン学者でありすぎた。

Windscheid は、彼と同時代および彼以後の他の多くの人々と同様、すくなくとも同程度にすぐれたローマ史料の知識をもちながら、イェーリングはローマ法の誤てる目的的思考を行っていると非難した。もし、目的のもとに、当事者の具体的な意図と法規との間の密接な因果関係が理解され、さらになお、ローマ法（ius Romanum）の観点で理解されるならば、もちろん Windscheid が正しい。けれどもここでも同様にイェーリングは、そんな風に自分の意見を、民族、国家、法における諸目的一般について理解したわけではけっしてなかった。

すでに Zweck im Recht が問題となった後期になっても、Windscheid とイェーリングとは、法の目的という問題では相違しているように思われる。不完全な理解は、イェーリングの心を動かしている法の核心的な問題にある。法に対する彼のすべての態度について弁明しているかの観のある Windscheid あての一八六五年四月一八日の長文の手紙以後、そして短信・私信のそれに関連した烈しい変転以後、重要な思想交流は、一八九二年の二人の偉大な学者の死までもはや長い間無い。Windscheid はイェーリングが「形式主義」だと批判する―非歴史的な―現行法において業績を挙げたが、イェーリングは四〇代・五〇代の観念に結びつきつつ、たえず時代における法という古くからの目標の意味のなかにあって、構成から内容へ、方法から法哲学へと前進している。

この偉人 Windscheid に勝てなかったということがどれほどイェーリングを苦しませたかは注目に値する。イェーリングが一生涯サヴィニーに対してなした感情の分裂を（一八六一年の Jahrbücher におけるサヴィニー追悼文参照）、イェーリングは、この段階で Windscheid にも転用した。彼は、秩序を与え・集め・解釈する Windscheid を偉大なサヴィニーの真の後継者だと認めながらも、この学問方向を彼イェーリングはもっぱら否定し、それは彼らのような思想家たちにとっては有意義かもしれないが、自分はこれとひたすら闘うのだという多くの意見が書簡から明らかである。サヴィニーとWindscheidとが事物（Sache）についてなしているのと同様に、物事における可能性に対する深い顧慮が、批判と反意の中にまざりあっている。

Windscheidは、すでに早くからつねに必要となってくる著書Pandektenの諸版のなかに身を沈めたが、老いていくイェーリングは、今一度、彼に固有な精神的な力をふるって支配的な方法論の批判に身を投じた。Geistの副次的な仕事と考えられるが、彼はBesitzwillenを書いている。Windscheidを試す機会を今一度Windscheidに与えるため、彼は注意深く彼に書いている。「私の著書は、大きな困難を生ぜしめるでありましょう。私は鋭い言葉を使ってサヴィニーの占有論と支配的な法学方法論とのあらゆる損害と弱点とを仮借なく暴露します。私には高い実際上の関心に係わる義務があるという考えのみが、あらゆる配慮を無視してそれと分離しえない論難と反感とをなおこの年になってもすべて私の身に課することを可能にしたのです。核心をつくためには私自身を犠牲にしなければならないと感じてまいりましたし、また、もし私の心のなかで生きている確信に実に情熱的な表現を与えることがなければ、私は臆病だということになろうと考えてまいりました。」次に注意深い問い合わせが続く。「一〇月には、著書の残りを仕上げたいと思います。次に私は、貴兄が献呈の辞を受け取って下さるかどうか決定して下さるようお願い申し上げます。もし貴兄がそれを固辞なさるならば、その理由は、たとえまずサヴィニーによって創設され、私によってとくに彼に対して論駁されたにせよ、私の闘う方向は、貴兄をもその擁護者としているからだと解するでありましょう。」

Windscheidは、たぶん最後までイェーリングが何を問題としたのか事実上わからなかったのである。

老いていくイェーリングがWindscheidに対して個人的な観点から立ち向う愛着への言及はしだいに多くなっていく。「私は貴兄のことが一日中ずいぶん心配でした。貴兄の重病の報を新聞で読みまして以来、貴兄のことが私の脳裏を二度と離れず、講義へもその思いを持って行き、そしてさらに夜、私はベッドで考えました。今 Leipzig ではどうされているだろうかと。」

イェーリングは彼の友 Windscheid に、絶対もう一度健康にならなければいけないと書いている。「貴兄ほどに現代ローマ法学を代表する人は他にいません。」そして次に再度、次のような比較がなされる。「貴兄以外の私たちは、貴方の外にけっして出ることのない現代ローマ法学の一部、もしくはその中の一方向を表しております。おそらくその間に後輩が養成されております。けれども従来は、なおそういう見込みは存在しておりませんでした。……大兄はもっと何年も生きなければなりません……貴方の死は取り返しのつかない空隙を呼び起すでありましょう。貴兄は私たちが互に意見を異にしていること、貴台に対する私の友情は私に貴台と討論することを止めさせないことを御存知です。しかしもし大兄のような人物が私とともにいなければ私たちの学問にとっては良くないでありましょう。もし一人の学生が貴兄の講義だけを聴くのが良いか、それとも私の講義だけを聴くのが良いかと私に問うならば、私は彼にこう答えるでありましょう。大兄の講義を聴くのが良いと。というのは、私がすべてを教えることはできないからです。そして私が教えている部分でさえ、今日の学問の完全な像ではありません。私は私自身に与えているにすぎません。学問における私の自我は、大兄が大兄に関して御存知ない狭い限界を有しているのです。」

一八九一年の Windscheid あての最後の手紙は、Windscheid が元気で両者の接触が個人的な面において進行したことを明らかにしている。イェーリングは、彼らしい言葉で Indoeuropäer を予告している。「私の現状が保たれれば、来年貴方に私の新著をお送りできると思います。――それは解釈法学の書ではありません。私は永久に解釈法学と縁を切ってしまいました。――それは歴史学の書であります……」

イェーリングと Windscheid との友情は、学問の点に関して、二〇世紀においてドイツ私法の内容と在り方とを決定したことを多く先取りしている。すなわち大体において Windscheid のおかげである慎重に秩序づけられた多くの史料と、先駆者たるIheringに負う所の目的法学、利益法学、価値法学の精神とを先取りしている。

今日ドイツの私法学者たちは、端的な公式で言えば、Windscheidの素材とイェーリングの方法とによって活動している。少なくともドイツの私法学者たちはそうであるはずである。そこにおいて、結局生き残っているのはイェーリングの方法であるということは確かである。なぜならば、今日においてもWindscheidについては（不当にも）あまり語られないのに、イェーリングについてはしばしば論じられているからである。

Windscheidは、彼の時代と来るべき世紀とに、後期パンデクテン学と民法典との素材を秩序づけて伝えた。イェーリングは、法そのものに役立ち、それとともにあらゆる時代、あらゆる法秩序に有用な思想体系を築きあげた。前世紀のこうした二人の大学者が同時代に生きたことは、歴史の幸運な偶然と言えるであろう。そして、事実上の論争にもかかわらず両者が互いに意を迎え合った愛着の念は、ドイツ法の歴史に関心を寄せるあらゆる人々の心の琴線に触れるはずである。

Windscheidとイェーリングとの間を支配した実りある緊張は、イェーリングがWindscheidに対して用いた文体の変化のなかに明らかに表現されている。若き学者イェーリングが同僚Windscheidに宛てた最初の手紙は、敬意に満ち事実上格式ばっており、有能な人物に対する深い尊敬を認めることができる。それからふたたび、時折無遠慮なまでになれなれし気な友情の口調がなり響き、苦しげな冗談が全面的に出てくるが、やや卑屈な響きがする。なぜならばイェーリングは、自己を克服したWindscheidに対して負けたと感じているからである。次にふたたび手紙は、あたたかい讃嘆とやや嫉妬にみちた硬直さとを混ぜ合わして特別に距離を置いた口調を帯びている。長い手紙の交換において変わらぬ唯一のものは、自分の観念に対するしばしば忍耐強く響く追及と結びついた真価を認める温情にみちた畏敬の念である。現存しているWindscheid宛てのイェーリング書簡は、文学的な有能と背後に存在する認識と感情との文学的な反映との堂々たる実例である。Windscheid の妻 Lotte に対するイェーリングの偏愛が二人の学者の友情に影響を与えたか、あるいはきわめて害なったかどうかは、もはや認識できない。Windscheid は長い独身時代ののち、四一歳で一人の女性と婚姻したが、イェーリングはすでに最初の出会いでこの女性に明らかに熱をあげた。

けれども、イェーリングと Windscheid との個人的な関係は、彼らが職業上互いに邪魔であったことによって悩まされた。前世紀中葉、Heidelberg はドイツの主要な法学部であった。後になって一八七一年以降はじめて Berlin が Heidelberg と肩を並べるようになり、Leipzig への Windscheid 招聘（一八七四）と共に、Leipzig 大学法学部の光栄ある時代が始まった。イェーリングは Heidelberg で勉学したことがあり、功成り遂げた人物として Heidelberg 大学に招聘されることを、彼の履歴の特性であると考えた。彼は、師 Vangerow とこの件で接触を保った。

今日でもいくつかの学部で行われているように、当時の Heidelberg では、退職する教授が彼の後継者の招聘に決定的な影響を与えるという悪い習慣が支配していた。イェーリングは Vangerow の後任にはイェーリングが呼ばれるであろうという約束を Vangerow から得ていた。イェーリングは「準備して」Gießen で我慢していた。熱望された Heidelberg 大学ローマ法教授の椅子にはさらにもう一人の有望な候補者 Windscheid がいた。Windscheid は München 大学に在職していた。そして形勢が自分に有利になるようにした。一八六一年 Windscheid は、Berlin への招聘を受け、イェーリングはその受諾について Windscheid に早計にも祝意を表した。Windscheid が Berlin で束縛されることをイェーリングは必ずしも好ましくないことと考えた訳ではなかったであろうと思われる。とかくする内に Windscheid は Berlin への招聘を受諾しなかった。

一八六七年、イェーリングの五人の子の母たる二番目の妻が亡くなった。おそらく上記で述べたようなことが、すでに彼を精神的にGießenから追い放ったのであろう。このことは、しだいに前面に出て来つつある「目的的思考」の再開と関連しているかもしれない。このような事情のなかでWienへの「輝かしい招聘」が彼に届いた。彼は受諾して、Windscheidに宛てて彼のもっとも望んでいる希望、すなわちHeidelbergをこれと同時に断念すると書いた。Vangerowがすでに当時彼の確約を破っていたのか、あるいはイェーリングが自由意思でWindscheidに譲ったのかどうか、正確にはわからない。むしろ、後期の意見は、Heidelbergへの彼の見込みがすでに一八六七年には薄くなっていたことを推測せしめる。後期のBülowあての辛辣な手紙で、彼は彼イェーリングを後任として採用するという約束をVangerowが破ったと書いている。

Heidelbergをめぐる心痛は、すでに早々と晴れていった。とくにBülow宛ての書簡は、そのことに満ちている。Heidelbergは彼にとって「不快」となった。ふたたびWindscheidが一八七四年にHeidelbergを立ち去り、人々が当然にイェーリングのことを考えたとき、彼は拒絶する。彼は、Windscheidの後継者にはなりたくなかった。Heidelbergは、彼にとって「嫌だった」。けれども後になって、彼はたとえWindscheidの後任としてではあってもHeidelbergへ行かなかったということを後悔している。

彼は、学問的生涯の栄誉たる「意識されたこと」つまりHeidelbergの人事でWindscheidに負けたことで、彼の友Windscheidを遺恨に思うことはけっしてなかった。自分がWienに出発することによってWindscheidに譲った一八六七年の出処進退は、高潔であった。イェーリングが無愛想に書かなければならなかったHeidelbergからのWindscheidの迅速な退去も、Windscheidあての書簡及びWindscheidに関する書簡中にはなんらの反響も見出していない。イェーリングにとって、彼がHeidelbergのことをしばしばそう呼んだ「意識された事」は、むしろ雑々しいWien時代の後に、その地で完全に学問に生きるためにGöttingenの静寂のなかへ引き籠もるためのきっかけとなった。彼は、Heidelbergのことをめぐって闘争することを欲せず、それを闘うことなしにWindscheidに委ねた。おそらくそれは、彼にとってその葡萄が酸っぱすぎたためであろう。このことはWindscheidに対する彼の友情関係になんの影響も及ぼさなかった。真実、Heidelbergをめぐる Windscheidとの誤解の一掃において、彼はHeidelbergからLeipzigに移ろうというWindscheidの決心に完全な理解を示して、彼の職業的履歴の最も痛い点について、次のようにのみ述べている「私はLeipzigが私の個性ではふさわしい場所であったかどうか、ずいぶん疑わしいと思っております。Leipzigは他の多くの方々にとっては、ふさわしい場所でありうるということもよく理解しております。たぶん私ども両人は、Leipzigへの招聘を拒否したことを私も後悔せず、Leipzigへの招聘を受諾したことを貴方も後悔しないことをよく理解し得るでしょう。私が何か私の生涯において残念に思うのは、Heidelbergへの招聘をもっと早い時期に受け取らなかったということです。そしておそらくそうなっていたら共に私のためになっていたでありましょう。もしHeidelbergへ行っておりましたならば、楽しみがほとんど不可能な当地よりもはるかに限りなく私は享楽に生きたでありましょう。私の最大の幸福は、わが家、わが庭であります……」

彼は親しい友人たちにのみ、とくにBülowとAuguste von Littrow＝Bischoff夫人に、Heidelbergに対する彼の愛着を告白し、一八七一年にHeidelbergから何ら招聘されなかったことを「不名誉な不運」と呼んだ。

おそらくなお背後にあったWindscheidとの競争は、Berlinの起草委員会に関しても存在した。国会議員MiquelとLaskerとの発議に従って、あらゆる方面から待望されたドイツ民法典の発布のためのドイツ帝国の権限を基礎づけることは成功した。今や設置されるべき委員会の任命と指導に関して、とくに二人の人物が問題となった。それはWindscheidとイェーリングであった。Windscheidは、指導的なローマ法教科書の著者として、イェーリングは同時にドイツ法学者大会の創設者かつ積極的な活動者として実務と密接に結びついた指導的な方法学者として問題となった。Windscheidは、一八七四年、委員会の委員に任命されたが、イェーリングは任命されなかった。イェーリングは、ある短信において、Windscheid にこの特別の名誉について祝詞を述べている。

六年後、彼は Oskar Bülow に宛てて書いている。「私の考えによれば、Windscheid は Berlin に行かざるをえなかったのだ。というのは、こうすれば民法起草委員会への彼の協力に関する難点が最も容易に除去されたでしょうから」。彼は、自分は Berlin に招聘されないことを率直に望むと言葉を継いでいる。彼が自分で決断にあたるよりは、事実が彼を決断から解放する方が彼にとってははるかに好ましかったのであろう。

民法典に関する作業に参加することに、彼自身は関心を持ち続けたという事を彼は述べていないし、明らかにもしていない。彼が無視されたということは、たとえおそらく任命されはしなかったにしても、彼を驚かしたということは確実である。もし Berlin 大学へ招聘されたならば、彼が協力を拒否しなかったことは確実である。Windscheid をめぐる Bülow 宛ての彼の意見から明らかなように、当時だったら、Berlin 大学への―首尾一貫した―招聘であったならば、彼は受諾したことであろう。もっともイェーリングは疑いもなくもっとも厄介な委員会の委員の一員になったであろう。おそらく、そのことを適切に予見して、はじめから彼をまったく招ばなかったのであろう。さらに確実なことは、二人の友人関係において確かなことだが、もし彼がドイツ民法典に協力して、実質上指導的な Windscheid との間でそれを成し、彼と実り多き協力をなしえていたならば、ドイツ民法典は当時成ったよりは、多くの点でもっと近代的に、もっと実務に近く、そしてとくに時の経過に関して適応能力をもったであろうと思われる。

批判者の側で、とくに Otto von Gierke, Ihering の弟子たる Otto Bähr, Anton Menger, Zitelman によってなされた Windscheid 草案（ドイツ民法典第一次草案は嘲笑的に「小 Windscheid」と呼ばれた）をめぐる議論に、イェーリングはもはや関与しようとしなかったし、また関与しえなかった。彼は当時、解釈学には訣別したと言っていたし、連邦議会における決定的な決議作業がおこなわれている間に死亡して、ドイツ民法典の準備に対するイェーリングの——疑いもなく誇示されているばかりではない——無関心は、自己発展する社会のなかに法における目的と法の役割とに関して彼自身が展開した見解に関連している。

法律に対するイェーリングの関係は、特別な研究を必要とするであろう。彼が多くの同時代人とことなって、法律の理念に対して、まったく距離をおいた関係をもったということは、確かである。彼の定式化によれば、彼にとって利益の前景にあるのは、法律ではなくて、法律及び普通法の諸規定の背後にある法観念および時代における法観念の発達である。熟慮されたドイツ民法典を創り出すためにBerlinで成されたささやかな仕事に比して、イェーリングの精神は、いくつかの点であまりにも偉大すぎた。ドイツ民法典の創設以来、一〇〇年以上が経過したのち、ドイツ民法典の個々の規定に対する批判が必然的に育つ現代において、多くの法学者たちが法を時の経過に従って相対比して見ることを彼の時代と後代に向って説いたイェーリングの理論を広い範囲にわたって見直していることは何ら驚きに値しない。

よく言われているように、不幸にもイェーリングがドイツ民法典の準備作業から排斥された理由としては、主として次の理由が挙げられる。イェーリングは偏屈者とみなされ、全体として彼が法律に対して批判的で距離をおいた姿勢を取っていることが適切に見て取られたために、彼は一度も議会に招かれなかったとするものである。おそらく彼が当時も今も、「左翼的」と称されている諸思想を法典の中に入れることも懸念されたのであろう。

多分、以前に彼が反プロシヤの態度をとったことも、Berlinへの招聘に悪い影響を与えたであろう。最も重要な理由は、彼がその法学方法論によってアウトサイダーとみなされ、Windscheidも彼のことをそう考えたことであっただろう。

他方、イェーリングは民法典の一件は、Windscheidが最も適任だと考えた。彼が自分を法学上Windscheidと同等と感じていたにしても、おそらく彼はWindscheidを公然と批判することを過度に避けたであろう。おそらく彼にとって、他人の目の前でWindscheidと比較されねばならないということは、不快な観念であっただろう。

多分、Windscheidも彼も、著作ZweckおよびBesitzwillenの改訂とともに、Geist des römischen Rechtsにおける自分の仕事を継続することの方がより重要だと信じていた。Windscheidにとってむしろ重要であったのは、法規定の定式化を引き受けることだった。またイェーリングの仕事の方法は、委員会の仕事の様式と相容れるものではなかった。イェーリングは時折はゆっくりと仕事をしたが、圧力が加わると最もよく仕事をした。法に対する彼の姿勢全体は、むしろ法がどのようにして発布されるかという問題によって刻印されていた。イェーリングがすでに年をとりすぎていたであろうという推測は、疑問の余地がある。Windscheidは実際にも同い年であったが、十分に共に働き、Windscheidとイェーリングとの後期の往復書簡が示しているように、仕事をする力では、イェーリングを凌いでもいた。

それにもかかわらず、興味深いのは、それでもなおイェーリングが明らかに火中に栗を置こうと試みたことである。彼は、Berlinに一度姿を見せんがためにBerlinで「大臣」のところへ行ったと、Bülowに述べている。その訪問はなんの成果もなかった。

ドイツ民法典の第一次規定草案を実際上は教育者たる精神（spiritus rector）として、そして公式上はたんなる委員会の委員として編纂することは、結局彼の友Windscheidがおこなった。そして、イェーリングの「絶対的な弟子」であるBährは、ドイツ民法典の最も鋭い批判者の一人となって、第二次草案をみずから執筆した。

したがってWindscheidは職業上イェーリングを追い抜くことに二度成功した。第一は、当時最も熱望されたローマ法教授のポストに関して、第二は民法典に決定的な影響を与える可能性において。もしWindscheidがイェーリングのために、Berlinでうまく推薦したならば、多分イェーリングは招聘されたであろう。きわめて慎重にことを運び、Windscheidはそれをしなかった。したがって結局ドイツ民法典の成立にとっては、困難は排除されたが、しかしそのことはドイツ民法典自体に損失を与えたのであった。

一〇　他の友だち、社交、文通

イェーリングはきわめて社交的な人間であった。イェーリングのGießenの現実に関する彼の息子Friedrichのむしろ率直に読むことのできる叙述は、このことについて雄弁に証言している（拙訳『大法学者イェーリングの学問と生活』信山社、所収）。

その創設と繁栄とをイェーリングに負い、あまたの客を彼の自宅へ導いたGießen音楽協会のための活動を度外視しても、イェーリングの自宅はきわめて人の出入りが激しかったはずである。「お客様には何かを出すこと」（Der Gästen etwas bieten）が、標語であった。その際、間違ってけちけちすることを、彼はいやがった。彼はGießenで実現しようとした「真に北ドイツ風な交際」を尊重した。彼は、化学者Justus von Liebigについて、その自然科学上の才能のみならず、彼の社交上の礼儀作法をも賞賛した。

彼は時々フリージアの親戚やOldenburgの親戚を訪問した。かなりの程度、イタリア語を話したイェーリングは、ひんぱんにドイツ国外の国に旅行したというわけではなかった。フランスあるいはイギリスへの旅行については何も述べられていない。彼がフランス語ないし英語の文献を原文ないしドイツ語訳で読んだかどうかは確かではない。彼は、Montesquieuをドイツ語で読んだにちがいないと思われる。

イェーリングは、外国からの啓発によって比較的影響を受けずにその代りに外国に著しい影響を与えたドイツ人学者の珍しい例の一人であるように思われる。正規の彼の聴講生のなかには、外国人が属していた。

イェーリングが法に関して、比較法の方法の創設者の一人とみなされることは、きわめて注目すべきことである。Zweigert は関係のある箇所を寄せ集めて興味深く注釈を付している。誰れも、自由に同程度ないしより多く持てるところのものを、遠方から求めることはしないであろうし、キナ皮が自分の野菜畑で育たぬからと言ってキナ皮を拒むのは馬鹿者だけであろうという巧みな表現は、イェーリングに由来する。

たとえ個人的な知友関係とたまさかの読書によって媒介されたものにすぎないにせよ、彼に流れ込んできた印象に対するこうした率直さは、彼の生活の在り方と仕事のやり方にとって特徴的である。イェーリングは、同じような率直さと感受性とを、彼の友人たちに適用した。彼は、自分の過重な仕事の重みとともに、上記のように少くとも一部は公刊されている友人・知人との相当広い範囲にわたる書簡の往復を定期的に行った。

友人たちに対するイェーリングの関係、および彼をしてこうした文通に従わせた、とくに法学上のテーマを解明するために書簡を相互に比較してみると、イェーリングがどれほどに実に手紙の受け取り手の心理に焦点を合わせて、彼に対していわば受け取り手が最もよく理解する言葉で呼びかけているかということが直ちにわかる。表現法のパレットは、天真爛漫な他意のない率直さから、あてこすった粗野さを経て、それによってイェーリングが何らかのことを言わねばならないと考えている苦しげな文体の転向に至るまで生彩に富んでいる。

おおむね彼は、研究上の友人たる Karl Friedrich Gerber との書簡で、自分で自己分析を行っている。ここで彼は自分を、性急で、多忙、心配性、思いつきと迷いに満たされ、うぬぼれで、遠慮勝ちだと述べている。イェーリングは、くりかえし Gerber と同じ大学に勤めようとしたが、それはできなかった。Gerber が多忙な

Sachsen 州の文化相になってからのち、書簡の往復は除々に減っていく。数年間彼は Gerber と共に『年誌』を編集した。イェーリングが Gerber において讃嘆した秀でた理論形成能力は、『年誌』に役立った。一八六五年、離反が生じた。Gerber はイェーリングに、「実に心苦しく残念な事には、私たちが個人的な接触なしにお互いに過したこの数年間は、私たちの学問上の立場を完全に異にするのに十分であったのではないかと（権利論から推して）推測いたしております」と書いている。けれども、接触はなおしばらくの間続いている。一日、イェーリングは Gerber を Tübingen に訪問し、再度「彼の有する優れた理論形成能力に完全に魅せられた」。Gerber が一八九一年死んだとき、イェーリングは悲しみに満ちた回想の中で彼のことを「わが Gießen 時代以来の友人」だと述べている。

後期において、Oskar Bülow との書簡往復は、初期における Gerber との文通が有しているのとほぼ同じ程度の個人的かつ形成的な地位を占めている。Bülow 宛て書簡のなかでイェーリングは、才気換発で、情熱的に自己表現を行っている。Heidelberg 大学人事のことが広い範囲を占めている。イェーリングは Bülow 宛ての書簡のなかで「自由に書いている」という印象を受ける。

Windscheid 宛ての書簡については、すでに詳論した。以下では不断に口調の変化するイェーリングのいくつかの過信を論じよう。イェーリングは Windscheid に近より難いものを感じている。なぜならば、Windscheid の学識、能力、個人的な優勢度が、あまりにも大きいからである。他のあらゆる友人たちに対してイェーリングは自信をもっているが、Windscheid に対しては自信をもっていない。もちろん Windscheid は、このことを利用するにはあまりにも繊細すぎた。

オーストリアの大学教授で後に法務大臣になった Julius Glaser に対する書簡は、きわめて温情と尊厳に満ちている。如才なくイェーリングは、一八六六年の戦争ののちは、国王のことではなくてむしろ悲惨な事件を口の端にのせる真情のこもった手紙を書いている。晩年のイェーリングとBindingとの往復書簡は、機知縦横であり、そこでイェーリングは自己のことを皮肉ってお追従的に、Bindingという「虎」の餌食だと言っている。言いまわしは簡潔で印象深い。法学上の後期は、方法論上きわめて重要な『ローマ法発達史』と『インド・ヨーロッパ人前史』とをBindingとの接触に負っている。

文体上の傑作は、家族ぐるみで親しくした「主任司祭」Bauer宛ての書簡である。

イェーリングの文体は、ある時には高く賞讃され、ある時には衝動的で支離滅裂だとして非難されてきた。Wieackerは、少くともイェーリングの文体上の努力を過少評価している。書簡に関しては、イェーリングはおそらく相手の人格に相応して（ad personam）文体を駆使する点で名人である。

文通の相手のうちには、多数の女性たちがいる。もっとも印象深いのは、多分に友情にみち、時折、悲しみに満ちた響きのするAuguste von Littrow = Bischoff夫人宛ての書簡であり、Minna Glaser夫人宛ての書簡、および一八八八年九月一九日の令嬢Lotte Hegewisch宛ての一通の手紙の傑作は、人を感動させる文を書く能力をもった七〇歳の人間の元気な文章記録である。

認めうるかぎりでは、イェーリングは感情の行き違いを生じたあらゆる友人たちと、たとえばGerberとさえ再三再四和解したが、その際イニシアチブはおそらく多くのばあい彼の側にあった。

Gerberの所には個人的に訪問した。Bülowとのささいな感情の行き違いは、誠意をもって和解をみている。かつて他の人に対しては成したことがなかったほど彼が攻撃したHeinrich Dernburgと協力して、彼は一八八九年に鑑定意見書を共著であらわしている。ローマ法学の専門上の同僚でありかつ常に彼自身の意義を自覚していた弟子であったErnst Immanuel Bekkerは、イェーリングに関する読む価値の高い彼の性格描写のなかで、イェーリングは彼Bekkerを明らかに学問上、理解も拒否もしていなかったと述べている。イェーリングは

Bekkerを引用しないことによって手傷を負うことになった。

Bekkerの性格描写は、文献利用の一面性についてイェーリングを非難しているので、この意見は興味深い。彼がGeistとZweckにおいて反対者と論争したイェーリングの戦闘的なやり方を知っている人は、Bekkerのこの意見に驚かされる。たぶんこの意見は、イェーリングがBekkerを一度も読んでおらず、それゆえにBekkerを引用しなかったのだということを意味しているはずである。イェーリングは、自分の講義に際しては、上記のようにしばしば選り好みした。すなわち、彼は初老になったころは、読書したいときに読書し、注目したいがゆえに読書した。問題が彼を魅了しないときには、彼はそれをまったくとりあげなかった。Bekkerはこうした方法の犠牲になったのであったように思われる。イェーリングに対するBekkerの評価が積極的、否、感嘆的な結果になっていることは、Bekkerを弁護している。

Josef Kohlerに対する関係は、はじめから不和によって刻印されていた。イェーリングはKohlerとほとんど接触しなかった。それにもかかわらずKohlerはPragの教職のために自分を斡旋してくれるよう一度イェーリングにたのんだ。イェーリングは反対した。その理由は彼がKohlerについて軽視したからではなくて、教職を与えるに際してこのような策略は、自分に向いていなかったからであった。イェーリングがKohlerを専門上高く評価したということは、彼がKohlerの論文を喜んで『年誌』に採用したということから明らかである。イェーリングの死後、Kohlerはイェーリングについて、まさしく侮辱的な評価を書いた。それがPragのことに対する仕返しであったのかどうかはわからない（本書一六頁以下参照―訳者）。

老いたるイェーリングは、以前からの文通を慎重に継続し、たぶんこうした結びつきがどれほど貴重なものであるかということも自覚しつつ、かつ自らもいよいよ寂しくなっていくという感情のなかで、親しい相手が死亡するまで、接触することを続けた。「そのため私は、以前手に染めた仕事を仕上げるために、次第次第に学問のなかに引き籠ります。ですから私のパワーは、すこしも老いては……おりません。」

二　イェーリングの政治的・社会政策的な確信

イェーリングの政治的立場は、上記の証言から容易に認めることができる。イェーリングには政治への関心があったことは、――Mitteis の判断とはことなり――疑いの余地がない。そのことを主張するのは、北ドイツ連邦議会の議席をめぐる（失敗した）運動だけではない。実質上、政治領域における彼の思考は、進歩的、社会的、否、社会主義的な観念によって支配されており、そのためもしイェーリングが現代に生きていたならば、彼をほぼ社会民主主義の右翼選手の一人に加えても、おそらく誤りではない。

それと同時に、彼の世紀の第一級の傑出した人物の一人としてのイェーリングにおいては、進歩的なるもの、それ自体で異なるもの、未来を支配するものに対する拘束力的な信仰において存在する二律背反が明らかとなる。法の社会的意義に関して驚くほど早い時期の明瞭な認識へと彼を導いた当時の社会的変化に対するイェーリングの率直な観察力は、彼に同時に、Bismarck の評価における独特な変化をもたらした。はじめイェーリングは Bismarck をプロシヤのユンカーで山師だとして拒否したが、次には未来の力、実を示しつつある偉業の実力として、ほとんど熱烈的なまでに Bismarck に肩入れした。自然と社会と批判的な観察から彼の社会主義を指摘する人もあるが、政治権力に対して無防備となるおそれがあるということがイェーリングにおいてははじめて示されたのだ。それは Holmes より二〇年以上前のことだった。結局それは、多分ローマ法に生涯たずさわったことがもたらしたものであり、アメリカの裁判官 Holmes が権力を讃美する逸脱行動に走ったのに対して、イェーリングは Holmes のような逸脱に走らないで済んだのはこのためだった。理論的に言えば、イェーリングがもともと持っていた法学的ダーウィン主義から発するならばまったくの権力崇拝に立ち到ることになるのだが、イェーリングはローマ法に内在する自律的な倫理を守ったのであった。社会主義的ダーウィン主義者による異議と解釈とがどれほど近い関係にあるかということは、――現代のネオ・マルクス主義の主たる現状でもあるのだが――イェーリングにおいてすでに発端のなかに、無邪気でロマン主義的な光を結んではいるもののはっきりと観察されうる。意義を申し立て論議をしている青年イェーリングから、Bismarck とプロシアの讃美者が生まれ、ついで社会主義的な君主政主義者が生まれるのである。

Bismarck は、はじめイェーリングの政治的批判の対象であった。後になって彼は、自分の Bismarck 像が変ったことを告白している。彼は Bismarck を「実行の人」とみなした。彼はかの後期の時代に自由主義的な心情の「無能力の誠実さ」を批判した。ここでも書信上の意見だけを問題にすれば、「無力の誠実さ」の批判のなかには、後期 Holmes の社会ダーウィン主義をほのかに思わせる点がある。

実行の讃美と「無力の誠実さ」の軽蔑とは、その言い回しからみても Holmes の言葉だともいえよう。イェーリングにおいては、ドイツ自由主義の頽廃に対する同情のあらゆる響きから自由な批判が鳴り響いている。イェーリングは進歩をのみ愛する者は、良い理由をもった悪への進歩に抗えないとは考えなかった。

Bismarck がイェーリングへ七〇歳誕生日の賀状を送ったとき、イェーリングは一八八八年九月一五日の返信において讃美と尊敬とのあらゆる徴しをもって感謝した。そのさい Bismarck が、一八八八年にイェーリングをたえず悲しませた政治的な緊張関係を少なくとも当分和らげ、良き終末へ至らしめたベルリン会議に成功を収めたという事も与っていたであろう。イェーリングは、彼の見方の根本において大ドイツ主義者であったし、小ドイツ的な解決を拒否した。法学に関してばかりでなくて、オーストリア人も彼にとってはドイツ人だった。イェーリングの多数の友人たちはオーストリア人だった。彼は、von Littrow = Bischoff 夫人に宛てて、プロシヤとオーストリアはベルリン会議で協力したと満足をもって書いている。

イェーリングはたぶん古代ローマの中にわけ入ったほどには、古代ローマに社会問題が存在したということを史料から読みとらなかった。イェーリングがすでに早くに（一八五四年）、ローマにおける社会問題はローマ古代学が正しくはずっと以前に片づけておかねばならなかった論理であるという意見を提起したのは、強い社会的確信の抗議のなせるわざであったにちがいない。

たとえその意見が Marx の共産党宣言に後れること六年であったにしても、きわめて明確に彼がその問題を提起したということは、なお、当時のローマ法学者としては驚くべきことである。Geist 初版から Indoeuropäer に至るまで、イェーリングは法の背後に社会関係を解明し法を社会現象として把握し、そして Schelsky が一面的にではあるがしかし全体としては適切に指摘しているように、法を社会関係の制御ファクターとして把握しようとする自分自身の努力に終始忠実であったといえよう。

イェーリングは彼の人間関係においても、ブルジョア的な穏健自由主義者というよりむしろ抗議者や、疑似革命家に似ている。「支配的な法律」に対する感動的な弾劾演説は、イェーリングに由来する。イェーリングは「（文部行政に対して）従順な奉仕者たる役割を演ずる……ことには慣れてもいなかったし、欲しもしなかった。」彼は学部においても Deurer や Wasserschleben と歩調を合わせて、勢力をもつ総長 Birnbaum に反対しているが、このことはしばしば Birnbaum を狼狽させているように思われる。

イェーリングは、「はじめ一八四八年に Frankfurt にいた」Königsberg 出身の Simson を評価していたが、これはイェーリングが承認し、Simson についてたぶん同意していた所のものであった。彼自身は、一八四八年の革命的混乱期にあらわれ、つぎに『革命家』として積極的に頭角をあらわしているようにみえる。フリースランド人イェーリングはすくなくとも文化政策的な観点においてプロシヤについては拒否的で批判的な意見を述べている。

記録上見い出されるイェーリングのもっとも重要な政治的意見は、彼の息子Hermannとの会話〔拙訳『大法学者イェーリングの学問と生活』信山社、所収〕である。Wieackerは、この会話を「思慮に富む老人の会話」と呼び、そこから少し彼の政治的な説明能力を取りあげたことがあった。それに対して、Hermannの会話に記録されているのと同じような思想は、すでに一一年前にある手紙で述べられていることが指摘できる。すなわち、一八七六年、五八歳の時、イェーリングは労働者問題と婦人問題とに関連して書いている。散策途上で息子Hermannとの間にかわされた会話は、一八八七年の秋、イェーリングが六九歳の時なされた。この会話の精神と内容とは、直接にローマにおける社会問題および一八四八年以後のドイツにおける革命的発展とに関する意見に関連しており、さらに一八七六年の手紙が類似の内容を含んでいるので、Hermannとの会話は、なるほど初老の年齢期におこなわれたものではあるが、それにもかかわらず、「初老の人の会話」という特徴づけには何ら値しないと考えてもさしつかえない。この会話において述べられていることは、すでに上述したことを明らかに十分想起させる。そして当時、学部長をしていたイェーリングを「老人」と呼ぶことはまだできない。もちろんイェーリングは彼の長子とこの会話においてのみ実に詳しい意見を述べており、この長子に対して、人はその詳細な記録のゆえにひとえに感謝することができる。会話はきわめて重要であるので、細かい点を表記することを要する内容目次のかわりに、以下全文を印刷する。〔省略、前掲の山口訳参照―訳者〕

陪審に関するさらなる会話をめぐるHermann von Iheringのこれに関連した説明は、ここでもまた権力と法との関係が会話の中心に存在したはずであるが、残念ながらあまり史料を提供していない。

長男Hermannとの会話ほど、イェーリングが彼の時代と当時の法とに対して取った社会的な開放性をはっきりと示すものは、イェーリングの生涯からとった文献による表明としては他にない。たとえSchelskyがイェーリングにとって法は決定的な社会力だったと書いていることが正しいとしても、なおイェーリングはこの関係を一面的にはみていなかったということがHermannとの会話から明らかに判る。とくにイェーリングは法的諸概念を社会的諸現象に依存するものと考えたという、末尾でHermannの述べている会話の精神に確かに対応している意見は、Schelskyがイェーリングの社会的な法解釈の一面についてのみ見ているにすぎないことを示している。彼にとって、「法は所与の、自己発展する人間社会における社会的結果の一部、すなわち共に作用し受動する一部である」と定式化するならば、最も手取り早くイェーリングの見解は公平に判断されるであろう。

それゆえ、法はイェーリングにとって一方では社会形態したがって政治形態にも依存し、他方ではそれ自身も社会を形成し政治を形成する力であった。イェーリングを、法は政治的諸現象から独立していないファクターであるとする現代「政治法学」の先駆者だとするならば、イェーリングを正しく理解しないことになろう。イェーリングは実によくローマ法を研究した結果、法はたんに社会的・政治的機能であるばかりではないことを見誤ることはなかった。彼にとって、法は政治とはどこか異なるもの、すなわち政治に対して対抗する実力であった。注意すべきことは、彼は一八六六年のある書簡において、「法感情」と「利害」との間の政治的闘争について述べている。

イェーリングは、けっして法的諸概念の社会的被依存性を否定しなかった。むしろ彼の意義は、まさしく彼がこの被依存性を巾広く意識していた点にある。けれどもイェーリングは、法をもってそれだけで社会と政治とを決定する制御ファクターとすることもついぞなかった。イェーリングの観念において、ふたつの被依存性は補いあっている。「法感情」という彼の表現は、イェーリングが法を社会と政治の批判としてさえ理解しているということを明らかとする。一方または他方への一切の急進主義は、彼の目には世故に疎いように見えたのであろう。固有な自立性を有する社会的被制約性としての社会形成力たる法——それはイェーリングにとってなんら矛盾ではなかった。一切のイェーリング解釈はこの点を無視することはできないであろう。

一二　社交、最期の病気と死

社会的なるものを、高度な政治と法政策との中に求めることばかりではなくて、社会的なるものを日常的なるものにおいても体験しようとすることは、この強い人格イェーリングにおける異なるもの、誠実なるものへの衝動に対応している。大事では社会主義と言われるものは、小事では社交性と呼ぶことができよう。このことはまさしくイェーリングについてもあてはまる。ある社会主義者〔Marx〕の非社交性は、あるユンカー〔イェーリング〕の愛想の良さと同様に確信的なものではない。

友人を大切にすることおよび友人を許容することは、イェーリングの豊かで広い生活を広い範囲にわたって支配している。このことがあてはまるのは、活発で社会に縁どられた家庭生活についてだけではない。彼が彼の友人 Bülow に呼びかけている「子供たちよ、本よ」(Das “liberi, libri”) は、彼の家庭生活についてもありえたであろう。美酒、多飲、遠近からの来訪者、音楽そして旅行がイェーリング書簡で報告されている年月の普通の内容を成している。躍動する生命は彼をきわめて魅了しているので、深い内的な意味ではそれは彼をしばしばたんなる法律家という枠の外へ引き出している。

イェーリングは学者として存立しえんがためにも、自己のために満ち足りた生活を必要としている。彼は病後に、もし古い友人たちが自分に再会したなら、自分自身を亡霊ではないかと言って彼らが失望することもあるのではないかと懸念している。

高齢に至るまで彼は、社交に対する愛着において、友人関係と文通とに対する配慮への愛着において、そして多数の家族への愛着において終始変ることなく忠実であった。家族がずらりと並び旨い食事と酒が出されるというので、彼は自分の学位取得五〇周年の祝宴を喜んでいる。これへの出席から帰宅した直後、彼は公式の「壮厳な」祝宴と引き換えに、記録には詳しく説明されていない急病に倒れたのであった。これでイェーリングの人格の描写を終える。

第2部　イェーリングと近代法学

一　イェーリングとフランス法学方法論

Gényがフランス法に関してひき起した方法論的革命をcommon lawと中央ヨーロッパ法圏とにおける類似の方法論的転回と比較してみることには理由がある。このためには、Gény, Holmes, Cardozo, Ihering、の基本的立場を相互に関連づけねばならない。

最も古くそれゆえに他のあらゆる方法論上の革命家によって引用される人物は、Rudolph von Iheringである。彼は最初新発見された一八四二年の論文で、次いでそれを深めてGeist des römischen Rechtsの§5と60において、さらにそれを継続して強調してVertraulichen Briefen über heutige Jurisprudenz von einem Unbekantenにおいて、そして最期にZweck im Rechtにおいて、法の諸概念と体系とを意識的に時代の諸要求に、すなわち、生活的（社会学的）合目的性に委ね、それゆえ法を機能化し、目的と利益とが法的に重要であるという基本的認識をもって現代的な方法論上の問を定式化した。

法の方法は法の発展を保証しうるものでなければならないという確信は、比較的初期にイェーリングにおいて見い出しうるが、目的に関連した思想は、後に益々激しい道を切り拓きうるよう、最初は、法における体系研究の背後に後退している。このことはイェーリングにおいてはまず厳しい自己批判においてなされた。ここでは彼は、暫定的に匿名であることにかこつけて同時代のローマ法の概念性から、それゆえ、体系をめぐる彼自身の努力から距離をおくためにVertrauliche Briefeを利用した。イェーリングはGeist des römischen Rechts第一巻の第二版において初めて新しい方法を熱心に主張した。イェーリングは方法論的革命の基本的意義を完全に意識していた。一年後にはすでに出版されたテーマそれ自体はイェーリングにとって珍しく幅広い論文、Das Schuldmoment im römischen Privatsrecht,（Johann Michael Franz Birnbaumのための）祝賀論文（Gießen 1867）においてすでにイェーリングは、引きおこされた転回を次のような言葉で述べている。「あたかもローマ法本来の広がりと真の価値とは法学的な技術ないし方法において、すなわち、法学的技術ないし方法の内容に対して無関係な状態である法学的諸概念による操作のかの純粋に形式的な巧みさにおいて求めうるとすることには、私も長年共にしてきた流布された誤謬がある。私がすでに早くからこのような誤謬から身を脱して来なかったならば（この箇所でGeist第一巻第二版の指摘が続く）、現代法学が私の目を開かせたにちがいない。というのは、現代法学がローマ法学者の側の解明を対象とした現代の研究は、純粋に論理的なものであるからである。けれども、その解明そのものは、私たちがローマの法律家に対してほめたたえねばならない不滅の功績である。」

それゆえ正当にもRudolph von Iheringは、今や目的法学、利益法学、社会的法学などと言われている近代法学を、学問的な意識へと高めた最初の人物と呼ばれてもさしつかえない。さらに後述する箇所では、イェーリング自身がそうしようとしたように、彼の方法を法の哲学と結びつけることが検討されねばならないであろう。イェーリングの立場は、端的に言えば、「ローマ法から取られた自律的論理学を基礎とした目的実証主義」だと呼びうるが、しかし、その場合、こうした種類のあらゆる短い定式化の危険性が指摘されねばならない。

Gényが執筆したのは、約五〇年後であり、その際、Raymond Saleilleの影響を受けていたが、他方、二人ともイェーリングの目的法学に影響されていた。イェーリングの目的法学、利益法学とGényの科学的方法との相違は、テーマの上では実によく対応しているのであるが、しかし、ふたつの重要な事情のなかにある。

歴史的に遠いJustinian法典にはイタリア法学、一般ヨーロッパ法学、ドイツ法学といった多数の層が重なっているので、現行法はけっして法律からではなくてむしろほとんど全面的に学問から成り立っていると、イェーリングは述べた。その場合、もっとも重要な層は、宗教改革と人文主義との層であり、Dumonlin, Hotman, Baudouin, 以来すなわち、「洗練」法学と初期啓蒙自然法体系以来、法学的方法となったのである。イェーリングが問題とした法は、当時の精神解放によって基礎づけられていたかの「二元論的」に問われている一六世紀の伝統を本質としていた。もちろん、このような法とのつき合い方は、ほとんど一般的に見落とされていることであるが、スピノザ主義的な理性の高揚とその政治的結果たる一七八九年のフランス革命にもとづいてあらわれた曇りによって民主的な生活形態をもとめて切りすてられたのであった。

まさしくこのゆえに、主体的に考察してみれば、イェーリングの業績は実に大きい。なぜならば、Grotius, Lord Mansfield, John Marshall, Storyが論じた問題の政治的自由はもはや存立しなかったからである。なるほど彼は、二元論的な問題となっている一六世紀の伝統において執筆し、彼にとって意識されたものを復興に向けて書いた。けれども、その時代における法体系の政治的意味と政治的批判の道具として使われた法的な理性概念の対話的伝統は彼には無縁であった。

近代の「社会学的」に問う法学への発現がオランダ―イギリス―アメリカの民主主義的伝統の時代に起ったはずだということを仮定して良いかも知れない。けれども事実はそうではなかった。John Austinは、サヴィニーをイギリス法律家のために摂取しようという試みを通じて、その発現がオランダ―イギリス―アメリカの領域では生じないということに可能なかぎり多く寄与したのである。イェーリングにとって宗教改革前の自然法と彼の方法一元論への傾向はもはや何ら問題ではなかった。フランス革命がすくなくとも多くのその所産において示した民主主義的革命に対する揶揄も、それに関連したドイツを母体とした復興も、その点では何ら変りえなかった。こうした前革命的な環境の中で、一六世紀の贈物、体系を最も外的なものへと追いやろうとするイェーリングの試みは、彼を限界へともたらし、それと同時に、法の目的的被制約性を認識させることとなった。これは、他の法圏で後になってはじめて特に Holmes, Gény によって別のその他の事情において実現された孤独だが偉大な業績であった。

Gény は、まだ全面的に前宗教改革的で一元論的な（スコラ哲学と「フランスの変差」によって刻印され一七八九年以降フランスが世俗的に変化した）伝統に固執していた法典（Kodex）が通用していた法について書いた。フランスの法典法は、設問的な性質ではなくて、布告的な性質をもっていた。それは、疑問を一体系へとまとめる統合ではなく、それゆえ、Petrus Ramus が一五七二年に生命を失った成果ではなくて、スコラ主義的な吐露から成るものだった。

イェーリングは、彼の偉大な著作たる Geist も Zweck も完結させなかった。これに対し、François Gény の全体的構想から究極的な細部の説明にまで至っている七巻から成る二部論文は何と驚異的に完成していることであろうか。Eugéne Gaudemet は、いかに Gény が前提を省略せず、各設問を設定し、その解答の諸条件を明確にして、部分的な解答をひとつの大きな全体へはめこむために、設定した部分的問題の解明へ移行しているかを、正当にも強調している。もし、このような究極的なまでに完成された Gény の記述法をイェーリングが構想をしばしば修正し、彼の着想を紙に書きとめた衝動的でしばしば即興的であった方法と比較してみれば、その比較は、Gény に有利な結果となりうる。Gény は、もっとも洗練されたローマ法学のために活動した——

しかも、その精神史的諸前提なしにである。イェーリングの思考は、とくにその生涯の二つの発展段階において、ローマ法学の精神史的な前提によって支配されていた。しかし、体系的な記述は彼には向かなかった。おそらく、ここで想像を述べれば、当時、それゆえ彼にとっても、懐疑的でソクラテス風の思考から生じた体系思想、秩序思想は、中部ヨーロッパ、とくにドイツの事情によって、政治的にはすでにあまりにも強く衰微していたからである。ドイツで引き渡された平等は政治的領域における「ローマ法的」な体系を阻止したので、ドイツが、一五五五年のアウグスブルクの宗教和議以後、ヨーロッパの政治的、法的な全体像から除外されたのと同じように、イェーリングは、彼の著作の政治的な形成（ここでは本来の意味において市民的に組織する課題として意味されている）に失敗したのである。

こうした第一の事情とならんで学問的に発展され、スコラ哲学的にかつ法典適合的に確定された法に対する種々の立場が、Gény とイェーリングとの相違にとって第二のモメントを成す。

それは、第一の事情に関連してはいるが、しかし、中央ヨーロッパ相互間に立ちあらわれた哲学的な変化を考慮することによって、第一の事情を拡大させる。イェーリングにとっては、中央ヨーロッパ法圏に彼が所属することは、カント的な存在と当為の緊張に共属することを意味した。このことは、自然法伝統のそれらの創始者たち以来すでに目的法学、利益法学が生長していたことを意味していた。存在と当為とに関する Kant の区別ないし Spinoza と Hegel との架橋と部分的同一視は、イェーリングによって一面的に優遇されることはなく）存在と当為は、David Hume と Immanuel Kant 以来認識されていた。

古代をキリスト教世界に統合するという中世からの問題は、カント的―ヘーゲル的に克服され、イェーリングにとってもはや思考の枠組としては拘束力をもたなかった。

Gény にとって事情はちがっていた。彼は、フランス革命において主権者だけを変えたフランスの「国王的

―カソリック的自然法」(Friedrich Heer) の一元論的伝統の中に完全にあったが、しかし、その方法は、ちがっていた。「科学的方法」と「科学と技術」とは、益々、スコラ哲学的に一元論的に起草されていき、その結果、たとえそれが、「自由な科学的探究」という上書きのもとにあったにしても、それらは依然として本来、解釈なのである。これに対して、イェーリングは、解釈を行わずに、むしろ、法の存在―当為の連続的関連性に直接的で没法典的な新しい方向附けを与えたのであった。

もちろん、その他の点で、細目において、Gény とイェーリングとの方法は巾広く合致している。その場合、イェーリングは一八四二年に出発したが、Gény は、彼の法の法典被規定性により、本来的に、より後期であり、それゆえ、より近代的であった。法秩序に対する両者の影響も同等である。今日、法についてドイツ人は、イェーリングが考えたように考えており、Windscheid のようには考えていない。今日、フランス人は、Gény と同じように考えており、Potier, Demolombe ないし Aubry や Rau のようには考えていない。

イェーリングとドイツ法、Gény とフランス法との関係とまったく同様の意義を、アメリカの裁判官 Oliver Wendell Holmes は、アメリカ法、および、間接的にはイギリス法に対しても有している。一八八四年に出版された講演集 The Common Law の有名な序文に始まる彼の経験法学は、法の諸概念をその目的から制御する法学への突破孔であった。過去との決裂をみずからその学問生活を通じてなしとげたイェーリングとちがって、Holmes は、初めから、新しい理論をもって歩み始めた。その際、彼が Boston のプラグマチックな哲学者たちのダーウィン主義的―実証主義的な方向を向いたサークルに所属したことは重要な意味をもっていた。ここでは、Holmes の立場を前もって詳しく述べておく必要はない。彼は法の目的依存性を極端化した結果、法と法観とを同一視しようとした。すなわち、換言すれば、Holmes にとって問題であったのは、法の哲学から純粋な方法を取り出すことであった。自然法を敵視する彼の態度は、有名である。すべては、裁判官の「行為」であり、裁判所がどうするであろうかという予言であり、法的な裁判行為は、規範や事実の判決に無関係にそれ自体から生じるのである。

François Gény は、これとはほぼ逆に、方法を哲学化し、「社会学的」な新自然法をつくりあげた。なるほど『解釈の方法』(Méthode d'interprétation) の両巻はまず、方法的な方向を向いている。けれども、方法の哲学的確実化が必要であるというすでにこの巻で与えられている明言、および、とくに『科学と技術』の第四巻は、明らかに、Gény にとっては、スコラ主義的な自然法が重要だったのだということを明らかにしている。このことは、彼が所与 (données) を自然として、それゆえ、社会学的な所与を法にとって直接的に有力なものとして主張しようとする場合にもあてはまる。Holmes と類似の意義をもつ彼の母国の法的現実に関して Gény は道を逆の方向にとるのである。さらに、新しい自然法に対するこのように明らかな確定において、フランスの実務が十分に連続していないことは明白である。法源としての慣習法の再導入とローマ法圏の大陸で承認された法の方法論の再導入とをめぐる Gény の貢献は、フランスの実務にとってまだ続いている。

次に、François Gény と Benjamin Cardozo との類似性は、さらに驚きに値する。Cardozo は、Holmes の極端さの中から、アメリカ合衆国からイギリスにまでも及ぶ common law の有用な法理論をつくりあげた。Cardozo は、彼の最も重要な著作『司法過程の性質』(The Nature of the Judicial Process) の中で、common law の意味に対する法の発生とに対して、決定的な影響を与える四つのファクターをあげている。それは、logic, history, ethics, sociology である。このような四つの用語を、François Gény と比較してみれば、Gény の場合には、次のような別の順序においてのみ、全部で四つの視点がくりかえされている。それは、現実的な所与 (Donnée realle) または厳密に自然な所与 (strictement naturelle) (Natur)、歴史的所与 (donnée historique)、理性的所与 (donnée rationnelle) (Vernunft, Logik)、観念的所与 (donnée idéale) (ethische Vorstellung) である。類似性は、事実上、驚くばかりである。

Gény は、所与（donnée）と構成（construct）との区別を『科学と技術』（Science et technique）第一巻で構想した。所与（donnée）の四種への着想は、一九一五年に出版された第二巻でおこなわれた。他の点で Gény を引用した Cardozo は、『司法過程の性質』（The Nature of the Judicial Process）に関する著作を一九二一年に出版した。偶然的な外的類似性が問題なのであろうか。それとも Gény の四つの用語を common law にとって有用なものたらしめようとする Cardozo による意識された継承があるのだろうか。法に対する論理（Logik）、歴史（Geschichte）、道徳（Moral）、社会学（Soziologie）の影響は、こうしたことを熟考するすべての人は同じような結論に達するはずだという必然性および論理的な完結を有しているのであろうか。

Cardozo が Gény を引用する方法は、一般的に保たれているが、おそらくそうではなくて直接的な継承が考えられていたのかも知れない。Cardozo は実に完全な学者であったので、直接的な継承を疑いもなく、明らかに成したかも知れない。最終的には、この興味ある平行関係については、多分解明することはできないであろう。一番ありうると思われる解明は、Cardozo が法典法のためにうち立てられた Gény の理論を、熟考し、次に、彼自身の努力によって、Holmes と Pound の目的的―経験的法律学を、common law の思考にふさわしい滑らかで妥当な思考様式においてかの地アメリカの実務のために有用ならしむべく、ほとんど独力で全く類似した結論に到達したということである。

Cardozo における所与（donnée）の別種の指定や、もちろん詳細な論争はないにしても Cardozo が所与（donnée）と構成（construct）との区別を自然法に縁遠い英米の法律学として共にしなかったという事実も、この点に対応している。Cardozo がほぼ独力で等しい法的構成力に到達したとか、彼が Gény を common law へ「翻訳」したとかはどうであれ、Gény の数年後に、今日まで一般に使用された方法論を構想したアメリカの一法理論家がGényに対応する結論に達したということは、ひとえにFrançois Gényの名声を増したのであった。事実、すべてが見当違いでなければ、方法論的著作におけるBenjamin Cardozoの四つの用語は、François Gényの所与（donnée）の四構成として周知となったのであり、その場合Cardozoの用語は、いくぶんかは、所与（donnée）と構成（construct）との両極性、および、科学（science）と技術（technique）という対応する概念の組合わせとの影響を受けているのである。

このような偶然事は、又、態様、論理、体系の熟慮、歴史、道徳的な根本思想、社会学的所与は、法の特徴を刻印するのであって、それらはGényがその法哲学の根本においた自然法的な出発点には左右されないということを示している。対話的に思想する法もcommon lawも、同じ基準で作用しうるのである。

二　イェーリングとアメリカ法学方法論

(1)　イェーリングとHolmes

したがって、イェーリングを通じた他の影響の可能性が考察の全面に出てくる。Larenzは、どのようにしてサヴィニーによる法思考の「体系的—哲学的」側面が別の法学から概念法学へと発展されたかを述べている。イェーリングの功績は、彼によって名づけられた目的法学を弁護するため彼の創造の絶頂においてみずからに反対しなければならなかったほど、初期のみずからの熟慮と結びついて、概念法学的方法の最初の創始者にしてすぐれた適用者として、依然として存在し続けている。Holmesは、おそらくその後期たる裁判官時代にイェーリングを知った。彼がAustinおよびそれと同時にサヴィニーとKantとに向っていった時に、イェーリングのScherz und Ernst, Zweck im Rechtの冒頭、目的的思考への転向が意味されているGeist des römischen Rechts（Ⅲの一）を読んだかどうかは、ともあれ、きわめて疑わしい。Holmesのあらゆる重要な法哲学的、方法的意見が懐いた急速で激しい反応によって、若きHolmesがイェーリングに没頭していく文献的な説明が得られるにちがいなかろう。

のちになって、Holmesは、イェーリングに感銘を受けたと告白しているが、しかし、イェーリングも又、Holmesの見方においてはイェーリングの中に彼がおそらく現実的であった所のもの、すなわち、大陸におけるHolmesに対する方法史上の対応物をみてとりえたよりも、はるかに「ドイツ形而上学」の影響を受けていた。というのは、イェーリングの目的論が法典法にとって重要であるのは、Holmesの経験法が判例法にとって重要であるのと外ならないからである。その際、Holmesにとっては、経験によって発展せしめられた判例法が中心になければならなかったし、イェーリングにとっては、経験的に確定されるべき目的に従ったローマ法の解釈と適用とにおける発展思想が中心でなければならなかった。

イェーリングが一八五八年に転向したこと、そして何年か後の一八八〇年ごろ、Holmesも、彼の概念と体系との正しさについて問う所の法から、事実状態にもとづく判決の事実的正義と原因から目的に至るその歴史的発展とを問う法へと達したこととは、おそらくまったく偶然的な歴史的平行関係であった。

多分、イェーリングの人間的業蹟のほうが〔Holmesよりも〕偉大であった。というのは、イェーリングは、Geist des römischen Rechtsの従来の諸巻を通じて名声と栄誉へと達しながらも、その創作の絶頂期において自分自身を疑ったからである。これに対しHolmesは、講義室と実務とにおける彼の経験を通じた伝来の方法を報告したにすぎない。イェーリングは独立独歩で、まず自己自身にも立ち向った。Scherz und Ernstはこの悲劇を明示している。Holmesは、彼に対して話しかけた国民的、アメリカ的、教育的な時代の潮流に適合した諸理由を自由に使った。

けれども、Holmesは、イェーリングよりも首尾一貫している。なるほどイェーリングのサヴィニー批判は、

Holmes のサヴィニー批判に劣るというべきではない。けれども、概念法学をおおっている問題全体を事実上すでに予想し解答し体系と歴史との評価された差別関係について決定を下したサヴィニーと事実上合致して、イェーリングは、「目的が法全体の創始者である」という彼のモットーを根本的にはまったく貫徹しているわけではない。さらに、彼は、ローマ法の自律的な法倫理学にあまりにも深く囚えられていたし、ローマ法と共通法と価値思考に合体していた。たとえイェーリングを当てこすったものではなかったにせよ、「ローマ法に長くたずさわった事が、ドイツの法学者たちを純粋に『歴史的』な法」すなわち、Holmes の言う意味においては「経験的—価値中立的な法に関して不分明ならしめた」という Holmes の言葉は、まさしくイェーリングにもっともよくあてはまる。Holmes は「経験」に関する彼の方法論的判断の哲学的結論を法の源泉として引き出し、ともかく楽しげにそうしたのだが、それは自らの認識に対してイェーリングが行った厳しい闘争と比較することはできない。さらに多分、Holmes における（広い意味での）相対主義への哲学的傾向は、彼の経験論と共に一歩一歩成長した。なるほどイェーリングは、「法全体の創造者たる目的」を宣言したとき、思想上、哲学的相対主義への戸を開いた。また、たまたま、彼の意見の中には、相対主義的生活哲学への萌芽もみられる。けれども、とくに、「法感情」をめぐる一八八四年の講演や実質的法については Iherings Jahrbücher における各論文が示しているように、イェーリングは、主張し甲斐のある法価値は存在しないという究極的結論は引き出さなかった。イェーリングは、正義を「感得しうる」法価値の本質だと信じた。けれども、Holmes は、ともかくも自己を貫徹するものと並ぶ法価値は存在しないという認識を、その長い法生活の内容となしたのであった。これについては、以下で詳しく論じることにする。

(2) イェーリングと Pound

Pound は分析的法思考から近代的な「社会学的」法思考への転向を一八八四年に成しとげるが、この年は、イェーリングのZweck im Recht第二巻〔正しくは第一巻第二版——訳者〕が出版された年であった。さらに、最初の「親展の書」が公にされたのが一八六〇年であり、『ローマ法の精神』第三巻第一部が出版されたのが一八五八年であったのは、実に適切であった。Poundはけっしてその法思考に対するイェーリングとドイツ利益法学との根本的な影響を否定しておらず、むしろ、アメリカ合衆国におけるヨーロッパ思想の媒介者たることを意識していたと理解される。「イェーリングの画期的な著作は半世紀後、アメリカでその影響を及ぼし始めた」と彼が述べる場合、一八八四年から計算すれば、その媒介的役割を明らかに示したのである。Husikは、すでに一九一四年にZweck im Rechtを英訳しおえていた。

Poundは、もっと詳しく言えばついに一九五四年に、意思と利益の問題性に没頭し、Iheringによって鼓舞され、この問題をくりかえし論じた。そして、彼は、法における目的思想の発展に関する諸研究をすでにはやくから提起していた。たとえ、ドイツの目的法学者、利益法学者よりも明らかにわずかな範囲においてであったにせよ、Léon DuguitとFrançois Gényを鼓舞していた。たとえDuguitとPoundとが「社会的利益」によってのみ基礎づけられえようとも、Poundは、主観的法を承認することによって、Duguitと区別され、他方、Duguitは主観的法一般を否定し、主観的法を「社会的当為」(devoirs sociaux)に置き換えた。Poundは経験に対して理性を低く評価することによってGényと区別される。GényはPoundの見解によればネオ・スコラ主義的自然法に押し進まんがために経験を理性の下に従属させているけれども、Poundは、アメリカ的・民主主義的なプラグマチズムの伝統の中で、Holmesの権力—裁判官像に全く反対しながらも、尚、Holmesの経験法学の影響下に立ちつつ、むしろ、Gényとは逆の見解、すなわち、理性を経験の下に従属させる傾向がある。

三　イェーリングとドイツ法学方法論

(1)　イェーリングとサヴィニー

サヴィニーの方法論をドイツの法学にとってもたらした偉大な前進だとして全面的に評価しながらも上記の弱点を暴露し、新しい方法論の道を行くよう努力したのは、Rudolph von Iheringであった。イェーリングは、法の歴史は現代に終るのではなくて、未来に続くはずだという主題の設定から出発した。サヴィニーとことなるこうした歴史的理解は、結局、イェーリングにおけるあらゆる自余の方法的批判と前進的発展とを生ぜしめた。サヴィニーとことなり、イェーリングは、法史的論証を体系的説明には使わず、遂に歴史的機会からいわば帰納的に、すなわち、現行の体系から展開した。次に、イェーリングにとって体系とは、過去と未来とにおけるファクターたる時代は、体系に対するのと同じ位置上の価値を原則的に有する本来への法の前進的発展の担い手であった。歴史理解と体系概念とのこうした完全化と共に、必然的に、概念的法思考の中に経験的諸目的を再度含ませることとなった。というのは、歴史は、Kantとサヴィニーとによって経験と共に法から離され、それらは共に、同時にその進路を法に戻しえたからであった。イェーリングは、その人生の後半において特別な熱中度をもってこうした課題に没頭した。イェーリングにとって法をひとつの体系に構成することと、目的的思考から成る評価を通じて体系を哲学的に肉附けすることとが、法の「自然」である。この点から彼の「自然史的方法」という表現が明らかとなる。

(2)　イェーリングとイエリネク

上記の一般的傾向よりも重要であるのは、実際上、実証主義の論述に関連して論究されるべき法の二つの特殊な方法史上の問題である。

Coingはこう言う。「もし、イェーリングの体系論を一般的な哲学的関連の中に組み入れようとするならば、どれほどイェーリングが哲学的実証主義に近いか、たとえば、どれほど彼がComteによって啓発されているかという事がわかる……。」Coingはさらに続ける。「(彼によって発展された論理的な一般概念、たとえば法元素(Rechtskörper)を使った)経験的に与えられた法規範の加工、たとえば、法素材の加工というイェーリングの方法は、Comteが展開したような理論に『きわめて近い』」。Coingのテーゼは、もちろん、イェーリングの構成論的段階に関してはうまくあてはまりはしないが、彼の目的論的段階については適切である。イェーリングは、構成論の段階、とくに、Geistの初版の三つの巻において、所与の法素材の歴史的蒐集から、サヴィニーと同様に、一般化的、具体化的法概念を方法論上のものとなした体系論へ達しようとした。この方法は、当時においては新奇なものではなくて、サヴィニー、Puchta、その他によっても、適用されたものであった。Comteの見解は、論理的な理論領域にあるというよりはむしろ、存在法則性の領域にあるのだから、Comteに立ち帰るということは多分ないのである。

けれども、イェーリングがその後期の段階において彼の利益概念と彼の目的概念とを設定した方法とやり方とに関して、多くの点が哲学的実証主義の諸原理に対応しているということは、正しい。このことは、彼が法の決定的な評価問題を法史から演繹した所の法感情の発生に関する一八八四年の彼の講演においてもっとも明らかとなる。

それにもかかわらず、その第二期においてもイェーリングを実証主義的法学派に入れることはできないであろう。イェーリングは、Geist初版の三つの巻においても、その最後の巻においても、『法における目的』においても、法感情の発生に関する講演においても、つねに、歴史的体験と目的の経験とを見、整理し、評価するのは、法律家の批判的、評価的精神であるという決定的な立場をくりかえし強調している。けれども、まさしくこのことは、実証主義的方法ではなくて存在するものの背後をみようとする設問的・対話的方法である。

けれども、また今日、なお目を向けられているように、哲学的実証主義の子としての別の法像もすくなからぬ意義を有している。Georg Jellinek によって多分最初に定式化された「事実的なるものの規範性」、ないしは、よく言われているように「事実的なるものの規範力」が重要である。この理論は、多くの論者によって継承された。それ以来、とくに公法、および法源論において、事実的なるものの規範力は、すこぶる重要な役割を演じている。それに対する賛否は、ここでは述べることができない。

4　ヴォルフガンク・フィケンチャー「イェーリングの近代法解釈学方法論」

解説

本邦訳は、ドイツの民法・経済法学者W・フィケンチャーの大著『法の諸方法』におけるイェーリングの近代法解釈学方法論に関する部分である。同書は全五巻三千ページをこえる大著であるが、全体的構成については前掲の私の解説を参照されたい。分量上の理由から、緻密で詳細な議論や文献的指示および不要な部分は割愛した。フィケンチャー先生は、最近では法と宗教に見られる思惟様式の研究に転身しておられるが、イェーリング私法学方法論については、ウィーン大学法学部のイェーリング没後百周年記念論文集においてさらに圧縮した形で再論されている。

フィケンチャー教授のイェーリング理解は独自のものである。グスタフ・ラートブルフやヘルマン・カントロヴィツらは、イェーリング法学の発展段階を三期（初期・中期・後期）に分けている。又、カール・ラレンツらは（『法学方法論』などで）二期（初期・後期）に分別している。私自身は、ほぼ一五年をひとつの単位期間としてイェーリングは自己変革を遂げていったことに基づき四期（初期・中期・後期・晩期）に分けるのが適当とし、とくに『法感情発生論』、『法における目的』、『ローマ法発達史』、『インド・ヨーロッパ人前史』を生み出した晩期をこそ重視すべきであると考える。これに対して、フィケンチャー教授は、最初期に所属する新発見の論稿の中にすでに後年における〈時代の中の法〉というイェーリングの基本思想は含まれているとし、初期（構成論的方法論期）・後期（目的的方法論期）を一貫的で統一的なものとする、独自なイェーリング観を提起しておられる。大変傾聴に値する興味深い学説だと思われるが、そうであればあるほど、『法における目的』のみならず『ローマ法発達史』や『インド・ヨーロッパ人前史』などの「歴史社会学」（フィケンチャー）的作品の今日的意義をもっと評価しても良いのではないかと思われる。また、そうすることによって、イェーリングをたんなるローマ法学者という狭い学問領域から解き放ち、新しい歴史観を提起し得た文明・文化の起源と展開を叙述した大思想家として、イェーリングと共にサヴィニーの徒として立ちながらあの壮麗なロマン主義的母権論を構想するに立ち到ったバハオーフェンと共に把え直し得るのではないかと考える。フィケンチャーはスカンジナヴィアに対してはイェーリングは影響を与えていないとしているが、私は、ウプサラ学派を中心にヘーゲルシュトレームやイェルゲンセンなどを通じてイェーリングは北欧法文化にも多大の影響を及ぼしたことを文献上からも立証できると考えている。すなわち、イェーリング法文化論の受容は、教え子の多くいた帝政期ロシア、チェコ・ハンガリーなどの中欧、北欧、フランス、アメリカ合衆国、そして、明治期近代化以後の日本など、開発途上国を除く世界各国の法文化において観察されうるのである。

第一部　近代私法の解釈学方法論

一　イェーリングの解釈学理解

法の解釈学は、イェーリングにとって、その発展の一定の段階における所与の法秩序の内容である。イェーリングは、認め得る限りでは、こうした、ないし、この種の定義をどの箇所においても与えていない。けれども、この定義はイェーリングとともに、法の解釈学の概念を、一方では法学方法論に、他方では歴史における法の発展へと、二通りに限定するならば明らかである。

イェーリングは、著書『種々の発展段階におけるローマ法の精神』においてローマ法の批判を与えることができた。イェーリングは冒頭のパラグラフが、この課題はなお解決を要するということを詳細に根拠づけている。「それ（意味されているのは現代法学文献）は、ローマ法の詳しい批判の代わりに、ただローマ法の優秀さ、ローマ法学者のすばらしく鋭敏な感覚等に関する折々の一般的な意見を我々に与えた。ローマ法は十分に褒めそやされてきた……」……「しかしながら、なにかある作品について、それが傑作であること、および、その理由を証明しようとする者は誰も、その作品がそのような傑作を作り出すための、一切の資質を備えていたことを指示する、というやり方は、たしかにとらず、反対に、彼は作品そのものにとりついて、そのすべての長所を、真に明らかにしようとするであろう。」

イェーリングは、ただサヴィニーとStahlとだけが、たとえ一面的で、かつ、不十分なやり方においてであろうとも、ローマ法の価値に関する問題に対して、比較的詳細な解答の緒をつけたと考えている。けれども、不当にもサヴィニーは、ローマ法の内容から全面的に眼を転じようとしている。サヴィニーは、ローマ法の価値をもっぱら、その形式のなかに、すなわち、ローマ法学者の素材の扱いに示されている方法のうちに見る。ローマ法の実質的に価値あるものは、「きわめて一般的性質のものであって、なんらの法学的教養に俟つまでもなく、多くはすでに、常識によって見出されうる。それほど軽微な利得のために、二千年も前の法律や法学者を、今日我々の補助にしようと努めるのは、引き合わぬことであった。」そうサヴィニーは考える。

次にイェーリング自身の観点が続く。「これがサヴィニーの見解の核心である。ところでサヴィニーが、法学的方法の特質に実際に触れていたかどうかは、ここで論議しないでおくこともできるが、私の解するところでは、彼はそれに触れていないと思われる。なぜならば、彼が法学的方法について述べるところはすべて、あらゆる実践科学にも当てはまるからである。……しかしながら、これについては、もうここでは触れないことにしたい。ほかの一点が比較にならぬほど重要なのである。サヴィニーによれば、ローマ法の我々に対する価値は、おもに次の点に懸っている。それは、すなわち、Justinian の編纂者たちが、彼ら自身の目的のために、法学上の文献を使用するにあたって用いた特有の形式が、ローマ法学者の働くさまをうかがう……機会を我々に与えてくれたということである。」「こうしてサヴィニーは、その素材そのもののうちに、すなわち、もろもろの指導的原則、規制、区分、法規のうちにこそ、一千年の実際的ならびに理論的作業全体の集積が潜んでいることを、見逃しているのである。……」

彼イェーリングにとって問題であるのは、ローマ法の内容およびこの内容の批判なのである。「サヴィニーがきわめてどうでもよいもののように考えているところのローマ法の内容、これこそ、その出現の最初から結末にいたるまでのローマ法学の沈積——ローマ法にその形態を与えたその他のすべての要素と結合した——に他ならぬものではないか?」イェーリングにとって、法の解釈学とは、もっぱら、彼が時代を通して一定して「沈積」させたような法の内容なのである。けれども、同時に、解釈学上の仕事はイェーリングにとって批判的に行なわれなければならない。たんに継受されたものではなしに、土台なしに共に引きづられたものとは区別されかつそれは過去のものとして捨てられるべき土台とともに継受されたものが、(現代)法の解釈学を形成する。「ローマ法を通じて、しかしローマ法を超えて」(*Durch* das römische Recht, aber *über* dasselbe hinaus)とは、イェーリングが著書『ローマ法の精神』のもとにおいている標語である。

イェーリングは、ローマ法の批判的・内容的な考察に専念することによって、彼が他の場所で、とくに比較的後期に法の解釈学を特徴づけようとする所のものを考えている。そのかぎりにおいて、彼にとって、解釈学は、法の方法論に対する対応物である。

けれども、Geist 冒頭の上記の個所が示すように、『内容』とは、イェーリングの観念によれば、つねに、ローマ法および一切の法の一定の発展段階に関連している。イェーリングは、ローマ法をはじめから、彼の執筆している時代まで、および、さらに「その終末」に至るまでの発展において考えている。ところでイェーリングが解釈学について語るとき彼の考えているものは、時代における法の発展ではなくて、一定の時代段階における法の所与の内容である。この意味において、解釈学は、法の歴史学に対する対応物である。

このことは、Jahrbücher für Dogmatik des heutigen römischen und deutschen Privatrechts というはじめ Gerber とともに編集された雑誌の名称の選択に際して明らかとなる。Gerber にあてた彼のこれに関する手紙のなかで、イェーリングは、現代ローマ法を解釈学とよんでいる。彼が Windscheid あての手紙やその他で解答しているようにたとえ彼が晩年の十年間に解釈学からしだいしだいに遠ざかったにしても、彼は解釈学ということによって、歴史的叙述とはことなる現行法を考えている。というのは、歴史的な仕事は彼をして、その死に至るまで没頭せしめたからである。

イェーリングは種々の発展段階におけるローマ法の発展史的考察を通じて彼の時代にとって新しい方法を適用したのだということを、彼は Geist の第一頁で述べているわけではない。けれども、それは、彼にとって、少なくとも後期には明らかになったにちがいない。

彼は、それによって、彼の—発展史的な—方法を、サヴィニーが古典期ローマ法学から得ようとする、なるほど歴史的ではあるが、発展を考えず、とくに未来を考えていないサヴィニーの方法に対置する。それゆえ、イェーリングの発展史的方法は、イェーリングの方法論上の業績に際して論じられるべきである。

以下で論じられている「解釈学」は、当時の現行法に対するイェーリングの論考であり、ローマ法から発展せしめられ、基礎づけられてはいるが、しかし、今日の実務をめざすものである。

そのさい、解釈学に対するイェーリングの問題はつねに、好意的な関係であるわけではない。しばしば彼は解釈学に不賛成を唱え、解釈学を「法学上のがらくた」(juristischer Krimskram) と呼び、ローマ法学は没落に瀕していると訴え、解釈学に対する最後の切り札として法における目的思想を提起している。それにもかかわらず、イェーリングは、ドイツ法一般を生ぜしめた最も重要な法解釈学者の一人であった。たとえイェーリングが、—今日知られているように—彼の独自でかつ最も深い関心を示した法の方法論について一言も書かなかったとしても、イェーリングは今なお最も重要なドイツ法学者の一人であったろう。

本書の目標は方法論的な仕事であるので、こうした解釈学上の業績は、ここでは、実に簡単に述べられねばならない。周知であるかぎりでは、今まで誰も、イェーリングの解釈学上の業績を学問的にある程度完全に評価しようとする試みをおこなった者はいない。このことは、今日でも取り返されえていない。しかし、そうすればイェーリングの方法論の見解はさらによく説明されうるので、概観は必要である。

二『解釈学年誌』

現行法に関するイェーリングの解釈学上の論文の典拠は、まず第一に、とはいえ、専らそれだけというわけではないが、上記の Jahrbücher (以下『年誌』と略す) である。彼は、『年誌』の計画を一八五五年一月二日の Gerber あて書簡で展開している。彼は、やや広範囲の論文 Unsere Aufgabe で、一八五七年に出版された『年誌』第一号において、その目的設定をスケッチしている。Unsere Aufgabe は、実質上、イェーリングが彼の発展期に主張した法の方法論の模写である。それゆえ、方法論の説明 (Ⅲ以下) ではこの論文にさらに詳しく立ち入ってもよかろう。

『年誌』は、それによって現代法が歴史的に獲得されねばならない現代の法を説明しうるかぎり、「解釈学的」でありうるだろう。『年誌』と並んで、イェーリングの解釈学上の論文の重要な典拠は、Besitz と Culpa とに関するふたつの論文である。

イェーリングの解釈学上の仕事は、今日の観点からみて、比類なく重要である。三つの仕事は、今日までの現行ドイツ法に直接影響を与えてきた重要な発見であることが判っている。これら三つの論文とはすなわち、物の返還請求（rei vindicatio）の譲渡（Zession）に関する論文、契約締結上の過失（culpa in contrahendo）に関する論文、ローマ法における債務のモメントに関する論文、であることがまず述べられねばならない。

さらに別の大きいグループに入る解釈学上の仕事は、著しい決定的な効果は有しておらず、ドイツ法のより一層の発展のための刺激の集合だと評価してよかろう。ここでは、代理（Stellvertretung）に関する論文、全破産債権者団体、売買における危険負担、所有者―占有者関係における善意の占有者、所有権の社会的制限および相隣権的統合、私的自治と人格権との領域における諸問題に関する論文を挙げよう。

こうした二つのブロックの論文とならんで、同種の、すなわち、方法論上、重要な占有（Besitz）に関する論文がある。

イェーリングが学位論文から晩年に至るまでに従事した現行法の領域は、権利（das subjektive Recht）、法人（die juristische Person）、およびそれと関連した人と権利（Person und Recht）との関係の問題である。この点については、第一三節で問題とされるはずである。この領域からの論文「法の受動的な作用」（die passive Wirkungen des Rechts）は、その後のドイツ法の発展によってもいまだ到達されなかった抽象の高みに達している。重要なのは、法理論の側からみていまだ把握されている訳ではないイェーリングの寄与である。

当時の法および現代をもはるかにこえる第一四節で述べる他の論文すなわち、法の反射効（die Reflexwirkungen von Recht）に関する論文についても同じことが言える。そこで問題となるのはもっぱら権利の批判である。

三　所有物返還請求権（Vindicationsanspruch）の譲渡（Zession）と船荷証券（Konnossment）

イェーリングは、『年誌』の第一論文で、今日ドイツ民法典第九三一条に規定されている譲渡形式（Übereignungsform）を論じている。それは以前、こうした形式では民法の制度としては周知ではなかった。

イェーリングがおこなう仕方は、彼の方法論および彼の思考法にとって特徴的である。物の返還請求権（rei vindicatio）の譲渡に関するローマ的・法的な萌芽を説明し関係ある個所を集めることに全部で五ページ強も要している。

次に現代に対する物の返還請求権の自由意志による譲渡という実際的な必要性が主張され、基礎づけられる。ここではイェーリングは、彼にならって Philipp Heck その他がこうした名称のもとではじめて基礎づけたかの方向、「利益法学」の創始者であるようにみえる。一組の理論的事例が使われ、まさしく実際上イェーリングが新しい所有権の譲渡法を展開する船荷証券の指摘がおこなわれる。

同様にまったく簡単にいえば、それ自体としては差しつかえない原典資料から新しい実際的な必要が新しい法思想の展開を通じて充足される方法論の開示がそれに続く。「それゆえ、所有物返還請求権の継承の理論は、事実上、実際的な必要である。なるほど、ローマ法は、そうした理論を明白には提供していない。けれども、ローマ法は、ここにあげたふたつの概念すなわち所有物返還請求権（Vindikation）と譲渡（Zession）とからする法学的分析によって我々に所有物返還請求権の譲渡の理論を構想せしめうるために必要な拠点を、我々に与えている。」それゆえ、イェーリングは、ここで、今日であったならばそう言ったであろうように、法を自由に展開しつづけるために、さらに下記で評論されるはずの分析（Analyse）、濃縮（Konzentration）、構成（Konstruktion）という彼の方法を適用している。

そのさい、イェーリングは、たとえ必要で差しつかえなくても、譲渡とは権利それ自体（das Recht als solches）を移行せしめるのではなくて、譲渡人（Zessionar）が譲渡人（Zedenten）の訴権（Klagrecht）をみずからの権利によって行使するのだとするローマ法の理論に忠実である。さらに後になってはじめて、権利それ自体が移行するというBGBにとって基準的となった見解が確立されたのである。イェーリングは、この問題は、彼のテーマに触れないことを理由として、この問題をさらに詳しく論じることはしない。譲渡（Zession）のローマ的・法的な構成は、物の返還請求権（rei vindicatio）の譲渡問題にとって、十分である。それゆえ、その構成は、もちつづけられる。他方、自己の名においてする他人の権利の行使という思想は、詳しく吟味され貫徹されて、たとえば、所有権返還請求訴訟に準ずるもの（rei vindicatis utilis）の結論といった周辺テーマに動機を与える。次に下記の文章が続く。「我々のテーマのローマ法的部分はこれで解決された。そして今や我々は、所有物返還請求の譲渡（Zession der Vindicatio）という思想を近代法の制度に有用ならしめるための試みを為そう。」そこで以下で船荷証券（Konnossment）に対する新たに展開された譲渡メカニズムのすでに上記で述べた適用が続くが、そこにおいて、イェーリングは、商法上の有価証券（Papier）の従来明白でなかった効力を明確に解明することに成功する。それゆえ、現代法における動産における所有権の移転の三形式のうちのひとつは、イェーリングのかの論文に遡るものである。

四　契約締結上の過失

今日もっともしばしば引用されるイェーリングの論文のなかで問題となるのは、論文「契約締結上の過失または無効ないし効力を生じない契約における損害賠償」である。はじめにあげられたテーマとは別に、イェーリングはここで、読者に全く新しい観念を知らしめるという課題に直面している。「著作家がすでに周知のテーマを論じる場合には、彼は彼にとって見出された結果に自己を限定しており、彼が到達した進路の指摘によって読者を悩ませることはないと期待してもよかろう。けれども、本事例におけるように、まったく新しいテーマをはじめて取りあげようと考えている場合は別である。」

イェーリングはまず、いかにして彼がこの問題に到達したかを説いている。「私の講義において重要な錯誤の理論の講義において、私にとってはすでに数年来、私が満足すべき報告をなしえない一点が大きな困難をなしてきた。すなわち、それは、錯誤せる側は相手方に彼の債務によって彼に生じた損害の賠償を要求しえないのかどうかという問題であった。」

読者を導入するため、イェーリングは、今日でも熟慮する価値があり契約上の損害賠償請求権の限界をめぐる議論を豊かにするであろう契約上の損害賠償請求の根本に立ち返って論究している。

弁済の利益と信頼の利益との区別をはじめて定義したMommsenに関連して、イェーリングは、今日でさえすべての初学者に刻印されることが望まれる言葉でその区別を説明している。

論を進めて、イェーリングは、なぜ、成立に達していない契約または無効な契約における一定の状況下においても損害賠償がなされねばならないかを議論する。適切にも彼は、「契約締結上の注意」(diligeintia contrahendo)について語っている。導入的な注意に続くのは、契約締結上の注意(diligeintia contrahendo)の違反によって消極的な利益が負わされるということである。申込(Offerte)の引渡以後の前契約的な債務関係の内容が比較的くわしく検討される。代理人(Stellvertreter)と告知者とに対する契約締結上の過失(culpa in contrahendo)の適用は、大体、今日と同じ結論によって示される。次に、部分的にローマ法の典拠とともに関連させつつ、申込、懸賞広告などの取消にかかわる比較的長文の決疑論が続く。補論は、電磁的電信における契約締結上の過失（culpa in contrahendo）を論じている。

イェーリングは、彼が新しい発見を根本的には、彼自身によって提案された分析、濃縮、構成という方法に負っていないことを感じている。ローマ法において存在するところはあまりにもすくないので、そこから一般化という手法によって契約締結上の過失（culpa in contrahendo）を演繹することはできない。原則的に、このおそらくもっとも重要なイェーリングの論文は、同時に、彼自身の方法論の限界を示している。彼にとって決定的であるのは、「全くそれ自身の道を歩んで結果において方法と合致する」理論の実際的価値である。やや乱暴に今一度固有な方法論が引用される。イェーリングは「まばらな諸規定を……最高原理へ還元し理論的に正当と認めることに」成功すれば、自分の理論は正しいと考えている。そのばあい、実際上の資格附与は、もはや疑われえない。

「ローマ法の観点からする理論的な資格附与がこれに対して議論されうるかどうかということは、将来が教えねばならない。私は数年来、それを考え続け、配慮し、全面的に没頭してきたのだが、私自身は、まったくその方向を確信しているのであって、私の理論を個々の事例に適用することによってあちこちと手を広げすぎたのではないかときわめて心配している。もちろん、法律学の使命を解釈学の光を使って不分明な条文を解明することに見い出すものは、いずれにせよ、契約締結上の過失（culpa in contrahendo）という表現はローマ法大全（corpus juris）全体において現れていないし簡単な異議をもって私の理論全体を片づけるかもしれない。」法律の適用と解釈とをこえて法を展開しつづけることが法律学の課題であるというイェーリングの確信に対するいきいきとした定式化は、ほとんど見い出されえない。ここで、サヴィニーははるかに踏みこえられるであろう。これに対し、幸運をふたたび解釈学にのみ探し求めようとする今日の試みは、何と貧弱で苦しい響きがすることであろうか！　ともあれ、契約締結における責任負担の理論は、実現されたのである。

五　私法・刑法の構成要件論の基礎づけ

「刑法上の構成要件論」の創始者としては、とくに、Karl Binding と B. v. Liszt とが、比較的後期の創始者としてはとくに Ernst Beling がいる。彼らがドイツ刑法のために、三段階的な構成要件の概念（客観的構成要件、違法性、責任）をはじめて明確に定式化し、今日まで有効な確信力をもって刑法に導入したということは、たしかに正しい。とくに、刑法に対する、多くの若い法律家たちの熱中と法全体の研究のための刑法の教育的機能は、もともと、刑法上の構成要件のこうした編纂に関係している。人間の領域のもっとも敏感な領域に入り込み、明白な不法を問題とし、それと同時に、人間的、心理的な感情移入の贈物に対する最高の要求を打ち立てるかの法領域が、もっともきちんとした概念道具をもって人間行動の評価に近づくということは、実に、驚くべき事実である。

私法上は、違法性の問題は、あまり熱心に論じられることはなく、法的に一定な錯誤とか責務を免じられる錯誤といった細かい点、責務免除理由と区別された法的安定の理由などはあまり、要求されない。

そうであればあるほど、客観的不法と主観的不法の相異をはじめて、ローマ法源の批判的吟味において読みとり、解釈学上固執したのは、私法学者イェーリングであったことは注目に値する。イェーリングは、民事的（bürgerlich）不法と可罰的（strafbar）不法という Hegel の区別に反対して、これを展開した Adolf Merkel の統一論に対する批判において、この相異を主張したのであった。Binding の三つの区分は、したがって、間接的に、客観的過失（objektive culpa）と主観的過失（subjektive culpa）という二つの区分に結びついている。

Gießen 大学法学部長たるイェーリングによって編筆された Johann Mickael Franz Birnbaum の学問活動五〇

年記念論文集、Kriminalist und Rechtsphilosoph in Gießen の主たる意義はこの発見にある。イェーリングは趣向を凝らして法哲学者と刑法学者にとって興味あるテーマを選んだのであった。上記で述べたように、Birnbaum は、しばしば法学部の会議におけるイェーリングの反抗の犠牲者だったので、イェーリングは、たぶん Birnbaum について、あらゆることをつぐなってやらねばならなかった。あるいは、イェーリングが「責任」(Schuld) の問題を Birnbaum の肩をもって詳しく論じたのは、それゆえであろうか。それはありうることだろう。しかし、テーマの選択は偶然でもあったし、とくに、イェーリングのユーモアは、しばしば、規模が大きかった。

論文は Geist 第一巻の補完物と考えられる。イェーリングは彼の論文を実質上、歴史学的仕事と理解している。けれども、その主たる結果は、解釈学的―方法論的なものであった。すなわち、客観的不法と主観的不法との区別であった。

したがって、行為規範に対する違反は、ふつう、主観的に帰責可能な場合にのみ責任を負わしめらるものとなり、それゆえ、客観的な不正行為とこの不正行為の人格的な非難可能性とは一致しなければならないということが、はじめて、説明しうるものとなる。たぶん、人がイェーリングを BGB の準備作業となしたり、あるいは、すくなくとも、彼の論文を丁寧に読むならば、「積極的な契約の侵害」は無視できないであろう。というのは、この「無視」は、まさしく BGB § 276 における客観的な契約上の不法と主観的な契約上の不法とにもとづくからである。不可能性と遅滞とが規定された後、§ 276 は、古いローマ法的な過失責任 (Culpa-Haftung) を受け入れるには、あまりにも狭くなってしまった。今日では、§ 276 は、(主観的な)「帰責基準」(Haftungs-maßstab) となった。したがって (客観的な) 過失責任は民法から脱落した。そして Hermann Staub はそれを「積極的な契約侵害」としてあらためて明らかにしなければならなかった。

六　代理の理論について

第二論文において、イェーリングは、「他人の法律行為のための協力」について意見を述べている。当時、抽象的な代理はまだ明らかにされていなかった。八年後になってはじめて、Labandの有名な論文がイェーリングとの論争においてこのテーゼをとりあげた。イェーリングは、第一論文において、補佐人が業務上の主人のために果しうる法律上の労務給付と事実上の労務給付とのちがいを論じている。今日では厳密に区別される債務契約的要素と代理権的要素とは相互に重なりあっている。

第一論文の第二の基本観念は、他人の法律行為に協力しうる三つの人格類型、参加者（Teilnehmer）、補助者（Ersatzmann）、代理人（Stellvertreter）の詳細な概念的規定にあった。今日の民法にとってとくに興味あるのは、補助者と代理人とである。彼の代理人の概念は今日の概念に対応しているが、イェーリングは、補助者のもとで、今日間接的代理人と呼ばれるところのものを広く理解している。そのさい、その区別の利点は、公示原則の詳細な取り扱い方にある。それが彼によってなされねばならないことが知られている者にのみ信用は与えられうるということを狙いとするきわめて近代的で魅力的な基礎理論によって、イェーリングは、代理人をして、多くの考えられうる「補助者」（Helfer）から解き放つため、代理人の概念を限定する。補助者（Ersatzmann）とは、自己の名において、しかし、他人の責任（für fremde Rechnung）において業務をはたす者である。偶然にも、イェーリングの補助者は、現代の受任者（Treuhänder）の性質を帯びている。ふたつの法律上の人物の説明において、イェーリングは、正当にも、公示が存在する場合には、代理人は、たとえばみづから業務を負おうとするやり方において、自分の意思より業務に他の方向を与えるかどうかは終わりがないということを強調している。換言すれば、イェーリングにとって、真の代理においては代理の意思は終わりがない。この問題は、今日なお議論されている。

そもそも彼は第二論文においては、代理の人格を詳細に論じようとしたのであった。しかし、Scheurl の批判論文は、Scheurl のテーゼと全面的に論争し、そして代理の問題をさらに後代へと延期する誘因を彼に与えている。けれどもついに代理に関する長文の論文が現されることは、もはやなかった。

七　全破産債権者団体（Gesamtgläubigerschaft）の基礎づけ

イェーリングは、能動的全部債務関係（aktive Solidarobligation）に関する後期の論文で多数人の他の法律関係を論じている。イェーリングは、これに関して、法源および全破産債権者団体の存在という実際的な必要から立証しようと努力した。イェーリングはとくに相続法を講義することを不得意としたが、論文の示すところによれば、イェーリングは、家族法や相続法をも駆使して、その説明の対象となした。論考は、ローマ法および彼の証明した概念の弁護として示された。

八　危険の転化（Gefahrübergang）と具体化

『年誌』第三巻は、第四巻に継続される論文「売買契約における危険理論論考」（Beiträge zur Lehre von der Gefahr beim Kaufkontrakt）を掲載している。一層の法発展のため、ふたつの論文はふたつの重要な観点をもたらした。

なるほどイェーリングは、ローマ法の原則「危険は買主のものである」（periculum est emptoris）から出発しているが、しかし、その原則の不合理性を一連の事例において立証し、詳細な叙述においてこの原理の例外を基礎づけている。周知のように、BGB の立法者は、逆の方法に移行し、とくに BGB の §§ 320, 323 で、「危険は売主のものである」(periculum est venditoris) という法則を基礎とした。ローマ法の原則が完全に保持されているのは、相続法についてだけである。

第二論文の難点は、種類債務 (Gattungsschuld) についてである。イェーリングは、分離論 (Ausscheidungs-theorie) に反対して後にBGB第二章§243で現行法として制定されたことに基礎を与えている。第二論文の上書きは、こうである。「種類の規定された目的物の売買においては、危険は、分離によってではなくて、売手が売手に契約上責任のある全てのことを彼の側においてなしたモメントによって移行する。」BGB第二章§243の文言は、論文の上書きとそれほどちがわない。

次のような第一論文の冒頭は、非凡であるがしかし、イェーリングが時折叙述するのが常であった魅力的なやり方にとって特徴的である。「その直の本質を出現させるため、法と人間との両者においてしばしばまったく特殊な状態、異状なそれらを試験する状況を必要とするかぎりにおいて、法は人間と比較される。」その後には、「危険は買主のものである」(periculum est emptoris) という原則の不合理性が説明される事例、すなわち、複数売買の事例が続いている。この論文は個人的な危機の時代の一八五八年~一八六〇年に執筆されたものであった。

九　所有者―占有者関係における善意の占有者に対する請求権

それにもかかわらずいわゆるEBV (所有者―占有者関係) における善意の占有者は特権を与えられるはずだということが示されるときにのみ理解されうるかの有名な条項BGB §§ 987ff. の意味におけるやっかいなEBVの父として、今日でもイェーリングをみなすことができるであろうか。

EBVの論点のひとつは、周知のように、物の売買を通じて有利な売上金を生じた占有者は、この売上金を所有者に返還すべきかという問題である。最高司法裁判所（Reichsgericht）は、はじめ動揺していたがその後、§ 281をEBVに適用することを否定した。今日でも支配的なこの見解は、イェーリングにさかのぼる。占有者は、生じた利益を返還しなければならないという見解は、もともとCujasによって基礎づけられたものであった。すでに就職論文『ローマ法論集』でイェーリングは、Cujasによって基礎づけられ今日まで議論の余地なく支配的な見解に反論したのであった。『年誌』第一六巻の論文で彼は今一度この問題を取り上げ、彼の当時の観点をさらに詳しく基礎づけている。

イェーリングは、きわめて現実的な結論に達している。すなわち、所有者は、所有物を理由として、占有者に対し利得返還の請求権を有することはない、と。そうした請求権は、利得に対してのみ支持されうるにすぎない。この点でイェーリングは、§ 816において利得の返還を認める今日なお支配的な見解と一致している。

イェーリングは、不法利得に対する請求権を基礎づけるため、さらに委任なき業務執行の権利を指摘する。今日でも、EBVにおいては、普及した正しい見解によれば、§ 682. Abs. 2すなわち、責任なき不真正な業務執行からする競合的な請求についてのみ、利得の返還は求められうる。

イェーリングが挙げる別の例、すなわち、故意の譲渡の相続財産の責任は、今日もはや無意味なものだとは言えない。彼は、被相続人に反する請求権の存立を包括承継（Universalsukzession）の方法によって相続財産について消極的に解する。

イェーリングは次のように要約している。「法律行為によって善意で他人の貨幣または他人の物を得た者は、彼の得た物の返還について何ら所有権者に対する責任はない——彼に対する物の返還請求権（rei vindicatio）の滅失は、彼に対する所有権者の請求権喪失と同義である。」ここでたぶんはじめて、所有権者—占有権者—関係における善意の占有者の特権附与が述べられたのかどうかは、さらに詳しい研究を要するであろう。二、三の研究は、このことに賛成している。

一〇　所有権の社会的制限

Landsberg は、所有権の社会的制限という思想はイェーリングに遡ると指摘している。このテーゼに関する典拠は、イェーリングの相隣権に関する論文「隣人の利益における土地所有権者の制限論について」(Zur Lehre von den Beschränkungen des Grundeigenthümers im Interesse der Nachbarn) である。イェーリングは、『年誌』第六巻に掲載された同一テーマに関する W. Werenberg の論考によってこの仕事に向って啓発された。イェーリングにとって、当時利益概念に目を向けていた思考を実際的および経済的に有意義な関連に適用する機会があらわれたのであった。それと共に、イェーリングが熱中しえた技術的―物理的明白さによって書けるテーマの性質がそうすることを許したのであった。この論文の形式と内容とについて彼の好みを発見するためには、何ら法律家たることを要しない。

たとえ、現代的な言葉が示されていなくても、環境保護の必要的拡大というテーマも言及される。イェーリングの見解によれば、地響き、溶鉱炉の高熱、煤煙、健康に害ある悪臭は、発散の禁止に関する当時の現代法下ではきわめて不十分である解される。彼にとって重要であるのは、発散を禁ずるローマ法学者の請求のもとにある共通な思想を今日の時点で探求することである。論文末尾でイェーリングは、彼の見い出した思想を次のように定式化している。「誰れも、人または物に損害を与え、または、受忍しうる程度という通常の程度を越えるやり方で人を苦しませる彼の隣人の側からする間接的な干渉を甘受する必要はない。」後になって、この思想は、一応は § 906 として BGB に採り入れられた。

そこにおいて、BGB の発散の権利は、イェーリングが一八六二年に現行法として展開した所の背後になお留っているという印象がもたれる。BGB は、産業上の（煙、水、音の）発散に何ら注意を払っていない。けれども、イェーリングにとって、すでに四〇年前に、「工場」（Fabrik）は、彼の産業法に関する熟慮の中心に位置している。「それゆえ、ここでも、再び、私は石鹸製造工または鍛冶屋を隣人（Wandnachbar）として我慢しなければならない、という理由で、耐えがたい悪臭、または甚々しい騒音を生じることによって直接、附近に居住することを不可能ならしめる工場をも、同じ近所に我慢しなければならないであろうとする結論はまったく不当な結論となろう。工場は、皮剥人と同様、辺鄙な場所に引込むのがよかろう。」

BGB の公布にあたってこうした予見的な考察が想起されていたならば、為になったことであろう。けれども、イェーリングはさらに思考を先へのばす。「けれども、都市は、どのようにして、いつ、工場を追い払うのであろうか？　工場は取りこわされるべきであろうか？　その場合、工場は、欠陥ある作用を除去するための装置を設置するのがよいのか、あるいは、隣接する土地所有者から必要な地役権を譲り受けるのがよいのか、その地役権を都市が工場に与える提案の補償に当てるのがよいのか、あるいは、最終的には、工場の影響が及ぶ範囲において州（Land）が地役権を買入れるのが良いのであろうか。」

ここではとくに、連邦公害防止法（Bundes-Immisionsschutz Gesetz）§ 14 がすでに構想されている。

二　人格の法的保護

人間とは、固有な人間的尊厳を欠如した自然の従属的な構成要素であるにすぎないとしたり、あるいは、自然が設定し追求する目的のたんなる担い手、執行人であるにすぎないとするダーウィン主義的法学者をイェーリングのなかに見ることほど誤っていることはないであろう。なるほどイェーリングは、社会においてはじめて人間生活本来の形式を得る個々の人間を、彼に独特な大げさな書き方で、無意味な原子（Atom）と呼んでいる。原子としての個人という言葉は、主眼を全面的に社会におく、Zweck im Recht において展開されたイェーリングの国家論との関連において考えられるべきである。

Zweck im Recht の第二最終巻出版の二年後、一八八五年に、イェーリングは、「名誉毀損の権利侵害に対する法的保護」(Rechtsschutz gegen injuriöse Rechtsverletzungen) に関する約二〇〇頁の広汎な論文を提出している。たとえイェーリングが説明上、比較的新しいローマ法における人格権侵害の訴権 (Actio injuriarum) の適用範囲をさらに詳しく規定しようとしただけであったにしても、たまたまこの偉大な仕事は、一般的な人格権を基礎づける結果となっている。

理論状況は不十分だとして述べられる。具体的な名誉毀損訴訟は、類似の現象から区別され、その構成要件が法源を基準として説明される。次に、人格保護の包括的な説明がはじまり、占有、握有 (Detention) に関して、社会的領域への限界設定 (公の使用 usus publicus)、相隣関係において、所有権保護において、著作権法において、「書簡に対する精神的所有権」において、「私的な写真」について、というように、図案 (Muster) と意匠 (Modell)、商標 (Zeichen) と標識 (Mark)、商号 (社名) と貴族の紋章 (Wappen) を比較考察しながら説かれる。筆名 (Privatname) と匿名も説かれる。さらに、現代の人格権の理解を越えて、無記名証券、無記名カード、無記名預金における義務の人格権上の要素が、最終的に述べられる。一般的な人格権をめぐる今日の議論は、イェーリングを忘却してしまっている。けれども、イェーリングが「名誉毀損の法的保護」(injuriöser Rechtsschutz) に与えた実に広巾な枠は、彼をして、一般的人格権理論の創始者となしている。

原子としての個人とほぼ過度に拡大された人格保護との間には、表面的な考察においてのみ、矛盾が存する。イェーリングにとって、個々人は、人間社会への組み入れを通じてのみ、法的客体となる。けれども、そのばあい、この人間社会は、彼にとって、最大限の個別的保護の義務がある。遂に、個々人は、彼にはじめて法的地位を与える社会の社会的諸要求を拒むべきではなくて、その社会的所与に屈服し、順応すべきである。ともあれ、「目的」の諸命題に対してはしばしば表明される「ダーウィン主義」という批判に際しては、その形姿を修復するために、人格保護に関するほぼ後期に出版された論文をも考えねばならないであろう。

書簡は、人間人格のこうした高い評価においてイェーリングの発展における一時的な局面は重視されないということを、くりかえし示している。ある箇所で、イェーリングは各人に帰属する「内的」な権利をめぐる闘争について語り、他の箇所では、「人格論」について語っている。

一二　占有の理論

サヴィニーの占有に関する論文は、ドイツ法学の新しい局面を準備した。だが、サヴィニーの純歴史的な考察が、時代に歩調を合わせるためにドイツに論及していないことを問題視し、かつ、それを立証しようとしたイェーリングは、占有をテーマとする独立論文を通じて、サヴィニーのテーゼを解釈学上論駁するだけではなくて、法に関する彼自身の方法論的見解を述べる絶好の機会を見い出したのであった。

占有の概念に関する最初の論文は、一八六九年に論文名「占有保護の理由について、占有論の修正」(Über den Grund des Besitzschutzes, eine Revision der Lehre vom Besitz) として出版された。そこでは、一八六八年の『年誌』に公表された占有論に関する多数の論考からの抜粋が論じられている。

イェーリングはまずはじめに従来の占有論を紹介する。彼は相対論と絶対論とを区別する。相対論によれば、占有の保護は、その理由を、占有それ自体のうちに有しているのではなくて、とくにサヴィニーの見解によれば、重心がむしろきわめて私法領域におかれうるか（サヴィニー）または公法領域におかれうる (Rudorff) 権力による禁止に有している。絶対論によれば、占有は、それ自身のゆえに保護される。その事実上の化体

(Verköper-ung) における意思の保護として (Gans, Puchta, Bruns)、あるいは財産の共属関係 (Vermögenszu-ordnungsverhältnis) として (Stahl)。

これに対して、イェーリングは、占有保護の理由を、所有権保護の必要的補足における人の利益のなかにみる。ここでも、彼は、他の所有権に関連する占有論、すなわち、イェーリングがもう古いと呼んでいる見解、占有とは蓋然的ないしたんに可能であるにすぎない所有権であるとする見解、および、占有とは開始せる所有権であるとするヘーゲル学派のGansの見解に対しては限界を設けねばならなかった。

その見解が広く伝播していたために彼の主たる反対者たるサヴィニーに対してイェーリングは、とくに、すでに占有がなんらの権利関係ではない場合には、無法行為 (Gewaltstätigkeit) それ自体からは何らかの権利侵害も生じえないと批判する。

イェーリングは、ここにおいて、占有の本質をひとつの財産権的な価値対象としてみることを批判する。サヴィニーおよび種々の他の理論による場合のように、占有保護の理由が、人とその意思が保護されるべきであるという点に存するならば、財産に対する占有の共属および占有の評価は不可能である。イェーリングによれば、また、その場合には、占有保護さえも認められない。

それゆえイェーリングは、占有保護の本来的理由を、占有が所有権のための一種の「予備作業」(Vorwerk) である点にみて、所有権保護の補足であると述べる。たしかに、それは、もし所有者が存在しなかったり立証しえない場合には、共属 (所属) もまた実現されるべきものであるがゆえに、必要な補足物であるとする。

窃盗犯の占有も保護されねばならなくなるということをもってしばしば議論される反対の見解は、彼を確信させることができない。「もし、純粋に自己自身に向けて打ち建てられ、占有において自己を実現し、原権 (Urrecht) を文書によって証明する意思という神秘が、窃盗犯の占有をそれ自体において保護されるべき関係へと高まることができないのであるならば、何故に、この関係は、占有の訴によるのと同様に不法行為の訴によって保護されないのであろうか、……占有の保護は、無記名債権において実現された。適格性の簡素化とまったく同じように、正直者のために接合されたものではあるが、しかし、必然的に不正直者にも関与する。けだし、不正直者を避けえんがためには、事柄の簡素化という利益においてとろうとするのと同一の吟味、すなわち占有者が権利を有するか否かという吟味をおこなわねばならないであろう。権利問題を巻きぞえにすることによって、占有の保護が所有権者に与えるはずの適格性の簡素化は、再びまったく取り消されることになり、占有していること（das Possessorium）は、彼にとって、請求すること（petitorium）となろう。例外的に、権利なき者が、法律の恩恵に訴えることとは、彼を排除するために権利なき者が権利ある者にとってもさしさわりがあることよりは、ましである。」論証は、面白い統計によって補われている。

イェーリングは、占有保護の理由に関する論文において、以下で立ち戻るはずの多数の方法論的な意見を織り込んでいる。ここでは次のような要点を指摘しておくだけで十分であろう。まさしく、事実関係保護の権利としての、そして、実力行使に対する保護の権利としての占有権は、社会状況を権利にとって規定的なものとみなしている法学者に、彼の観点を精確にする好機を与えるはずである。厳密に考えれば、社会状況を権利へと直接的に転写するさいには、占有の保護は、支障をきたすはずである。イェーリングはこうした道をとらない。単なる「力」（Kraft）は、彼にとって何ら権利の基準ではない。むしろ彼にとって問題であるのは、現実性に対置されうる法制度の発展であり、そこでは、法秩序が、人間意思を制御するという使命を有している。そして、現行法、すなわち、ローマ法がこの点で十分に発展していないのであるならば、実定法にとらわれずに、それを発展し、改善しなければならない。イェーリングの占有に関する第一論文は、一定の方法において、社会学的法学の批判であり、同時に、法学的実証主義の批判である。広く行なわれてきたイェーリング解釈においては、この点が十分には考察されてこなかった。

占有に関する第一論文においては、サヴィニーにおいて大きな役割を演じたモメント、占有意思（animus possidentis）が実に簡単に扱われている。イェーリングは、晩年において、彼がここで後に残した欠陥を感じ取り、一八八七年に出版された論文においてもう一度占有意思論に立ち向っている。

イェーリングの最後の解釈学上の論文のひとつそのものが問題となる。本書は、浩翰なもので、約五〇〇頁に及ぶ。イェーリングは、本書を「支配的法学方法論に関する」彼の最後の「傾向論文」だと呼んでいる。本書の意義は、議論の余地ある占有意思の要件に関して彼の初期の占有論を補修することにある。サヴィニーは、占有のなかになんらの権利関係をみず、かつ、占有の保護を実力行使に対する保護から導き出したので、占有意思に、建設的で法的保護を基礎づける機能を与えることができた。占有保護を利益適合的に所有権に対する親近性（Nähe）から演繹するイェーリングは、サヴィニーよりも首尾一貫して、占有意思を事実的側面に共属せしめ、そうすることによって、占有とは何らの権利関係にあらずというサヴィニーの命題を補足しえている。

今日の視点からすれば、事情は次の通りである。すなわち、占有は権利ではなくて法的に保護された事実関係であるとするサヴィニーとイェーリングとの事実性論（Faktizitätstheorie）は、地歩を確立した。サヴィニーは、権利について考えたのであるから彼の「実力からの保護」への避難を受けとらねばならなかった。イェーリングは、法的に保護しうる客観的価値という観念を基礎づけた。今日、占有が § 823 Abs. 1 によって保護されるならば、イェーリングは地歩を確立したことになる。サヴィニーによれば、自由に使えるのは、§ 826 だけということになろう。同様に、BGB は、占有意思の問題においてイェーリングに従ったのである。（§ 872）

一三　人と権利

イェーリングが、人格にどれほど高い価値を与えたかということについては、すでに上記で論じた。人格の保護に関するイェーリングの意見が明確であればあるほど、彼は、法人と権利との概念のために一生涯努力した。前世紀のローマ法が示したこれに関連する諸問題のテスト・ケースは、休止状態にある相続財産（hereditas iacens）、すなわち、相続人（Erblassen）死亡後の何人にも帰属しない財産（die keiner zuordnete Vermögensmasse nach dem Tod des Erblassens）であった。イェーリングはすでに彼の学位論文（Dissertation）兼就職論文（Habilitation）において休止相続財産（hereditas iacens）を論じていた。これについては、彼と同じく青年時代に休止相続財産（hereditas iacens）に関する論文を提出したことのあるWindscheidと書簡を往復することになった。

これに対するイェーリングの思考は、逆方向を向いたふたつの傾向によって決定された。一方では、彼の法における目的思考は、彼をして、他人に依存することなく主体なき権利（subjektlose Rechte）を承認させた。他方では、主体なき権利という過度の抽象に反対し、権利をできるかぎり人に帰属せしめようとする傾向が観察されうる。Scherz und Ernstにおける休止相続財産（hereditas iacens）に関する嘲笑および法人一般の濫用に関する嘲笑も、第二の傾向のひとつである。

ひとつの鑑定意見が、法人、権利、権利の人への帰属に関する彼の見解を詳細に論じる機会を彼に与えた。この鑑定意見は、書簡における矛盾する箇所とともに、人と権利とに関するイェーリングの分化する見方を学ぶ絶好の基礎理論をおそらく形成している。特徴的であって、かつ、この領域におけるイェーリングの不確定性から明らかとなるのは、法人をめぐるイェーリングの理論、すなわち、いわゆる荷受人論（Destinatärtheorie）

がドイツ法学においてなんらの地歩も占めえなかったということである。この理論の意義は、法人が与えるはずの利益から法人を明らかにすることにあった。「享受論」(Genießertheorie)とも呼ばれるこの理論によれば、法人に帰属する財産は、その享受を使命とする個々の構成員に属し、それゆえ、社団法人においてはその構成員に、財団法人においては荷受人に属する。それゆえ、それは、実際上の理由から思考上のつじつまによって統一へと要約される多様性に帰属する。イェーリングは、彼の利益論を誤認することによって世故に疎い見解へと誘惑されたのであった。これに対し、今日、支配的な法人解釈論、すなわち、Enneccerus によってうちたてられ Nipperdey によって発展せしめられた目的―人格化の理論(die Theorie der Zweck―personifizierung)は、生活実状に対するイェーリング的な目的思考の適用である。イェーリングはここで、きわめて高度に抽象をおこなっている。イェーリングは分析(Analyse)によって見い出された法源およびそこで見い出された要素の濃縮(Konzentration)とから一般的な法観念の構成(Konstruktion)へと押し進む彼の理論にあまりにも拘束されて考えているため、いささか足場を失っていると感じられる。けれども、おそらく、同じ方法論を使って生じドイツ私法に決定的な影響を与えた論文である Culpa im contrahendo や Schuldmoment im römischen Recht といった論文についても、まさしくこうした異議を唱えることができよう。類似の結果は、法の受働的作用に関する論文については、決定的な形では存在していない。イェーリングの思想の将来の発展については、後で再度取り上げる。

一四　法の反射効

別の浩瀚な論文「第三者に対する法的事実の反射効または遡及効」(Die Reflexwirkungen oder die Rückwirkung rechtlicher Tatsachen auf dritte Personen)についても事情は同じである。イェーリングはここで、法的効果と事実的効果との境界領域を間伐し体系化するための準備をなそうと努めている。上記の解釈学上のテーマは、今日にいたるまで、ドイツ私法学においてまったく存在しなかったものである。

おそらく、もし、権利の理論が今日よりも弛められ、大体の所社会的に思考する法の観点から、財と自由との配分が、法によってばかりではなくて、他の機構によっても取り扱われるようになるならば、法の受働的作用および法の反射効についてのイェーリングの研究はもっと注意が向けられることになるであろう。それによって意味されているのは、国家への呼び声ではない。むしろ、それより重要であるのは Ludwig Raiser が Hauriou の制度論に関連して上記第七章で検討された法的保護と制度的保護との区別によって意味している所のものである。イェーリングは、制度的保護（Institutionenschutz）という表現を用いていないし、また、制度的保護に対して法的保護を対置しているわけでもない。けれども、彼の反射効によって意味されているのは、同じこと、すなわち、法による社会的価値の保護である。

どれほどイェーリングが押し進んでいるか、そしてどの点が彼にとって重要であるかということは、――実例として――反射効に関する論文末尾の意見から推定することができる。ここでイェーリングは、書籍複製の非合法性に関する論文における Kant の意見を援用している。Kant が読者の権利について語っている個所で、イェーリングは、反射効を説いている。両者は、その理論によって各々、ここで、読者に請求権を与えるよう努めている。

一五 その他

イェーリングの解釈学上の業績は、これで最終的に論じ尽されているわけではない。Geist においても Zweck においても、はたまた『年誌』においても、さらに言及に値する多くの業績が存在する。しかしながら、下記で中心的に問題とするイェーリングの法学方法論の理解のためには、上記でなされた所見で十分である。

第二部　近代法の歴史性と論理性

一　イェーリングの方法論における本質的内容と目標

a　体系と時間とにおける法の理論

もしイェーリングの方法的な意図と業績とを数行で要約しようとするならば、こう言わねばならないであろう。法に関する体系的な言説が法の持続的な歴史的発展と合致せしめられるべき法の一般理論がイェーリングにとって問題であったのだと。

そのかぎりにおいて、イェーリングの方法上の仕事は、サヴィニーの方法論に対する包括的な批判であった。サヴィニーは、次のような定式化をおこなっていた。「歴史学派はこう仮定する。すなわち、法の素材は民族の過去全体によって与えられているのであってしかも恣意によってその素材が偶然的にこの素材になったり、別の素材になったりしうるというふうにしてではなくて、民族自身の最も内奥の本質（innerste Wesen）および民族の歴史から生じるものである。」

イェーリングは、これによっては、法の体系的―歴史的な理解のためには何も得られないと非難する。なぜならば、サヴィニーによれば、なるほど歴史的形成過程は、今日存在する法を明らかにするかもしれないが、しかし、それはひたすら強制的に、「民族自身の最も内奥の本質および民族の歴史から生じる」のであって、一定の短期の時代において存在する法体系への方向をもっておらず、かつ、まったく法の批判的な持続は発展に関してではないからである。イェーリングは、Geist 第一部の一ページから四ページで、サヴィニーの法理解は、法の体系も法の発展過程も明らかにしえないということの指摘を、明確に提起している。イェーリングは、ローマ法はキリスト教と同様に近代世界のひとつの文化要素となったという議論の余地なき事実から出発する。「我々法学者が、この事実を完全に理解しつくすために、これまでつとにあらゆる努力を重ねてきたということを、誰れか信じない者がいるであろうか。」イェーリングは、この「事実」がおそらくサヴィニーに至るまでの長い間、その歴史的側面についても、現行法の「本質」に関する側面についても十分には解明されてこなかったことは、不思議であると考える。「事柄を弁えぬ人々には、きわめて逆説的に聞こえるかも知れないが今日にいたるまでなお、前に述べた事実の正しい歴史哲学的理解をまったく不可能ならしめるような、実定性の本質と性格とに関する学説が、広く行われているのである、……。」

なるほどサヴィニーとその継承者たちは、ローマ法の歴史にきわめて貢献した、けれども、この歴史的、考古学的な努力は、現代または何らか別の一定の時代の法理論に何ら寄与することがない。なぜならば、この努力は、過去から現在を解釈することに自己限定しているからである。もしサヴィニーとともに、法の素材は民族の過去全体によって与えられていると言われるのであるならば、まさしく、ローマ法の歴史的・文化的な意義という「事実」に対して死刑判決が下されることになる。「そもそも、ローマ法は、近代諸国民の過去全体、その最も内奥の本質、その歴史とどういう関係があるのか。」

ローマ法は、なんらの身分証明書を持たぬ一個の闖入者であり、理論の筋を立てるならば、このような闖入者の退去をもっとも熱心に要求する者は、サヴィニーおよび歴史法学派でなければならなかったはずである。

イェーリングは、このことから、正当にも、サヴィニーによる現代法の歴史的解釈は多かれ少なかれ形式的な特性を帯びていると結論づける。彼イェーリングにとって問題であるのは、ローマ法の内容から法の一般理論を展開することである。ところで、こうした問題設定において重要なことは、イェーリングが非歴史的で単に体系化的な姿勢になんら落ち入っていないことである。彼は、サヴィニーよりもさらに明快に、歴史的発展は現代に留まるものではないと考える。イェーリングにとって重要であるのは、何故現代法がローマ法から生じたかを述べることだけではなくて、いかに法が歴史的に生じた体系から体系をこえて今後将来へと発展するかということを述べることでもある。イェーリングは、しばしば看過されていることであるが、サヴィニーよりもさらに歴史的（geschichtlich）である。Merkel は正当にも、歴史法学派の研究は、「むしろ古物趣味とも言うべき性格」を有しており、「主として、解釈論に奉仕することに向けられ、法の心理的な側面、および文化生活と関連した法の発展を明らかにすることには向けられなかった。」と確言している。イェーリングはこうした問題設定をのり越えてさらに「解釈学に対する奉仕」はたんに歴史的解釈によってなされるばかりではなくて、法史のみならず法の内容がおびる批判的—体系的な思考を必要とすると述べている。

イェーリングは、サヴィニーの原理による歴史学派の必然的な制約の深い諸理由を考慮しなかった。サヴィニーは、Herder および Goethe 以来、そして哲学的にとくに Hegel によって普及したような見解（Anschauung）の理論に足場を置いていた。法がなんらの「展望」をもなんらの「発展哲学」（Entwicklungsphilosophie）をも獲得しえなかったのは、この「見解」によってであった。

さらに、一元論の書き方によって言えば、一五五五年の Augusburg の宗教和議以来ドイツに存在していたのとは異なる政治的・文化的な諸学説が必要とされたであろう。けれどもイェーリングは、たとえその欠陥を定式化しなかったにしても、あるいは不適切にしか定式化しなかったにしても、その欠陥を明確に感じとっていた。かくして、彼がサヴィニーに抗議して、民族的なるものの強調は、歴史法学派に法の発展哲学に対するひどい洞察をそこなっているとするとき、彼は Geist 第一頁でサヴィニーをもっぱら「側面から」批判しているのである。イェーリングは民族的なるものというモメントを過小評価するわけではない。けれども、それは、民族が存立するもっと大きな文化的関連に正しく置き直されて、社会的発展、国際的通商などといった歴史に影響を与える他の要素と同じ平面に置かれる。イェーリングにとって重要であるのは、法の本性（die Natur des Rechts）なのであって、そこでは、ローマ法は民族的な法として適切な素材を彼に提供するにすぎない。

彼が法の「本性」におけるこの働きを歴史的に自己発展する次元においてみようとしていることを述べるため、イェーリングは Geist の副題として「種々の発展段階における」という言葉を選び、そして、彼の方法にふさわしく「自然史的方法」という表現を選んでいる。イェーリングはこの概念をおそらく後になって発展させたのではなくて、はじめから彼の Geist の標題にするつもりであった。もともと、彼の大著の書名は『種々の発展段階におけるローマ法の精神、法の本性論論考』（Geist des römischen Rechts auf verschiedenen Stufen seiner Entwicklung, ein Beitrag zur Naturlehre des Rechts）となるはずであった。けれども彼は、校正刷に手を入れる時になってはじめて、「一部は書名を長たらしくしないため、一部はすでに現にあるよりもさらに書名を求める所多くかつ挑戦的たらしめないため」、副題を削除した。次に彼は、この思想を、彼の構成法の説明にあたって、Geist 第二部第二節で引用している。その箇所で彼にとって問題であるのは、法学的体系概念の分析であって、この体系は、歴史的発展において、それゆえ、遠近法によって（perspektivisch）考察されるべき体系なのである。

イェーリングが決定的な点でサヴィニーを誤解したということがありうるであろうか。Larenz は、彼の Methodenlehre の冒頭で直ちに、歴史的要素と哲学的要素とが——後者は体系的ということと同義なのだが——すでにはじめからサヴィニーの方法的努力を成していると強調している。イェーリングが法の「本性」のもとで理解したものがサヴィニーによって「解明され完成されるべき」「法固有の統一」と呼ばれるものであることはありうるであろう。

サヴィニーについては、イェーリングが特にその教職・著作家としての活動の初期に時代における体系としての法の問題を念頭に置いていたということは、けっして否認されるべきではないであろう。示唆されかつLarenzによって強調された箇所はそのことを立証している。けれども講義案においてすでに、彼が解釈学的加工のためにする法の歴史的・哲学的加工を完全にしているかどうかは疑問である。流動的な移行のなかで、「論理的・文法的・歴史的な」構成部分から成る解釈論は、時代における体系としての法の問題から生じるのである。

イェーリングはさらに深く問題を論じている。彼にとって問題であるのは、法の解釈論の展開であるのではなくて、法そのものである。彼は、課題は今なお解決されていないという主張によって、確かに、後期サヴィニーおよび、法の哲学的・歴史的側面を展開せよという若きサヴィニーのかの初期の要求にとって明らかには予期されなかった歴史学派のその後の発展を支持しうる。それゆえ、イェーリングは、強調されたサヴィニーへの敵対にもかかわらず、サヴィニーのかの初期の概念の後継者であるとも言える。

すでにMerkelは、後の追悼文［山口編訳『大法学者イェーリングの学問と生活』信山社、所収―訳者］のなかで、イェーリングにとって決定的に重要であったのは、ローマ法を他の文化要素と類似的な性質を普遍的に刻印された文化要素として、近代世界に対するその意味において解明することにあったと述べている。イェーリングは彼のGeistを構想して、三つの法体系、すなわち、ローマ法の前古典期、古典期、および、第三体系としてローマ法を越えて普遍的な文化体に及ぶ発展を順に解明しようとした。第一巻S. 84には、イェーリング的方法論の要請を端的に輪郭づける次のような文章がある。「このような法については（第二体系としての古典期ローマ法が意味されている）、法の一層自由な、より精神的な把握ならびに取扱が、なんの妨げもなくなされえたのであり、そうして、この法の世界的取引のためという使命からして、その形成にあたっては、純粋に国民的ローマ的な諸特性から脱却すること、それゆえ、まずもってこの諸特性を自覚することが、法学に対して要求されたのである。こうして、この法は、純粋なローマ法のための自己認識の鏡となり、かつ、ローマ民族の、したがって、ローマ法そのものの非民族化の過程が始まったのちは、純粋なローマ法の見本とも典拠ともなったのである。」イェーリングにとって重要であるものは、ここでは「純粋な」ローマ法と呼ばれているけれども、「法そのもの」と呼んだ方がさらに良いであろう。

イェーリングは、長くて方法論的に新しい領域を歩みつつ、かならずしも明確ではないけれども彼自身をしばしば疑惑へと突き落とす過程を経たのち、もっぱら「法の内的で実際的な力」を一般的に把握しえ・哲学的に使いうるカテゴリーにおいて把握されうる、法の体系における法のアルファベット（Rechtsalphabet）、法の分析（die Analyse des Rechts）、法の濃縮（die Konzentration des Rechts）、法の構成（die Konstruktion des Rechts）への立場に達する。

Walter Wilhelm は、イェーリングの体系的―方法的な方針を、ローマ法における法という適切な定式にまとめた。けれども、Wilhelm はイェーリングにとって疎遠な一面性において体系的な方針を歴史的な方針（Anliegen）と対立させようとした。イェーリングは、けっして法の歴史性を批判しておらず、むしろ、それを新しい発展史的な次元に高めた。もちろん、彼は、民族的な狭隘さを棄て去って、それをサヴィニーに対する予備的な非難の対象となした。Wilhelm は、ローマ法において展開されるべき一般的な私法理論がイェーリングにとって重要であるということによって、イェーリングにおける明白な矛盾を暴露しうると考えている。この要求から Wilhelm は、イェーリングの次のような意見に達する方法をけっして思い出してはいない。「それゆえ、我々の実際的な法のアルファベットは、なにか実定的・歴史的なものであり、各々の法の歴史は、我々にこれを保証している。法規のみならず、法規とともに、諸概念・諸制度も変化する。そして、今日存在している法文言の性質や意味が変化するばかりではなくて時代が我々をまったく新たにし、古い時代を抹消する。」一般的な法理論と法の継続的な発展とは（サヴィニーによる法の歴史的説明をこえ）、イェーリングにとっては何ら矛盾ではなくて、さらに以下で述べるように、もちろん、少なくとも現代の観点からすれば疑わしい方法によってではあるが、一方が他方から明らかとなるものである。

H. J. Hommes が、イェーリングの自然史的方法の根本的誤りは、法の論理構造という出発点であると述べるとき、彼は、上記と同じ誤りをおかしている。Hommes が個々の点で、イェーリングの低次法学と高次法学との区別に対する批判に賛成すればするほど、Hommes は、法の内容の批判的評価において体系を時代から展開し、時代における法の前進を同じく批判的に体系から得るというイェーリングの核心的観念を考慮しないことになろう。そのさい、Hommes は、イェーリングの誤りの根拠を次の点にあると考えている。

イェーリングは「法学的な概念形成と体系論とを、その対象、現行法、およびその基本的な構造から解き放ち、実定法の形態と構造として立ち返ることなく、すくなくとも法生活の実際的な要求が彼に停止を命じないかぎり、法技術的な思考を自由に構想し生産する抽象的な論理的領域に実定的な諸現実をこえて上昇する。」Hommes がここで誤解しているのはイェーリングにとって時代における法の発展は、まさしく体系をこえて、またそれとともに実定法規の普遍化を越えて行われるということである。

Merkel は、イェーリングによって観察され、要求された民族法の・とくにローマ法の一般的法理論への拡大によって、「彼における発展思想は別の色彩を得た」と考えた。そのばあい法における民族的思想の克服は、とっかかり（Aufhänger）にすぎない。拙い事の多いイェーリングの章別編成は、ここではすでに、Geist 第一巻冒頭で要点そのものを明確に示している。法史叙述の方法の説明において、彼は「法の本性に含まれている諸要求と歴史概念のうちに存在する諸要求」とを区別する。そのもとで彼が歴史概念のなかに存在する諸要求を吟味する第二の観点はこうである。すなわち「諸事実の内的関連および時代のモメント」である。多くは、それによって法が時代を通じて運動する「歴史的運動」として指摘される。イェーリングが彼の体系的思考に忠実でなかったのと同様に、彼は、法が時代において発展するということ、および、この発展に批判的に共に思考しつつ関与することが法律家の使命であるという彼の確信を否定しない。

イェーリングがのちに法を担う諸力、とくに目的思想に目を向けたということは、しばしば誤解されていることだが、それは、法は時代における諸体系から成るという意見の撤回ではなくてイェーリングにとって必要と思われた補足なのである。二三歳の時の国家哲学的な草案も、すでに、目的、体系、時代という諸概念を、そのために（誤解されやすい）「自然秩序」という表現が選ばれている意味連関へと移している。

のちになってイェーリングは、体系に没頭することはたんに「悟性」（Verstand）を満足させるだけであって、この「法の論理的側面」は過大評価する必要はないと考えた。法における体系と時代の背後には、正義（Gerechtigkeit）と道徳（Sittlichkeit）とが存在する。彼は法において体系と発展思想との背後に存在するこの正義の観念を、法における目的思想に専念することによって探究しようとした。それゆえに、イェーリングの法の Geist から法における Zweck への移行は、なんら撤回ではなくて、対象の拡大・深化、および哲学的転回（Absicherung）なのである。

François Gény も、五〇年後、彼の方法（méthode）を科学（science）に根づかせる必要を感じた。「法律学がたんなる悟性（Verstande）に与える満足は、最高のものではないということは、私にとって、時が経てば経つほど益々明らかとなった。そして私は、初版がみずから背負った法の論理的側面の過大評価の痕跡を可能なかぎり削除しようと努めた。法学的論理というたんなる形式的なるものをこえて、より高くかつ最も高いものとして正義と道徳という実質的な観念が存在する。そしてこの観念に没頭すること、すなわち、この観念が個々の法制度と法文において表現し実現していることは、私の考えによれば、学問が立ち向かいうる最も美しく、かつ、最も崇高な課題である。拙著 Der Zweck im Recht は、こうした課題の解決に捧げられている。」

イェーリングは、Zweck 初版序文で、法は歴史的発展における体系として把握されるべきだという彼の方法論的な要請を、新たに彼の関心を引く哲学的な要請、すなわち、正義およびそれとともに法における目的に関する問と、以下のように結びつけようとしている。「法は自然と同様、ほとんど飛躍を知らない。より高次のものが後続しうるためには、それ以前に先行するものが、ともかく存在していなければならない。しかし、ひとたび先行するものが存在するとなれば、より高次なるものが不可避的に存在することになる――先行する目的は、すべて、それに後続する目的を生じ、あらゆる個別的なるものが寄り集まって、そのなかから、あとになって、意識的あるいは無意識的な抽象作用を通して、法理念、法見解、法感情といった普遍的なるものが生じる。だから、法感情が法を生じるのではなくて、法が法感情を生じるのである。――すなわち、それは、目的こそ実際的な根源である、ということである。本書の第二部のために言い残しておかなければならない説明を先に書いてしまわないよう、この辺でペンを置く。」

最低限に要約された意見は、イェーリングの見解によれば、体系をこえて、法を新しい未来の領域に押し進める・より一般的・もっとも一般的な意見に到達することによって、法は方法論的に展開されるということを示している。けれどもイェーリングによれば、この方法論的発展とならんで、あるいは、むしろ、その背後に、この発展の内部で正義思想を保証する実質的な原理、すなわち、目的思想が存在する。この点からして目的に従って発展するのは法であり、その結果、その発展を配慮する法に服する人の主体的確信はありえず、ありうるのは変化する諸目的の力だということも明らかとなる。イェーリングは、このように法における発展思想を、方法的には体系思想に、哲学的には目的思想に積み重ねることによって、究極的には、法におけるサヴィニー的な歴史概念を後に残している。サヴィニーは、時代時代に現行の法状態を法の発展から基礎づけた。Helmut Brunner の比喩をもって言えば、サヴィニーは、未来に対しては背後をもってし、歴史に対しては局面 (Gesicht) をもってした。サヴィニーにとって、現行の法体系は、歴史的に必然的なものだった。体系は生じはするが、しかし発展しない。サヴィニーによれば、法は没目的的に、すなわち、民族精神と民族的個性とから発展する。

イェーリングは同じ比喩をもって言えば、側方で法の発展とともにあった。そして、法を歴史から生じ未来に発展するものと考えた。中部ヨーロッパ圏において、イェーリング以前には、彼ほどに、恒常的に発展する法の理論を課題とした法理論家は認められない。

この法における発展的思考は、今世紀初頭の自由法学派以後、ふたたび没した。かくして、今日でもなおドイツ法においては、法の発展は方法的に不十分にしか把握されていないという事態となっている。イェーリングにとって法は、体系における普遍化およびそれとともに新しい事態の把握によって発展したものだった。こうした進歩の外面的な叙述とならんで正義を目的とする内面的な叙述が目的思想から生じる。それゆえ、イェーリングはおそらく、たとえ、専門用語によってはいなくても、その法の発展理論において方法的側面と哲学的側面とを分析した最初の人物であった。

それとともに、同様にイェーリングは、一六世紀にかつサヴィニーによって展開された法の歴史性という概念を、法と法史との明確な区別へと発展させた最初の人物であった。Giuliano Marini は、こうしたイェーリングの功績を批判的に評価した少数者の一人である。残念なことに、法におけるサヴィニー的な歴史概念に対する対立を明確に十分際立たせることなしに、Marini は、イェーリングが法を「歴史的現象」(fenomeno stórico）と解したと強調している。Marini は、イェーリングが法の歴史性の新しい規定によって法学的諸概念の規定への新しい接近を見出したと考える。Marini が強調しているように、発展思想は、歴史学派の従来の歴史理解を凌駕している。Marini のテーゼを拡大するならば、法の歴史性に関するサヴィニーの概念がすぐれてスコラ哲学に対する進歩であればあるほど、その概念は、ただイェーリングの前段階を成したにすぎなかったといえよう。なぜならば、サヴィニーは、法を歴史的に規定しようとしたのであったが、これに対し、イェーリングは、法を文化の担い手（Kulturträger）として未来に関しても理解したからである。サヴィニーは、法を、「時代からの法」（Recht aus der Zeit）として理解したが、イェーリングは、法を、「時代における法」（Recht in der Zeit）として理解したのであった。

もちろん、Marini の誤謬は、彼が、イェーリングにおける時代的発展による法のこうした規定の中に、法実証主義の特徴を見ようと考えている点にある。まさしく体系のなかで継承された法観念の普遍化という方法によって時代における法の発展を顧慮して、イェーリングは（彼の研究した契約締結上の過失（Culpa in contrahendo）において示された事例において）法の持続的発展の「法学的な正当理由」と、法の実定的発展に帰せられるべき立法的―政治的正当理由、とを鋭く区別している。

すでに歴史について何度も指摘しているように、イェーリングにおいては、新しい歴史的理解が新しい体系的理解とつねに提携しているということをもう一度示しておこう。軸の時代（Achsenzeit）［軸の時代というのは、カール・ヤスパースの用語―訳者］に、Herodot がいきいきと叙述したように、古典―ギリシャ的な体系―時代概念は先行の軸期文化から開放された。同じことは、予言者イザヤ（Deutero Jesaja）の革命的な時代概念と体系的神学についてもあてはまる。人文主義、改良された哲学と国家論とは、同様に、歴史と体系とを再発見した。サヴィニーの歴史への後退意識は、発展史的にみて中立的な彼の体系を構想することを彼に可能ならしめた。イェーリングの発展思考は、体系的基礎としての未来への法の任意の発展に役立ちうる法理論を構想することを、彼に整序せしめた。

イェーリングが未解決のままにしておかざるをえなかった問題は、サヴィニーと同様に、政治的な問題であった。イェーリングにおける目的の決定論は、サヴィニーにおける民族的なるものの決定論の代置の結果にすぎなかった。もし体系を制御している未知なるものに依存せずに批判しようとするならば、Herodot はすでに、体系と時代とにおける思考は民主主義を政治形態として要求すると意識していたが、このことは一九四五年以後の時代に固有なテーマである。

b イェーリング方法論の批判

それゆえ、一八六〇年ごろの危機をもってはじめてイェーリング法学に目的思考が生じるということにはならない。すでに彼の生涯の始めに、一八四二年の大学卒業以前でさえ、そして、Geist 冒頭で、「目的」(Zweck) ないし「機能」(Funktion) が法の成長を左右するひとつの要素として述べられている。正当にも、近代比較法学の始まりと呼ばれうる何度も引用された [Geist の] ある箇所で、「異なる法制度の継受という問題は、民族性の問題ではなくて、合目的性と必要という単純問題である」と言われている。「誰も、自分のところに同じくよいものが、あるいは、一層よいものがあるのに、それを遠方から取ってくるということはしないであろう。馬鹿者だけが規那皮 [キニーネの原料—訳者] を、自分のところの薬草園で生育したのではない、という理由で、突き返すであろう。」

そのさい、目的は、イェーリングにとって、実定的な目的ではなくて、民族主義に対立せしめられた超実定的な目的である。(サヴィニーに反対して) 彼の要求した法の普遍主義は、イェーリングにとって、目的に刻印された自然法の表現である。かくして、彼は、法発展の要素としての合目的性に関する彼の考察にも、直ちに「とらわれない実証主義」の批判を従わせる。Geist 第一巻S. 8ff で展開された法の普遍主義に関する理論は、そもそも、同時に、解釈学上および歴史学上、比較をおこなう法観のもっとも優れた基礎づけである。かくしてイェーリングは、彼の Geist を、ローマ法の普遍妥当性ないし時代的被拘束性に関するローマ法の批判的な取り扱い方（Behandlung）だと理解している。「従来、その研究方式は、ローマ法の実際は通用の見地によって、本質的な影響を受けていたし、また、受けておられたわけであるが、このような取扱い方では、もはや法学界の関心を、ローマ法に繋ぎ止めることはできないであろう。これはただ、科学がたんなる事実の記述から、事実の批判へと自己を高めることによってのみ、達しえられるであろう。この方向に先導することが、本書の目的であり、使命である。その目指すところは、ローマ法の批判である。とは言っても、立法政策的見地からする現代ローマ法の批判ではなくて、歴史哲学的批判である。換言すれば、始めから終りまで、一貫してローマ法の発展の全道程において、ローマ法に随伴するものの、……歴史的生成の内面的な推進力、隠された動機、最終根拠、全法発展の精神的連関を究明する、そういう批判である。ただこの方法によってのみ、ローマ法に関する真の判断を得ることができ、ローマ法において消滅すべきもの・純粋にローマ的なものと、不滅なもの・一般的なものとを区別することができるであろう。……」

イェーリングは、彼の批判の基準は、どの程度、ローマ的―法的な諸概念、諸制度が近代の諸目的を満足させるかという問題であろうと続けている。彼にとって問題となるのは、「法有機体の機能」を現実生活において試験すること、および、歴史的な諸連関の認識から現代状況下におけるその有用性の批判を展開することである。

Geist 第二Ⅱ巻における彼の方法論の優れた要求において、イェーリングは、もう一度、「実定法」から離れて、法学に対して哲学の道を指示する。けれども、彼は法の哲学を、生活の実際的な必要に結びつけている。「けだし、哲学思想がその中に身を置いていることを見い出す世界の実際的な性質は、哲学思想をくりかえし実在的な事物へと振り返らせるからである。」実際へのかの志向を、イェーリングはすでに中古ローマ法の技術に発見しうると考え、その結果、「実際的目的の哲学」をローマ法初期の精神として認めうると考える。

上記の箇所は、イェーリングの思考がすでに初期のころから目的思考であったことの証拠としては十分であろう。若きイェーリングの見解によれば、諸目的は、法、実定性、および法の理論を生ぜしめ、かつ展開せしめる。この時代にイェーリングが専念しているのは、目的そのものではなくて、こうした目的の所産たる法の一般理論なのである。イェーリングにおいては方法的な関心は、一八六〇年以前に明らかに前景にあらわれている。

イェーリング方法論の核心は、Geist 第二Ⅱ巻第三九—四一章にまとめられている。法の「技術」に関するこれらの章において彼は、法学者の方法的な思考過程を、実定法の分析（Analyse des positiven Rechts）、濃縮（Konzentration）、および、構成（Konstruktion）という三つの段階にわけている。

分析（Analyse）とは、言語学において言語表現がまずアルファベットの字母に還元（zürückführen）されうるのと同じように、もはや還元されうる個々の構成要素が生じないまでに、取り扱われた法的素材（Rechtsstoff）を分解することである（法的アルファベット）。これと関連するのは、もっぱら、これに所属するものをまず無整理に集めることを内容とする濃縮（Konzentration）である。もっとも重要な第三の段階は、法元素（Rechtskörper）を組立てることを使命とする構成（Konstruktion）である。この法元素（Rechtskörper）の外的形状は、法学的体系（das juristische System）である。法が構成の結果として、一般的な法命題の中に組み立てられるならば、法は、学問的に取扱われているといえる。（何れにせよ、イェーリング方法論のほとんどの説明はこの点で終っている。）

けれども、まず第一にイェーリング的思考にとって決定的である段階が次に続く。すなわち、体系が法の内容に関する一般的およびもっとも一般的な命題を準備することによって、法は発展し続ける。濃縮され・分析によって得られた個々の構成要素の一貫して構成された総和から、「意識的ないし無意識的な抽象によって、法観念、法感情といった一般的なものが生じる。」その背後にある推進力は実際的な目的である。

それゆえ、法の発展は、イェーリングによれば、実定法の・見い出された構成要素を体系へと一般化することに仕えるものである。これこそ、彼が体系と時間とを結びつけるイェーリングの核心的観念である。それゆえ、諸目的は、法の発展において急変するのではなくて、分析されるべき、かつ、その構成要素が集中されて、体系へと構成されねばならない実定法に対して、未来に向かって体系のなかで行なわれた一般化によって影響を及ぼす。彼が彼の Geist 冒頭の標語（Parole）として次の言葉を草するとき、彼はこのことを言っているようである。「ローマ法を通じて。されど、ローマ法を越えて。――これこそ、私にとって近代世界に対するローマ法の意義を含む標語である。」

イェーリングの主要テーゼにおいて驚くべき点は、たえず人がそれを定式化しようとしているように体系における一般化は進歩をもたらすはずだ、ないし、進歩であるということである。彼が諸目的を法の発達における推進力だと述べた後期になっても、彼は、たとえ、こうした論理的な過程に唯一の意義を与えているわけではないと強調したにしても、方法は分析、濃縮、構成に通じているという彼の根本テーゼをけっしてすて去ることはしなかった。

けれども、なぜ、一般化（Verallgemeinerung）が進歩を創り出すのか、なぜ進歩を意味するのか？　なぜ法の発展が法の体系化に通ずるのか？　イェーリングが、最晩年に、法の諸目的を法発展のモメントとして従来よりもいっそう明らかに強調する転回を遂げた時点で、この意見に難問性を認識したはずである。たしかに、進歩は、一般化においてはまだ保証されてはいない。それどころか、体系へと到る分析、濃縮、構成という過程は、根本的にはまだ、イェーリングがサヴィニーを非難した法発展の背後で後を追うものである。この問題は、変化する生活目的へのアクセント移動によって解決されたのではなく、人間学的な生活「目的」の決定論的―非決定論的な混合概念に移動された。イェーリングが彼の目的概念の問題を考えなかっただろうというわけではない。彼が彼の目的概念において、原因としての目的と目標としての目的との区別を誤解したという実にしばしばあげられる非難は、彼にはあてはまらない、彼は、Zweck 第一版序文ですでにこの問題を論じている。けれども、原因としての目的も目標としての目的も、自分からは何らの進歩も保証しえない体系をジレンマから解放することができない。そして、イェーリングは、目指す要素を目的的―因果的な目的概念に一任することによって、みずからを政治的に放棄するのである。

それゆえ、イェーリング方法論に関するこうした一般的な展望において、法の進歩を可能ならしめるのは、一般化ではなくて、歴史学的―民主政治的な自由の理解があるという、イェーリングの主要テーゼに対する批判を引き寄せることができるであろう。体系、時間、法形成、および民主主義は相互に規定しあっている。新しきものは「良き」かなということは、方法的に基礎づけることはできず、ただ評価的に確認しうるにすぎない。それが「良い」かどうかということは、政治が決定する。そのさい、どのような政治を選択するかは自由である。もし正しく取り扱おうとするならば、民主政治が指し示される。時代なき法を創出しうると自惚れるのは、独裁政治だけである。法の進歩は、一定の政治形態、すなわち、民主主義を要求する。イェーリングはこのことを誤解した。そしてそれゆえに、彼はまず純粋な方法論をその哲学に向けて形成した。そして第二期には、一般的な目的概念に逃避するのである。もし、非民主主義者が法を問題とする場合に、方法論を哲学に向けて形成することは、彼ら全員の古典的な誤りである。目的というような無内容で充填を必要とする価値概念を法の哲学的基礎に祭り上げることは、Spinoza の後継者の中にいる自由主義者全員の古典的な誤りである。第二の思考は、たしかに第一の思考法よりも手堅く、立派ではある。けれども、それはまたもっぱら自由を糧として生きているものであって、それが自由を保証しているのではないのである。

c　イェーリングの二つの段階

前記から次のことが明かとなる。すなわち、イェーリングの方法的仕事は二つの段階に分かれる。ほぼ一八五八年ないし一八六〇年までと考慮することができ・かつ・全面的に強い方法論という特徴（Vorzeichen）のもとにある第一期と、Kampf ums Recht, Zweck im Recht, Scherz und Ernst in der Jurisprudenz に関する仕事が属する第二期である。「目的」期（Die „Zweck"-Phase）は、哲学的な問題設定に由来するが、しかし、直ちに再び、主として方法論の方向を向く。まず、下記の（二）では、第一期を「構成論的方法論の段階」（Konstruktionsmethodische Phase）として解明する。これに関連するのは（下記三の）「目的的方法論の段階」（Zweckmethodische Phase）である。第四節は、二つの段階の重なりにかかわり、第五節は、時代における法に関するイェーリングのテーゼを再度、要約する。

d　イェーリング的観念の統一

イェーリングの方法的思考は根本的にみて統一を成しているということが強調されたが、これは、従来広くおこなわれているイェーリング像と対立するものである。彼の最も初期の匿名論文を検討してみれば、これはさらに強く根拠づけられるであろう。たぶん実際にはもっと早いが、一八五八年と一八六〇年との間のイェーリングの危機が生じたのは、イェーリングが根本から考え直したからではなくて（彼はこれをしなかった）、採用した方法では、時代において社会的諸目的にしたがって体系的に発展する法の基礎づけというひとたび確固として設定された目標を達成しえないことに気づいたからであった。危機の結果は、方法的な再出発ではなくて、哲学的に深化された問題設定によって得られた幅広い方法は並存物の仕上げであった。

法律学の手工具たる方法論に没頭した多数の年老いつつある法学者と同様、イェーリングも、晩年には、哲学的な――自然法的とは言えないが――問題設定に心を寄せている。多くの法学者において自然法は、晩年の現象であり、新しい現象が晩年に生じるのはごくごくまれである。イェーリングの個人的な不運は、法の方法論から法の哲学への移行（彼にとっては、「技術」から「目的」への移行）が、本来まったく存在する必要のなかった葛藤となったという点にある。というのは、方法的な設問は、哲学的な設問と異なる問題設定であるからである。危機が悲劇的な葛藤となったのは、イェーリングがまだあるがままに認めた哲学的な問題設定を哲学的な設問として取り扱い続けることをせずに、直ちにふたたび、方法論へと転じたのが理由であった。

そもそも、法学者の形成過程に類型学があるとするならば、こうなろう。はじめは実定法に突入し、次に――大抵の場合は短期の――政治的な志向期がやってくる。そうして、実定法に精通し政治的立場に関して完全に確信をして、法が日常作業（Routine）となり人がもともとなすべき問題、すなわち、法の方法論が始まる。次に、しばらくの後、ふたたび方法論がすべてではない、すなわちHeinrick Kronsteinがそれを定式化したように、「方法論によっては、いかなる場合でも判断できない」ということに気づく時、誰があるいは何が本来「創造する」（schöpfen）のかという（たとえば、イェーリングによれば目的が）問題をもって、哲学上の後期が始まる。大抵の場合、政治的な最初の志向の多かれ少なかれ強い修正、すなわち正確に言えば、「右への後退」（Rück nach rechts）が法の由来に関するこの哲学的な問と結びつけられている。

この点でイェーリングは、――ほとんど――典型的な法学者であった。すなわち、はじめに、法の精通と政治的な立場の模索とがあった。方法論は、一八五八／六〇年の危機まで連なっていた。この時代は法の「目的」に関しては十分であった深化された哲学的な設問を導入した。そして、Bismarckは、大ドイツ的——自由主義的な観点からは拒否されていたプラグマチックな政治目的の重要人物であった。けれども、すでに上記で述べたように、イェーリングの「右への」この政治的志向において注意が示された。すなわち、ドイツの社会民主主義に関する息子Hermannと彼との会話〔山口編訳『大法学者イェーリングの学問と生活』、信山社、所収—訳者〕は、彼が当時の政治的目的に対してつねに開いた眼を持っていたということを明らかにしている。

イェーリングが成功しなかったことは、イェーリングの偉大な成果と認められうる時代における法の体系を意味するばかりではなくて、「諸目的」の政治的評価の問題を解明しうる法の方法論と法の哲学とのふさわしい綜合（Synthese）であった。荒っぽく言えば、イェーリングの「目的」は、サヴィニーの「民族精神」以上に出るものではなかった。というのは、二人においては、非政治的な概念が問題になっているからである。

サヴィニーにおいては、彼の方法論に関する著作の典拠を寄せ集めることは、比較的簡単である。Larenzによって彼のMethodenlehre冒頭で概観が明らかとされているように、重要なのは大体のところ、一八〇二／三年の初期講義案およびSystem des heutigen römischen Rechtsの中の方法論的な説明である。それらと補充的に関連しているのは、Beruf unserer Zeit für Gesetzgebung und Rechtswissenschaftに関する論文と彼の創刊したZeitschrift für geschichtlichen Rechtswissenschaft第一巻冒頭の意見である。

イェーリングにおいては弓はもっと幅広く張られていた。イェーリングにおける法方法論上の典拠は、今日まで評価されず、一部がまさしくはじめて発見された初期の論考（Literarische Zeitung, Berlin, 一八四二年から——可能な——一八四五年まで）とともに、はじまる。この論文は匿名で現れたので、著者の確定が困難となっている。第二の典拠は、Geist第一巻であり、第三の典拠は、『イェーリング年誌』の巻頭論文Unsere Aufgabe

である。第四の典拠、すなわちGeist第二部は、イェーリングの構成的方法論の段階にとって中心的な意義を有している。第二Ⅱ巻序文および「技術」に関する第二Ⅱ巻中の第三九―四一章は、強調されなければならない。危機は、第五の典拠、すなわち、後にあらためて増補されてScherz and Ernstにおいて印刷されたいわゆるVertrauliche Briefenによって立証される。第六の典拠は、すべて、方法的要素としての目的思想を内容とする一かたまりの著作の箇所から成る。問題となるのは、大体の所、著書Der Kampf ums Recht、および、Zweck im Rechtの二つの巻における方法的な詳論、および、今日まで同様にほとんど評価されていない一八八四年の講演Die Entstehung des Rechtsgefühls［前掲、山口編訳、所収―訳者］である。第七の典拠としては、Christian Ruscheの印刷によってÜber die Aufgabe und Methode der Rechtsgeschichtsschreibungという表題で知られるようになった・死後に出版され、従来あまりにも注意を払われずSchelskyによってのみ評価されたDie Entwicklungsgeschichte des Rechtsの序文を挙げることができる。

　イェーリングの著作における法方法論的な典拠の範囲は、これと関連している。ここでは、主要な行だけを挙げることにする。たとえば、同様にRuscheによって印刷された法の概念に関するGeist第四版第四巻（一八八八）§59と60も、きわめて重要だといえよう。しかし、以下では、最も重要なことおよび肝要な点に限定がなされるべきであろう。死後公刊された晩年の作品は、独得な方法で最も初期の時代の著作の証言と結びついているということが、示されるであろう。

二　構成的方法論の段階

a　Literarische Zeitungにおける匿名論文および時代における法の問題

この論文の発見は、明らかになっているかぎりでは、Losanoの注意のお陰である。Losanoは、イェーリングが一八七九年のVermischte Schriftenの序文（Ⅳ—Ⅴページ）の中でこう書いていることを指摘している。「この論集が収録しているのは、私が生涯において法学的内容の比較的短い論文で印刷させた全部ではなくて、再刊の正しい準備が出来ていると私に思わせた小論のうちのいくつかである。私によるいくつかの小論は、ずっと以前に新聞で公刊されたものである。ある時は私は名前を附して発表されたが、ある時は、とくに四〇年代にBerlinで公刊されたLiterarische Zeitungにおいては、私の名前をつけないで発表された。私は、若干の比較的長い論文、たとえば当時一定の価値が与えられた六つの番号によって連載された歴史法学派に関する論文を共に収録すべきではないかどうか躊躇した。……」

Losanoは、主としてここで問題とする一八四四年の論文すなわち、「歴史法学派の法学者たち」（Historische Schule der Juristen）に関する論文は、五回の連載を示しているにすぎないと、訂正している。Losanoは、歴史法学派に関するこの五回連載で発表された論文をいささかの疑いもなくイェーリングのものだとしている。人はこのテーゼに同意しなければならないであろう。ここでは、個々の点における証拠、たとえば、イェーリングらしい比喩的な表現および活き活きした文体に基づいて立証する証拠が実に幅広く含まれている。この五回の連載は、詳細な形式でGeist冒頭の数ページがもともとすでに前提としている歴史法学派のかの批判を含んでいる。

さらに興味深いのは、Literarische Zeitung（Berlin）の中にはさらに、イェーリングのものと目されうる別の論文があるという、「序文」の同じ箇所を根拠とするLosanoの指摘である。もし、Losanoの挙げた匿名論文を徹底的な検討に委ねてみるならば、驚くべき結論に達する。論文の一部は明らかにイェーリングに由来しており、しかもふたたび一八四二年のLiterarische Zeitungの五つの連載に由来するものである（!・）。Losanoは、これら五つの連載のうち最後の三つだけがその表題上、歴史法学派を指示していることを理由に、最後の三つだけが明らかにイェーリングのものだと述べている。

　三つの連載は、著者によって「第一論文」(1. Artikel)、「第二論文」(2. Artikel)、「第三論文」(3. Artikel) と符号を付されている。「第一論文」が次のような言葉で始まっていることは益々不思議である。すなわち、「我々が現代国家学に一般的な歴史的原理の諸要求、および、この原理それ自体の諸要求に応じて、かつ、それらの諸要求の内部においていわゆる「哲学」学派といわゆる「歴史」学派との区別を媒介しえんがために、近代国家学の発展過程における主要な方向転回を、(本紙 Nr. 29 と 30 とにおいて) 先の論文で念頭においたことに応じて、かつ、我々がそれらの論文で全体として、現代のふたつの上記の学派は、等しくきわめて、対立せしめられたやり方で一面的でありかつ首尾一貫していないという結論に達したことに応じて、我々にとって今や、誤解されることの多き「歴史法学派」の・課題としてとられた全面的な評価の完成のためにもっぱらなお残っていることは……。」それゆえ、明らかに、上記の三つの連載論文に対しては、一般的な法哲学的および国学哲学的な内容を有する Literarische Zeitung (一八四二年) の Nr. 29 および 30 における二つの論文がさらに先行している。

　たぶん、イェーリングは、番号六について語った一八七九年に、五つの連載のうちのかの第一の連載を、一つの「番号」と誤解し、その以来、六という数が表示されたのであろう。一八四二年の五つの論文もイェーリングに由来するのであるならば、これと共に、ドイツ語の彼の最初の著作家としての試みが問題となろう。連載が発表された当時、イェーリングは、彼の学生生活の最期にあって、二三ないし二四歳であった。

　匿名の諸論のなかで、特に興味深いのは、Literarische Zeitung、一八四二年 (一〇月二〇日) Nr. 29 の「近代国家学の発展過程における主要な動向」(Hauptwendung in Entwicklungsgange der modernen Staatswissenschaft) に関する最初の論文である。これによってドイツ語のイェーリングの処女公刊物が問題となるということは、たぶん、従来考えられてはこなかった。Wesenberg によって一九五一年に編集された一八〇二／三年に Jacob Grimm が筆記した講義筆記（Kollegmitschrift）において、サヴィニーの後期の体系的仕事に至る方法論の初期の・および対照的な典拠が発見されたのと同じように、イェーリングのかの最初の匿名論文のなかには、若きイェーリングの方法的かつ哲学的な思考への価値ある開始があり、そして、それはさらに後になって、Geist で展開されていった。

もとより、文体と説明法とは、講義において聞いたことや読んだことを法学的世界像へ凝縮しようとする二三歳の大学生のそれに対応している。Hegel の学問的影響は、著者の努力と同様に、Hegel から明らかに免れようとしている。

すでに、第一論文の第一行は、根本において、イェーリング的な生涯の主題および彼の最初から存在しているサヴィニーに対する対立を暗示している。

「すなわち、政治においてのみならず、一般に学問全体においても、他の時代に対する現代の固有な理解の方法は、「歴史的」な理解法という一般的な呼称で描きうる。すなわち、真理と自由とが何らかの時代に人間によって実際に意識され意欲される一定の形態における真理や自由でさえも、それらの各々の現代的形態に内在的な永遠と普遍妥当性にもかかわらず、なお、長い働きと多様な変形とにおいて時代的に生成したものであるということは、ずっと前から一般に周知の観念である。さらに、こうした観念の結果、現代の内容、現代固有の意欲と知識との内容を正しく理解するために、我々がこの内容をその歴史的生成に関して最も適切に解釈し解明するであろうということ、および、現代の発展的衝動における「何処へ」（Wohin?）をこえて、学問においても人生においても、「何処から」（Woher?）の考察が最も確実に情報を与えるということは、益々普及している確信である。」

次に、以下で、哲学的考察法と歴史的考察法との対立が、まず学問一般に適用され、次に、きわめて全体的ではあるがしかし興味深い政治史的な展開のうちに法に適用される。はじめのふたつの論文の主題は、哲学的考察法と歴史的考察法との対立は正しい対立ではなくて、完全な像を得るためには、両者を一つにまとめねばならないということである。これは、初期サヴィニーもすでに要求したことに他ならない。けれども、すでにここで示唆されているサヴィニーとの相異点は、イェーリングが「哲学的」考察法の等価値性を、独立した解釈学において真剣に考えており、「種々の発展段階における」（auf den verschiedenen Stufen seiner Entwicklung）体系を叙述する必要があり、それゆえに「何処から」という問を「何処へ」へと意識的に拡大しており、かつ、それゆえに法をもって、歴史的に生成した体系としてのみならず、発展のなかにある体系として理解しているという点にある。このことは、イェーリングにおいては、彼に固有でかつサヴィニーを越えでた、実定法の普遍化からする体系の基礎づけに立ち到るのである。

イェーリングが実際上、この部分的にまさしく未発酵の論文の著者であるかどうかという問題は、決定的に判定することはできない。彼が著者たることの疑惑は、つねに主張されるであろう。けれども、上記に示したように、最終的には多数の理由がイェーリングの著者たることを物語っている。

彼が著者たることに反対して、もっと後期の Geist および Zweck の著者としては、「精神」（Geist）や「愛」（Liebe）への訴えがなおやや多感すぎるという反論がありうるであろう。けれども、ここで二三歳のイェーリングが著作上彼のはじめての過程的な試みを企てているということが考察されてしかるべきであろう。相手の不合理を説明しようとする論法（argumentum ad absurdum）が問題となる場合、たとえば、Spalte 686 の「死体」と「仮葬」および「中国人」の利用といった典型的な使いふるされた比喩をすでに含む文体も、イェーリングと合致している。

彼がいつも前提の前提を解明しようと努めていることによって触発される彼に典型的な脱線も、イェーリングの筆たることを物語っている。

彼の後期の著作において、しばしば乱された平板さも冒頭に見い出され、直接それと並んで、とくにこの点でより深い洞察を突然に現わす深い驚くべき洞察と直截な口調とが見い出される。「段階」における思考（Spalte 689）、フリージア人にとって明白なオランダ事情に関する著者の深い知識（Spalte 689）、適切な、否、苦しい論法を巧みに示す技術も、イェーリングたることを保証している。

けれども、イェーリングがこの論文の著者であることについて決定的であるのは、「法の自然秩序」（Naturordnung des Rechts）が構成されねばならないこと、および、この法の自然秩序においては実質的に目的と自由との関係が問題となっているという点である。イェーリングは、ここでさらに、国家における目的（Zweck im Staat）について語っているが、このテーマは、明らかに彼の人生の始めに彼の関心を引いたものである。しかし、次に彼は彼の晩年の人生の経過の中でこのテーマに二度と着手しなかった。おそらく、彼にとっては、彼の人生の過程のなかで、国家における目的（Zweck im Staat）に関する問題は、法における目的（Zweck im Recht）に関する問題となったのである。

Spalte 689 にはこう述べられている。「我々にとって重要な唯一のことは、過程全体に共通な唯一のことである。――すなわち、それは、国家がひとつの目的を有しているということ、この目的は恣意なくかつ一般的な目的であるということ、すなわち、しかし、それにもかかわらず、恣意は、多分目的を意欲しえないであろうということである。そして、それゆえに、そうした意欲にあらざるものに対して保証を見い出すことが政治の使命となる。これが、形式的な側面に関してみた合理主義的国家論全体の特徴である。しかしながら――ところで、この恣意なき目的の内容とは一体何であるのか？　法の内容とは何であるのか？」さらに、Spalte

705にはこう述べられている。「我々は、法の自然秩序を構築するために、技術的な国学家機構を考え出す必要はない。我々は法のなかで生き、活動し、存在しているのだ。そして法それ自体は、それ自身が「自由の有機体」にすぎない国家と歴史とにおけるひとえに現実的なるものとして生きているのだ。」

イェーリングの生涯の主題を十分な明瞭さをもって略述するこうした見解に関連しているのは、歴史法学派の巧みな弁護およびその批判、かつ、次のような暫定的に得られた結論である。「それゆえ、我々の考察の結論は次のようになろう。すなわち、法意識の一般的な観点は、それが非歴史的な合理主義およびつねに単に存在しているだけであるべき貧しい法をめぐるその不安とを克服したかぎり、それゆえ、ふたたび自然主義とたんなる実用主義とに逆戻りすることがなければ、それは、現代においては、歴史的な観点である。それゆえ、そのかぎりにおいて、この観点は、神の秩序として歴史を支配する実行しつつある聖なる一般意思を受けとる。けれども、この観点は、合理主義に対する恐怖から益々自然主義へと傾いていく「歴史学派」の分裂を含んでいる。というのは、歴史学派は、自由をくりかえし、たんなる流れ去った理解しがたい個人主義として理解し、また結合しつつある普通性をつねにただ無意識の「素朴な」もの、ないし、たとえば、もっぱら教皇によってのみ意識されたものと理解しているからである。また、その観点は、盲目の自然主義のこの残滓に対する反対意思から、相変らず合理主義へと傾く「哲学学派」の分裂を含んでいる。というのは、哲学学派は、自由すなわち歴史の魂をいつも目的として、すなわち、概念および思想として把握し、かくして、現実の生ける人格をひとつの抽象となし、この固有の所産のたんなる偶然となすからである。——それゆえ、両学派は、逆のやり方で、一面的であり、首尾一貫していないのである……。」

もともとイェーリングは、歴史において発展するひとつの自然的秩序としての法に関する彼の思考のこうした基本線を有している。そこにおいて歴史は諸価値を提供するが、しかし、人間理性は、こうした価値を評価することをけっして放棄しなかった。彼は、構成的方法論の段階では重心を法の自然秩序に置き、目的的方法論の段階では目的論および歴史論に重心をかけた。イェーリングにおいてはそれゆえに出発点は反歴史的であるという Wieacker の文章がどれほど誤っているかということが、上記から容易に判明する。

イェーリングは彼の純粋に法学的な著作に入る以前には「厳密に専門的な」仕事をしたことがないと、彼自身、Vermischte Schriften des juristischen Inhalts, Leipzig 1879, V で述べている。

さらに二つの一般的な理由が、「国家学の主要な転向」（Hauptwendungen der Staatswissenschaft）に関する二つの論文の真正さを保証している。

イェーリングは、一八四二年に、占有相続（Erbschaftsbesitz）に関する（ラテン語の）学位論文を書いた。この学位論文は、Vermischte Schriften des juristischen Inhalts, Leipzig 1879 において印刷された。一八四四年には、教授資格論文（Habilitationsschrift）として、Abhandlungen aus dem römischen Recht が続いた。この論集において、すでに一八四二年の学位論文（Dissertation）で論じられたテーマが部分的にくりかえされている。教授資格獲得（Habilitation）それ自体は、すでに一八四三年 Berlin でおこなわれていた。すでに一八四三年には、彼は Basel へ招聘され、一八四五年には Rostock へ、一八四七年には Kiel へ招聘され、Kiel で彼は、Gießen への招聘を拒否した。イェーリングは一八五一年に Gießen に招聘された。一八五二年には Geist 第一巻が出版された。

驚くべき早い出世にはひとつの理由があったにちがいない。このことは、誰かの庇護によることは何ひとつ知られていないだけに益々そうである。たぶん、イェーリングは、関連文献と主張された諸傾向との高い水準の知識に充分に基づいた、当時の政治的および法学的問題について骨組のしっかりした原則を持ち維持していた一青年であった。さもなければ、それほど多くの法学部が彼をすばやく相ついで招聘したということは不可能と思われる。彼にこの早期の名声をもたらしたのは、彼の専門的な能力と彼の人柄の説得力（Überzeugungskraft）であったにちがいない。なぜならば、彼は口頭の講義においてはむしろ控え目でかつぎこちなく行ったことが周知であるからである。

ところで、法科大学教授の資格をもつそうした保証された青年がいつかある場所で彼の根本にある法学的な確信を学術的に表明したことがあるということはむしろ明白であると思われる。これこそ、一八四二年以降の Literarische Zeitung におけるテーマを幅広く構想した論文であると思われる。そのさい、彼を招聘した法学部がこの論文の内容を知っていたとか、あるいは、この論文を著者たるイェーリングと思想上結びつけていたということは、全く必要ない。そういう場合もあったかもしれない。おそらく、イェーリングは、招聘の交渉において匿名の発表論文を指示した。けれども、彼が、骨組のしっかりしたないし増々骨組のしっかりしてくる確信に満ちて、この確信をどこかに書き下ろしたということは、有りえそうなことである。

イェーリングがこの時代にこの論文を私講師として有能を証しつつ、将来の学者として、文献を紹介する刊行物にその論文を提出したことを弁護する第二の理由は、Geist そのものと関連している。イェーリングが Geist 第一巻に一〇年の歳月をかけて仕事をしたということは周知である。それゆえ、一八四二年には彼は Geist に着手していた。彼が自分の新しい理論的な熟慮のための出発点を得るために、一定の政治的・世界観的な基本的確信をまず一度確定したということに、何が反対するであろうか？　彼がこうした文献上の仕上げを、意識的に自分の名前を挙げることなく、きわめて幅広い教養ある大衆のためのこうした世界観的な発露に明らかに一定の関心を有している、Literarische Zeitung に申し出たということ以上に何が明白であろうか？　こうすることによって、イェーリングには二通りの可能性が示された。ひとつは、彼は彼が学生時代に国家哲学と一般教養とにおいて修得したものを著述的な作成によって一種の概観へと醸造することができた。もうひとつは、後に必要となった場合に、彼の Geist の概念においてその出発のもととなった前提を指示することができた。もちろん、Geist において、彼は、かの若き日の著作をもはや引用しようとはしなかったので、そうはしなかったし、また、それで、人に悪感情をもたれるということもありえなかったであろう。

一八四二年の五つの連載における特徴は、最初の四つの連載についてはあたかも、ひとりの青年が講義で聴いた素材を独自に咀嚼し、思想上の空間をつくろうとしているかのように比較的ごつごつと読みづらいが、しかし、一八四二年九月二一日の最後の五番目の連載は、それより後の一八四四年の連載論文および Geist 第一巻と全く合致する、簡潔できわめて推敲された迸るような文体を示しているということにある。

内容からみれば、一八四二年の連載は、「哲学的」考察と「歴史的」考察との区別によって当時法学と国家学とに影響を与えたサヴィニーとの論争である。すでに、上記で引用した一八四二年九月七日の論文の冒頭の文は、歴史学派の「哲学的」考察法は、まさしくまた「歴史的」にのみ媒介されるという批判を含んでいる。正確にいえば、この批判は、一八五二年に Geist が力説している点である。

一八四二年の連載論文の第四部は、当時よそ目には流行していたロマン主義的ではあるがしかし合理主義的に取りつくろわれた国家論たる「Haller 学説」に対する説得的でわかり易い批判を含んでいる。イェーリングは、Haller を国家契約説から批判する。五番目の連載は、同様に、リベラルで民主主義的な思想財からする優れた Hegel 批判である。

Spalte 867 の一行から、すくなくとも最後の三つの連載の提供が同一人の筆に成ることが認められる。第三の連載の冒頭の数語に鑑みて、表題がちがっているので、最初の二つの連載をまた同じ著者に帰せしめる理由はない。イェーリングが一八四二年の五つの連載で展開したテーゼ、すなわち、法における哲学的考察法と歴史的考察法との調和はむしろ肯定されねばならないということは、サヴィニーおよび歴史法学派が説いているように、哲学的領域においては「歴史的媒介」を傍らにおかねばならない。そうすることによってのみ、「歴史における法の進歩」が獲得される。匿名の著者にとって問題であるのは、体系を歴史から解放すること、言いかえれば、法の過去と未来との架橋としての批判的解釈学である。

この論文において多くは若々しく激しい。たとえば、神の原理（それは、法感情の発生に関する一八八四年の講演において同じような素朴で敬虔なやり方で再び想起される）、人格の高邁な価値、「実際的―政治的な興奮」に関する行がそうである。「呪詛」、「個々人の無政府状態」、「道徳的人格の自由」というような表現が積み重ねられる。多くの時局、および、未消化な Fichte 的および Hegel 的哲学がこの論文には詰まっている。

イェーリングの Hegel との論争は、もともと哲学的なものではなくて、彼の批判は、当時の大学の慣例たる Hegel にあてはまる。そのうえ、Hegel に対する独自の論法は、かならずしも独特ではなくて、すくなくとも一部は同時代の大学の Hegel 批判のステロタイプである。一八四二年の諸論文を読むならば、当時の Berlin の俗流―Hegel 学派的な大学用語の文体が聞きとれることは確実であろう。

一八四二年の四つの連載論文のうち第一論文だけが呈示されるならば、イェーリングが著者であることについては疑問が湧くにちがいない。けれども、四つの論文のうち最後の論文は、時代において変化する法を担いうる理論を獲得するため、歴史的考察法と体系的考察法とを結合させるというイェーリング的綱領（目論見）(Programm) を含んでいる。けれども、第五論文は、第三、第四論文から区別することはできず、かつ、第三論文は、外見上、第一、第二論文だけを指示しているのではない。かくして、一八四二年の全部で五つの論文の著者がイェーリングであることは、確定してさしつかえないであろう。一連の論文の方法的意義は、今や Geist des römischen Rechts の生じた基である一般法理論的な背景および政治的―哲学的な背景が認められるという点にある。この背景は、イェーリングのふたつの主著、Geist と Zweck とに結びついている。

イェーリングは Hegel を手きびしくこう非難している。「ともあれ、ここで哲学学派は、キリスト教的――ドイツ的な人格のこうした独立をもはや断じて満足せしめえなかった。個々人の無政府状態が真実でないならば、実体あるいは概念の一面的な絶対主義に対して、それはすこしも劣ってはいない。個々の精神にとってあらゆる法は厳しい厳格さをもって否認されるであろう……国家において、人間は全面的に吸収されるべきである。そして、国家において、道徳は必ず立法においてその主人を認めるべきである。こういう古い観念に対して、より深きキリスト教的な自由の感情は断然として抗議する。……かくして、あらゆる人における良心の自由、信仰の自由、および、国家権力の強制を制限すべきであるという意見は、最も内奥の自由意識から、古風な国家観がかつて実際的な意義を獲得したこと以上に叶えられる。」

かくして、彼は、彼自身の観念を次のように定式化している。「こうすることをもって、「哲学」学派と「歴史」学派との関係を更に一個のものにおける二つの等しく重要なモメントとして規定された現代の自由観念に発展させるという我々の課題は、力の限り達成されたものと考えることができよう。」それに続くのは、法は歴史において進歩するものと考えられるべきだという意見である。

この青年期の発露には、過度に大きな意義を与えるべきではないであろう。イェーリングもまた、一八七九年の［Vermischte Schriften の—訳者］序文が立証しているように、過大な意義をこれに与えはしなかった。けれども、イェーリング解釈にとって、とりわけ彼の主要な関心の解釈にとって、それゆえ、二分割ないし統一されたイェーリングの関心という問題に関しては、この青年期の論文は大きな興味を有している。彼が二三歳の時に執筆したものについて責任を問う必要はない。しかし、それより後の転向と変化との関係では、初期の作品は、重要な解明を与えうる。

上記のように、イェーリングが著者であることについての最終的な確定性を得ることはできないが、しかし、一八四二年と一八四四年との論文を読み、それをGeist の冒頭と比較する者は、ここで語っているのはイェーリングであるという確信に到達するであろう。

同様に Losano によってたぶんイェーリングに由来するとされた Literarische Zeitung（Berlin）一八四五年と一八四六年における論文については事情は別である。重要であるのは、「ローマ法学と現代法学」（Römische und moderne Jurisprudenz）という表題の四つの連続論文である。文体は別様であり、より華やかで、それとともにより平板である。多くのたえず変化する比喩と比較は欠けており、これに代って、たとえば、Homer 引用の形態における、人文主義的な思想財への多様な諷刺がみられる。一八四五年と一八四六年の四つの連載の文体は、複雑であり、基本的な調子は、皮肉であり、時として、自慢気である。内容的にみても、「ローマ法学の偉大さ」（Größe der römischen Jurisprudenz）の代わりに、イェーリングがすでに一八四四年に Literarische Zeitung（Berlin）で要求したローマ法についての「詳細な研究」（Detail-Arbeit）と反対方向にあるものが心酔されているということは、イェーリングが著者であることに反論している。

この論文もイェーリングに由来するのであるならば、一八四四年から始まる論文の注意深い精神的な後退が確定されねばならないであろう。イェーリングはたとえば Spalte 1441 で第二論文が始まる気むつかしい皮肉をなすような性分ではなかった。一八四二年論文および一八四四年論文においては、すべての連載論文が意味関連して連関されている。一八四五年と一八四六年とにおける連載を結びつけることは、きわめて皮相的であり、その結果、それらがそもそも一人の著者に由来するものかどうか疑いうる。この点を度外視すれば、イェーリングは、たとえば、さらに熱狂的な意見に予め背く Spalte 1446 のローマ法に対するきわめて月並みな批判となった、この連載で述べられている多くの点に内容上同意しないであろう。

一八四五年—一八四六年の連載を文体と叙述との判断基準に照して読むならば、ここで語っているのはイェーリングにあらずとの印象を禁じえない。多分問題となるのは多数の著者であり、イェーリングは著者としてはおそらく一八四六年 Nr. 5 の連載に関しては疑問視される。この連載がイェーリングの気分の悪い時の所産であったということは、全面的に排斥されるわけではない。この連載が Nr. 5 において著者に関する関連なしに始まっているということは注意をひく。けれども、多くの常套語、たとえば、Spalte 75 の生産的法学と再生産的法学としてのローマ法学と近代法学との簡単な対立、Spalte 77 の猥談めいた意見、および、イェーリングによってきわめて好まれたあらゆる比喩の不存在は、イェーリングの筆たることに不利である。同様に、イェーリングが一八四五年と一八四六年との連載論文のこの部分ないし他の部分の著者であることを承認するのに不利であるのは、イェーリングは一八四二年以降 Geist に取りかかっており、この理由から一八四四年の第五論文から「現代」ローマ法に没頭することに生産的原理を肯定していたことがある。上記の論文においては、ローマ法にたずさわることのこうした原理に対しては、スマートではないやり方で、正当性が否定されている。

一八四六年 Nr. 19 の問題となっている最後の連載は、ほぼ一八四五年および一八四六年の反覆であり、そこにおいて、説明の特徴を理由として、Spalte 73ff.（一八四六年）の叙述と同一の著者かどうかが問題となるが、しかし、多分、一八四五年の連載を執筆した著者とは別の著者が問題となると考えられうる。

ここでイェーリングのものと考えられた一八四二年と一八四四年との全部で一〇篇の論文を概観して評価してみるならば、イェーリングは、たとえまさしく卒業したばかりの学生の見方からであろうとも、個々の学位試験受験者および若き私講師たちの中に、彼がある手紙で必要な「法学の再生」（Regeneration der Jurisprudenz）と述べた所のものを正確に基礎づけたと言えるであろう。

イェーリングは、哲学的考察法と歴史的考察法とを調和させようとし、こうすることによって同様にそれをもって歴史学派がその「哲学」を学んでいるたんに歴史的であるにすぎない見解から哲学的な見解を解放し、法における哲学と歴史とのこうした統合から時代において発展する法への接近を獲得しようとするのである。

そのさい、彼にとって哲学的な目標は、彼が二つの敵対物に対してすなわち、Hegel およびその弟子たちの決定論的なテーゼに対して、および、たとえば Hegel のロマン主義的―絶対主義的な試みに抗して守ろうとする人格の保護と市民的自由とである。伝来の素材に対しても異った種類の未来の諸要求に対しても合致するものを、一つの観点からなにほどか法一般に関して述べうる観点を求める一青年学者の法政策的な告白の書は重要である。

イェーリングが後に Vermischte Schriften にこれらの論文を収録しなかったということは、おそらく、彼がかの青年期の論文において彼の宗教的、および、政治的な基本姿勢をきわめて率直に表明してしまったことに関連している。たとえ、宗教的および政治的な姿勢が核心部において不変であったにしても、そのような明かさまな公明さは、成熟した学者にとっては抵抗があったであろう。けれどもおそらく、晩年には有名となり、己れの人生を概観しているイェーリングにとっては、ともかく、それを荒けずりで実質を積み重ねた初期の叙述の形で Bismarck 帝国の批判的な大衆に呈示しうるには、人格自由の保障としての時代において発展する法は、あまりにも大胆すぎると思われた。

しかし、イェーリングは晩年に至るまで根本的にみてこれとは別様には考えなかったということは、法感情の発生に関する講演（一八八四年）および法の発達史における序文（一八九四年）から明らかである。

それどころか、イェーリングは、法感情の発生に関する一八八四年の講演において、初期論文の基礎を成しているかの素朴な信仰から（ほぼ同じ内容の）その合理的な歴史哲学へと彼を導いた内的な道を明らかに述べている。イェーリングがかの講演において内容のでなくて萌芽の内的な変化として明らかに示したところのものは、かの初期の一〇篇の論文の情報に従えば一八四二年とほぼ一八五五年の間の時代に起った。イェーリングは一八八四年の講演において、彼をしてかの青年期の確信から部分的にそらしめた歴史的で現代的な法の比較があったと述べている。そうであれば益々、彼が法学の「比較的な性質」を一八四四年にすでに要請したという確信は、大切である。

b　Geist 第一巻とサヴィニー批判

Geist 第一巻の方法的内容は、大体、綱領、否、綱領の構想に潜んでいる。というのは、第一巻の序章は、それ以上のものとは解されえないからである。イェーリングがローマ法の古いテーマであると述べるやり方を通じて実現しようとするのは、法はそもそも従来とはことなって取り扱われねばならないということである。前述のように、彼は、これを、「法学の再生」(Regeneration der Jurisprudenz) と呼んでいる。

Geist 第一巻の構想をひとつの公式で示すならば、イェーリングにとっては、この法が自己発展するものとして考えねばならないという法の一般理論が問題となっていると言える。背景において想起されるのは、たとえ、特別に強調されているわけではないにしても、法の持続は発展における制御する要素としての社会的目的である。

この根本テーゼは、サヴィニー批判を通じて開始される。それは、三つの主要な線を内容としている。すでに一八四二年と一八四四年の Literarische Zeitung (Berlin) で比較的詳しく述べられたように、イェーリングは、サヴィニーを非難して、哲学的要素と歴史的要素とからする法の構成という彼の綱領を貫徹しなかったとする。「時代という要素」(Moment der Zeit) は、イェーリングにおいては、現代の状況をたんに説明するものたる因果的な色取りを帯びたものであるばかりではなくて、未来へと駆動して行く批判的な力、すなわち、現代の要求に立ち向う力たる目的的な色彩を帯びたものを有している。法の発展法則と探求は、イェーリングが自分で打ちたてた課題であって、より以前の法からする現代法の古びた解明ではない。

サヴィニーの民族性観念にあてはまるサヴィニーに対して表明された批判の第二の線は、このこと［第一の線—訳者］と密接に関連している。周知のように、サヴィニーにとって、法とは、国民的な民族精神の結果にあった。イェーリングは、これに異議を申し立て、まさしくこうした観点は事実の解明には何ら資する所がなく、ローマ法がドイツ法となったことに反論する。ローマ法は国民的な「民族精神」として解明されるよりはむしろ明らかに「法において」（an Recht）生じねばならないのであるから、むしろ彼は「ローマ法を越え」（über das römischen Recht hinaus）ようとしている。

そのさいイェーリングが意味しているのは、一般的な法概念の抽象という（のちに支配的となった）意味における一般的な法理論ではない。彼にとって問題であるのは、ローマ的な特性を奪い、それゆえ、彼の国民の法・ドイツ法にも適用しうる実質的で一般的な法の基本命題である。彼は内容的な普遍性としての法の普遍性というこの思想を、サヴィニー的な民族法思想に鋭く対立させる。

サヴィニーに対する第三の批判は、上記の思想過程に連続するものである。イェーリングは、サヴィニーのローマ法との係わりは歴史的なるものの観点をあまりにも形式的なやり方で目立たしめていると、サヴィニーを非難する。過去からする現代の形式的な演繹をこえて、イェーリングは、現代法および将来の法の形成のための内容的な視点を見い出そうとする。

Geist 序章で展開された基本思想について方法的な点ではたぶんこれ以上に語るべきことはない。イェーリングは、彼自身の主たる思想を明らかにするよりはむしろ隠蔽せんがためにかれの著書§§3—6におけるこの叙述を、「法史叙述の方法」（Methode der rechtshistorischen Darstellung）と名付ける。それに続く章は、「ローマ法の出発点」(Ausgangspunkte der römischen Rechts) であって、実質的な問題に関している。

彼は、まさしく控え目ならざる批判に基いてサヴィニー学派と論争に入ることを決意したにちがいないということは明らかであった。イェーリングは、自分自身の思想をより良く述べうるよう、その論敵を「裁断した」ことを承認している。おりにふれ、サヴィニーを益々適切に攻撃しうるよう、サヴィニーはまさしく「張り子の虎」(Pappkamerad) として打ち立られているという印象がもたれる。

おそらく、この方法においては、すでにイェーリングの文にとって一般的にありふれた文ばかりではなくて、さらに、まさしく新しい点および重要な現象をめぐって固有な思想上により鋭く現われている必要な文も問題となる。

時として、イェーリングのサヴィニー批判は、ほとんど敵意にまでなっている。ともあれ、イェーリングは、Geist における彼の鋭い批判とともに、Literarische Zeitung における一〇篇の論文でサヴィニーに対する最初はなお讃嘆的でおずおずとのみ批判する姿勢を広く自己の背後に残している。しかも、イェーリングは、時折自分の勇気がこわくなり、他の人とくに Windscheid に対して彼の方法論の真に新しい点および画期的な点を告白することを躊躇しているように思われる。

けれども主として、健全な自己評価の証言および彼の方法論の革命的な点のしばしば驚くほど先見の明ある評価の証言が、見い出される。彼の手本は、Montesquieu だった。彼は、Montesquieu の『法の精神』を繰り返し読書した。彼は Geist を『法の精神』と折りにふれて比較したし、おそらく Geist の表題をも『法の精神』から転用した。

予期したとおり、彼の Geist は、もっぱら「拒否」に出くわした。イェーリングは当然にもこれを恐れていた。彼の知人および友人の大部分は、困惑状態にあった。そして、送られたこの本についてそもそも返事を出さなかった。資格ある法学者のうち、同意を表明してくれたのは、次の三人だけであった。すなわち、Dirksen, Bachofen（のちに有名となった Mutterrecht の著者）、および Windscheid だけだった。

イェーリングは、Gerber にあえてこう書いている。「このように少ない方々が私に与えてくださる喝采は、私を空しい気持にさせることはありえません。なぜならば、他の人々が本書に見い出すであろう不快の念は本書に対抗力を与えてくれるからであり、また逆に、その不快の念は私を落胆させることはないでしょうから。なぜならば、私は、私が真価を認めてくれている大衆をもっているということを知っているからです。なぜならば、私は、右顧左聘するよりははるかに、私がかって取った方向を貫徹したからであります。」彼は、自分がとくに若い人達に話しかけていることを知っている。それどころか、彼は、自分の方法的な見解が若い人達にとっては冒険的であると評価されうるだろうと考えている。

主として拒否的な批評に対するイェーリングの反応は、実際上は結果的に生じてくる。彼は、批判に耐え、そして、必要な所では、彼自身の意見を変える。けれども次に彼の中からいたずら小僧が突然に現れ出る。「私は彼らをもっと怒らせてやろう。」

c　最初の自己批判および『われらの任務』における解釈学への指向による正当化

Geist 第一巻は一八五二年に出版された。イェーリングは、もともと彼が予想したよりもはるかに多大な仕事の重圧が眼前にあるのに気がついた。前古典期の体系、後古典期の体系、そして「現代の」体系という「三つ」の体系におけるローマ法は、実際上、壮大な課題だった。そして現代ローマ法は、前古典期ローマ法と後古典期ローマ法とを発展のなかに有しその内容を指導原則の加工によって完成する。たとえイェーリングが系統的分類にもっと巧みであったにしても、この過程は彼の生命力をおそらく凌駕していたであろう。彼が一八五四年三六歳で、自分はそれほど元気でも若くもないと感じており今や自分の東フリースランド人の辛抱強さが必要となり、自分は、全面的に Geist に没頭できるよう、ひとつの講義だけをしていると書いているのは、不思議ではない。

その背後には、彼が法は一般化によって発展し続けるという自分の構想についてたぶん正しいかどうかについて、迷いもあったであろう。当初に存在し、くりかえし鳴り響き、だがしかし次にはなお並んで拡まる、法発展の推進力としての目的という思想は、当時すでにイェーリングの前景にふたたび徐々により強く現れ出てきた。

この開始した危機において彼はいやましに解釈学的な努力に向っていた。ついに彼の方法論は、まさしく「内容的に」いくらかのものを明るみに出さねばならなかった。イェーリングは、健全なるもの（das Heil）を暫定的に具体的なるものの中で、解釈学において、明白な反密教学において求めている。

比較的長い逡巡を経て、彼は一八五七年 Gerber とともに新たに獲得された方法論の実際的な仕事への変換に役立つはずの Jahrbücher für Dogmatik des heutigen römischen und deutschen Privatrechts を創刊する。彼は、論文 Unsere Aufgabe を巻頭言としている。

巻頭論文 Unsere Aufgabe は、従来のイェーリングの方法的意見の概要および上記の解釈学への転回を描写している。以下の冒頭の文は、一八四二年の匿名論文を想起させる。「なお遠からぬ時代になる前には、法学において重要な課題および法学によって惹起された対立は「歴史的」および「非歴史的」という決まり文句に移して把握できると信じられた。そして実際にも！　ローマ法とドイツ法との領域における歴史法学派の二人の巨頭（Koriphäen）すなわちサヴィニーと Eichhorn とが数一〇年前にひとつの同盟をつくったとき、このことはこの対立にもあてはまった。けれども、彼らが挑戦した方向が短期間のうちに支配的な傾向、すなわち、かの対立がいたる所にもはや存在しないほどに支配的な傾向となって以来、つまり、課題が別のものになって以来、……」。

イェーリングは、新しい課題を具体化するための努力をきわめて強調する。「将来の法史の福音は、法の歴史的発展のなかで外的な事実として現れるものの背後に、すなわち、歴史的に具体的なるものの背後になお別の部分の法史があるということ――しかも、同時代人にはあまりにも近しいが故に多かれ少なかれ隠れているこの最上の部分は、遠くにいる者にはじめて完全に見えるようになるという命題のなかにある。同時代人の報告、法典、および、法の学問的説明は、法史のこの抽象的要素のうち直接的には何も含まないのも同然であるが、しかし、それらは、それらから法を取り出す可能性を与える。」その次には、類推という方法によってそれより以前の動物の科の原則を推定できる典型的にイェーリングらしい化石の比喩が続く。イェーリングが方法的に関心を寄せているのは、「法史の抽象的要素」（Die abstrakten Elemente der Rechtsgeschichte）である。

もしこうした抽象的な要素に専念するならば、イェーリングが言っているように、主体の産物、すなわち、「歴史的運動のなかに」存する「諸傾向、および推進的な諸思想」に到達する。この箇所には、新しい方法には何の名前も与えられていないが、しかし、使われた言葉の響きからそれは生産的方法（die produktive Methode）と呼ぶことができよう。彼は、「従来の具体的――歴史的な加工」に限定された「受容的方法」（die rezeptive Methode）に対して、彼の『年誌』で採られるべき生産的方法を対置させる。生産的方法は、受容的方法よりもはるかに困難で内包的である。生産的方法は、具体的――歴史的な加工の抽象的な利用である。「十分な熱心さと全面的な愛着および没頭とをもって素材のなかに没頭する者は、彼の全感覚と全思考とをもって、彼がその最奥のものを発見しようと考える時代に熟達し、過去の諸精神を無効と宣するであろう。彼にとっては、ただ彼自身の幻想の産物だけが立ち現れるであろう。けれども、もちろん、受容的方法によって敢えてなされうるのとはまったく異なる程度において浅はかさと労働の嫌悪とがこの方法において試されることが、この方法の困った点である。」

それゆえ、イェーリングは、見い出された法史的諸資料の抽象という方法により新しい領域を「構成する」ことによって、当時の法の解釈等を促進し豊かにしようとする。「現代の文献を若干の注意をもって研究する者は、文献中に法学的構成への方向が益々よりはっきりと立ちあらわれているという注意を拒みえないであろう。ローマの法学者たちは、さらに十分になすべきことを我々に残してくれたのであった。……」

歴史的素材の一般化と批判的透視とは、現代のために法を獲得し未来へと法を発展せしめる材料を提供すべきだということが、「我々の課題」なのである。

d 『精神』第二巻と法的『技術』

イェーリングの構成的方法期の絶頂は、Geist 第二巻における議論、とくに§§ 39, 40, 41 における評論を形成している。イェーリングは、ここで、一般的理論の領域におけるより以前の解釈論およびその他の叙述をはるかに凌駕する法の一般的方法論を展開している。

ここでイェーリングは、実際上、もっぱら従来示唆されたこと、および、綱領に従って構想されたもののみを要約している。あたらしい方法には、自然史的方法という名前がつけられている。このことは、新しい方法において重要であるのは、生産的方法であるという示唆を、Unsere Aufgabe におけるよりもさらに有しているように思われる。

以下では、イェーリングの方法を、その——純粋に方法的な内容に関する——もっとも円熟した形態において、その個々のアスペクトについて述べるものとする。とくにこのことに適しているのは、イェーリングの方法論が遭遇している一連の誤解である。

同時代の誤解は、イェーリングが純粋に法史的な関心を持っているとしたことにあった。彼がこうした誤解に対して Geist 第一巻の標題を通じてみずから原因を与えたということは、すでに前述した。第一巻五版序文（一八九一年）において、それゆえ、イェーリングは、もう一度こうした誤解に対して抵抗しようとした第二版序文からとった章句をくりかえしている。「もし誰か、私の著作を本質的に法史的なものとして理解しようとするならば、彼は私の著作目的を誤解することになるであろう。私の目標は、ローマ法ではなくて、ローマ法を手がかりにして研究し、明らかにせられた法なのである。換言すれば、私の課題は法史的——我々現代の学問が法史の課題を把え、そうして、解こうと試みるような意味において、法史的という表現を用いるのであるが——であるよりも、むしろ法哲学的および解釈論的な種類のものなのである。」

けれども、現代ではこうした解明にはさらに別の誤解が続いた。Walter Wilhelm は、とくに印象深いやり方でイェーリングにとっては法史的な課題ではなくて、「ローマ法における法」が重要であるということを強調した。今や Wilhelm は、イェーリングの業績を、本質的には反歴史的なものであり、一般法理論の方向に進みつつあるものと考えている。

純歴史理論および反歴史理論だとするふたつの誤解はともに、イェーリングが彼の方法を使って欲しているものと合致していない。彼にとって重要であるのは、むしろ、上記の第一節以下で概観をすでに述べたように、〈時代において発展する法の理論〉であり、そこにおいて彼は、法における時代において進歩するものの運動は、たんに変化している変換を通じてばかりではなくて——部分的には逆の意味で——法についての「批判的な」学問的作業によってももたらされると考える。

イェーリングは、法についてのこうした学問的作業を、Geist II, 2 の§39—41 において、法的技術の三つの基本的な操作に分けている。第一の段階は、法的分析(die juristische Analyse)すなわち、発見された法的素材(Rechtsstoff)を基本的な構成要素に分解することにある。例として彼は、各々の法的素材を一定数の法規で規定する三つの法制度、すなわち、売買、交換、賃貸借契約をあげている。ここで、イェーリングは、個々の制度に固有である法規と、個々の制度すべてに共通な、したがって、抽象的な性質である別の法規とが存在するであろうと述べている。こういう抽象的な法規の発見と編成とを目的とする知的操作は、抽象(Abstraktion)と呼ばれ、かつ、分析的方法の適用である。なぜならば、この操作は、個別的なるものから一般的なるものを分離せしめ、素材をその一般的(allgemeine)および特殊性(partikuär)または局部的(lokal)な構成要素に置換することに他ならないからである。けれども、法における抽象の目的は、可能なかぎり広巾に個別的なるものを除去したり、個別的なるものを一般的な観点に代置することではなくて、逆に、実際上個別的でありかつ実際上一般的であるところのものを解明することである。そのさい、法律学は、一般的なるものをただ抽象する、すなわち、取り出しうるだけであって、それを創りだすことはできない。それゆえ、法学が頼りとするのは、法が元来自己のうちに担っているところのものである。次に、彼が歴史的突破点(historische Durchbruchspunkt)と呼ぶ一定の点から、個々の法制度において形成された法規が、一般的な思想へと一般化される。これは、偶然的ではなくて周知の生成法則にのみ服する法の生成過程である。

比較的簡潔な一章は、方法の第二段階、すなわち、論理的集中(die logische Konzentration)に関するものである。それは、なんら特殊に法学的な操作ではなくて、所与の個別性からするひとつの原理の抽象という一般的・論理的な操作であると、イェーリングは言っている。ここで重要であるのは、多数の法的素材の外的容積を測量する(abstecken)ことである。多数の法的素材の外的限界をこのように求めるさい、法規とは何か、例外とは何かということが判るのであって、そこでは、例外(Ausnahme)とは、法規(Regel)がその中で自己を拡大し完成し脱皮する形式にすぎないことが多い。

次に、まだ未接合な「集中された」多数の集められた法的素材から、最も重要な最後の段階として、「法的構成」（die juristische Konstruktion）が形成される。ここでイェーリングは、個々の点で、法の「自然史的」（naturhistorische）見方（Anschauungsweise）を展開する。イェーリングは、法的本質（Juristische Wesen）とも呼びうる法的元素（Juristische Körper）があると考える。ばらばらの素材を関連づけることによって、より低次の法学からより高次の法学（die höhere Jurisprudenz）が生じる。法的素材は、より高次の集合体の状態（ein höhere Ag-gregatzustand）に高まる。

法的元素（Juristische Körper）の特徴は、その構造にある。法的元素は、その構造によって、すなわち、その解剖学的な要素によって定義される。そうした要素は、たとえば、主体、客体、内容、効果、訴訟である。構造問題の作用のあり方は、全部債務関係（Solidar–Obligationen）および連帯債務関係（Korreal–Obligationen）を例として詳述される。たとえば、請求に対する担保物件の依存といった、他の権利に対する諸権利の従属関係も、諸権利の構造問題の一つである。イェーリングは、法的元素の例として、家長権（patria potestas）と保護権（tulera）、遺言相続と法定相続、占有概念と債務関係というように、法的元素は、相互に排斥されうると述べている。法的元素の特徴と効力とは、たとえば、諸権利の可分性（Teilbarkeit）と不可分性（Unteilbarkeit）、所有権における追増（Akkreszenz）、相続権である。法的元素の生涯における諸現象は、現実と非現実との問題、継続的説得と延期せる説得との問題などである。

自然史的方法の最後の帰結および方法的課題全体の頂点は、体系（System）と呼ばれる法的元素の体系的分類である。構成は三つの法則に服する。第一は、実定的素材全体の理解に役立つ実定的法則（ein positives Gesetz）、第二は、論理的稠密さのための配慮されるべき論理的法則（ein logisches Gesetz）、第三は、イェーリングがとくに法的美の法則と呼ぶ美的法則（ein ästhetisches Gesetz）である。

努力全体の結果は、結局のところ、実定的に所与の素材の実際上最も好ましい形式、新しい素材の無尽蔵の源泉、および、それとともに、法の持続的発展のための鍵である。予期されるとおり、それゆえ、イェーリングにおいては、体系思想の最後に、法の進歩がある。「たとえ法律学が法の進歩を意識していなくても、あるいは、おそらく理論上そうする権利を否認しようとも、一切の法律学は、いかにして法の進歩が尚今日、方々で起っているかを示している。前世紀の法学者たち、すなわちゲルマンステンの学者たちに事物の本性を法源として決定するよう規定したのは、まったく正しい感情であった。私が従来展開してきた自然の見方を本質上、および名称上、それほど忠実に描写する表現は、［法の進歩という表現のほかには］ない。」

現代の読者にとって驚きに値するのは、法の継続的発展への体系の注入のみならず、さらに、こうした思想過程の・事物の本性概念との同一説である。けれども、イェーリングにとっては、一八四二年の彼の匿名論文以来、一般化と進歩との関連は、決定的な方法的論法なのであり、そして、これに関して適用不能だと説明された事物の本性という概念を使った・法源論からなる観念は、イェーリングが意味しているものにぴったりと合致している。彼は、すでにGeist の末尾のページで、その背後にある推進力として「実際的目的の哲学」（Philosophie des praktischen Zwecks）を引用している。のちになってイェーリングは、前述の始め（一八四二年）の追想の中で、一般化という純粋な方法的なやり方は、法の進歩を内容的に解明するためには十分ではないと認めた。彼は、むしろ重心を目的に置いた。けれども目的思想はすでに、進歩の棲り木としての、そして、事物の本性のための法的な枠としての・体系に関する叙述の末尾である、Geist 第Ⅱ二巻三八九頁に見い出される。

この点でも従来のイェーリング解釈においては、法における進歩的なるもの（Fortschreiten im Recht）というこの要素は、損をしてきた。明らかとなっているかぎりでは、イェーリングが法の進歩の支配にさいして、すなわち、進歩を担う目的の学問的理解にさいして体系に与えた大きな重要性を認めるイェーリング解釈はないのである。イェーリングが彼の方法論を、時間というファクターを配慮することなく、非歴史的に打ちたてたという理解は、大きな誤解だと思われる。法的素材を体系へと拡大することを進歩の保証とみなそうとする論法は単純に聞こえるかもしれないが、そういう論証はイェーリングによって意味され説明されているのである。彼にとって、彼の方法論は熟慮のこの段階においては、実際的目的は自明のことなのである。彼は、より後の段階になってはじめて、実際的目的を問題とするのである。

サヴィニーによって打ち建てられた民族法—観念に対するイェーリングの批判は、イェーリングがローマ法の増大する除去およびゲルマン・ドイツ法のそれに対応した強調を弁護したとされるほどに誤解されえたしまた誤解されねばならなかった。とくにGeist 第Ⅱ一巻、脚注一四〇は、そう理解されえた。Gerber はイェーリングに対して、ザクセンシュピーゲルを通じてローマ法およびドイツ古法を排除しようとすることを批判した。イェーリングは、自分にとって問題であるのは、ローマ法を排除して激怒せる原始ゲルマン人を助けることではなくて、ローマ法の不変なるもの・発展しうるものから表層下の「より高次の法的原則」を取り出し、さらに「古き権威」の「偽りの生命」を掃い落すことだと答えている。

それゆえ、世界法ということになるのであろうか。Walter Wilhelm が唱えている意見はこの方法で意味を持ちうるではあろう。しかし、これも誤解であろう。イェーリングが意味しWilhelm が主観的に言い表わしているローマ法における法（Das Recht im römischen Rechts）とは、非歴史的な法でもなければ、ローマ的特殊性によって浄化された新しいドイツ法でもなく、まして、新しい万民法（jus gentium）という意味の世界法でもない。イェーリングは、サヴィニーによる民族的な問題設定に対する批判を、もっぱら、同時代的に理解しうる出発点として、さらに客観的にみれば、もっぱら「法を思考する」彼の努力の口実と考えた。彼にとって重要であるのは、たとえば民族法といった具体的な法を時代を通じて先導するのに適した内容的な性質の法の「集中化された」一般的な法規なのである。

イェーリングは、空間と時間から脱却した一般的な世界法を考えたのではなくて、歴史的発展における具体的な法秩序を考えたということは、Wilhelm によって述べられた論文からまったく明らかである。それゆえ、イェーリングの関心は、その折々に実定法の背後にある包括的な法体系の理論だと言えよう。

ところで、いわゆるイェーリングが創始した Dogmatik は、新たにきわめてきびしい批判の対象となるであろうか。イェーリングが近代的 Dogmatik 概念の創始者と称されうるということはたぶん正しい。サヴィニーにおいては、いまだ現代ローマ法は、歴史研究の結果であった。イェーリングにとって、法は、それとは別のより現代的な歴史理解にもとずいて、歴史から解き放たれる。詳論すれば、これこそ、イェーリングが「法それ自体」と呼んでいる所のものである。そしてそれは、素材（Material）としての実定法、およびより高次の段階において体系へと向うこうした法の構成（Konstruktion）から成り立っていると、イェーリングは述べる。それゆえ、今日 Dogmatik が Dogmatik として理解されているようにイェーリングが Dogmatik を創始したのだと言われる場合には、このことは適切である。

すでに一八四二年および一八四四年の諸論文に含まれているのであるけれども、Dogmatik を決定するのと共に発展せしめている「中心的観点」に関するイェーリングの観念は、Geist 第Ⅱ一巻においてはじめて具体的な形をとっている。Gerber との論争にきっかけを与えた Geist 第Ⅱ巻の上記の脚注一四〇でイェーリングの観念は明瞭に現れている。たしかに、「中心的観点」という定式化はぎこちなくて手探りのものであるが、しかし、これは新たに、Dogmatik の観念を根拠づけているのであり、今日の観点からみても正しい。こうした

「中心的観点」ないし——今日我々が言うであろうような——歴史から解放された法の一般的法原則が存在するはずであり、人はそれを探究し定義づけねばならないというイェーリングの発見は、法学によって今日まで注目されていないということを附言しても良いであろう。法が法典（Kodex）に依る固執からふたたび解き放たれるとき、イェーリングがそう呼んでいる「より高次の法原則」という方法的観点は、ふたたび重要となる。それゆえ、イェーリングにとって、ローマ法を克服しようという彼の試みにおいて重要であるのは、「激怒せる原始ゲルマン人」ではなくて、こうした「ローマ法における法」、すなわち、一般的法原則の意味構造なのである。

もともと、イェーリング以前には、一般化を好む後古典期の法律学が集成したソティスト的知識のかの有名な寄せ集めたるパンデクテン第五〇巻に、「多様な法原則」（diversae regulae iuris）というのがあったにすぎない。法原則の理論は、イェーリングの Geist より古くはない。それゆえ、人は、イェーリングが歴史的法学および解釈学的で自己発展する法学の理論的土台として一般的法原則を有しており、その後アメリカ人 Benjamin N. Cardozo が、そして中央ヨーロッパ法圏について比較法学上 Josef Esser が、両人ともにともかくもまったくイェーリングの意味において、法の持続的形成に関する原則をそこから形成した「原則」を発見したのだということができよう。

イェーリングがこの点においても後代の著作家、とくに Gardozo と Esser に先行する仕事をなしたということは、イェーリングによれば、法はたんに「中心的な観点」において結晶するばかりではなくて、とくにそれをこえて持続的に発展するということから明らかである。自己発展する文化エレメントとしての法というイェーリングの思考については、一八五四年五月二一日 Gerber あて書簡が強く物語っている。後になってイェーリングはさらに彼の「中心的な観点」（centrale Gesichtspunkte）ないし「より高次の法原則」（höhere Rechtsprinzipien）

に関する別の観念に転じた。彼はまた――ほぼプラトン的に――観念的な美が付着しているけれども、しかし、外部に向ってはしばしばわずかで薄い形状においてのみあらわれる法の根底にある「理念」（Ideen）についても語っている。

イェーリングがその諸条件からするなどしてその発展における法の理解を不分明ならしめる種類の解釈学を発見し要求したという Esser の非難は、彼が「中心的観点」と結びつけたイェーリングの意図をほぼ完全に見誤るものである。この批判は、イェーリングが法を発展のなかにあるものと考えているということ、および、法のこのような進歩における基準的な方法上の伝達者は構成（Konstruktion）である、一般化していえば、一般的な法原則に至る実定的に予め見い出された法命題（Rechtssätze）であるということを看過している。Gardozo に関連して、法の土台を成している原則に伴う司法的法形成という思想を大陸において導入した基本的な著者たる Esser の “Grundsatz und Norm” は、イェーリングの観念よりも劣っている。けだし、核心において Esser は、それを説明するのに役立つ法典の観念に留っており、みずから法典とは独立に自由に発展する法を否定しているからである。

これに対して、イェーリングにとっては、原則（Prinzipien）こそが、まったく一般的に、法典法ないし判例法に対する考慮を有することなしに、法発展の手段なのである。

逆に、イェーリングは、法発展の動機づけとして一般的法原則を機能化せしめることによって、まさしく彼の見い出した解釈学に対する批判の根拠を打ち建てている。それゆえ人は、イェーリングを、近代解釈学の創始者としてのみならず、同時に、近代解釈学―批判の創始者だと述べてもいい。イェーリングは、上記のように、今日 Esser が行っているよりもはるかに法典を度外視することによって、彼の解釈学―批判へと入っていくのである。

そのさい、イェーリングがかの段階（構成法学期）における法の進歩をむしろ主として純方法的に法的素材の体系への構成という思想から導き出したということ、しかし、後期になればなるほど益々、その背後にある法の目的という最初から（一八四二年）鳴り響いている観点が前面にでてくるということが、今一度指摘される。かくして彼は、一般的法原則に関するかの書簡の一年後、同じくGerberにあてて、法的要素としての法人の構成において注意しなければならないのは、実際の（faktisch）（倫理的、社会的等の）諸目的であると述べている。それ故、近代解釈学批判内部の社会批判的モメントたる社会目的からする法のコントロールは、イェーリングに遡るものである。

もちろんイェーリングは、たとえば「法原則」（Rechtsgrundsatz）といった近代的な特徴づけにはまだ疎遠である。彼にとって重要であるのは、「まだ意識にのぼっていない法原則という精髄」（Quintessenz noch nicht zum Bewußtsein gekommener Rechtsprinzipien）である。彼がかかわっているのは、論理的抽象（logische Abstraktion）に限定されず、内容的な説明（inhaltliche Aussagen）を含む一般的な上位命題（Obersätze）である。イェーリングは、この上位命題（大前提）（Obersätze）は、「法的元素の解剖学的考察」（anatomische Betrachtung des Rechtskörpers）によって発見することができると考えている。彼は、「国家の市民の善良なる意思を当てにする必要はない」との理由から、国家が呈示しなければならない「法の自然秩序」（Naturordnung des Rechts）について述べている。イェーリングの「構成」における法的に重要な一般化と解剖学、生理学、化学などから大いに借用した比喩との結びつきによって、そして、「市民の意思」（Bürgerwillen）に対する批判とともに、また、権利において、新しい誤解の危険が生じる。

誤解というのは、イェーリングが彼の構成法の段階においては法を自然科学の方法によって研究し、彼の目的法の段階においてはこの自然科学的考察法を、一種の自然科学的倫理学にまで高めたという点にかかわるものである。換言すれば、イェーリングを、法学的ダーウィン主義者（juristischer Darwinist）と呼ぶことができるかどうかという問題が肝要である。まず第一に、イェーリングにおけるDarwin問題については、イェーリングが実際上、旺盛な自然科学的関心をもっていたということから、出発しよう。イェーリングは、今日の観点からすればもちろん素朴ではあるが彼の時代に対応した方法によって、自然科学的な概念と処理法を法学研究に適用したのであった。彼は、「法の自然科学的研究」（naturwissenschaftliche Untersuchung des Rechts）、「法の化学的分析」（chemische Analyse des Rechts）について語っているが、これらは、とくに比較的若い時代に見い出されるいいまわしである。

一般的に、法に対するイェーリングの、こうした態度は「経験的」（empirisch）と呼ぶことができよう。彼の法経験は、考古学的―歴史的研究にとどまらずに法を「それ自身から」（aus sich selbst heraus）研究したいという望みを表現している。歴史は補強されるべきではないが、しかし、法学研究法について歴史が唯一の支配請求権をもつという事態は除去されねばならない。かくしてイェーリングにおいては、経験が観察された個々のもの、観照された諸現象の蓄積と成るばかりではなくて、根拠づけられた（かつ、たんに主張されただけではない）体系と成るのである。歴史的に生成した法的素材の評価された経験のなかに、法と歴史的法学との基本的な区別に関するイェーリングの公刊物の最初から、イェーリング的方法論の主要なメルクマールがある。ここには、イェーリングがしばしば強調した・法を歴史の所産と理解したサヴィニーとの相違が存在している。

イェーリングの法学研究を特徴づける自然科学的な打ち込みは、語源学および言語現象一般の観察と平行現象を有している。イェーリングは、語源学的研究一般を法史理解に有用ならしめようとした最初の人であった。彼の結論は、もちろん、しばしばあまりにも単純で巧みではない。そして彼は、自分でも認めているように素人であったこの分野では意見を取消すことがまれではなかった。きわめて現代的な領域である法と言語との関連に、イェーリングはつねに関心をもち、あるときには自分にとっては法律学よりも言語学の方が興味がある、と述べている。

イェーリングの多分に「ダーウィン主義的」な思考の指摘が、彼の第二期、すなわち、目的法の時期にさらに強くなるのは、当然である。Wieacker は、彼が当時（一九四二年）Darwin に対するイェーリングの一定の接近を根拠づけうると考えた刊行物を出版している（本書所収—訳者）。Wieacker は、イェーリングが自然主義的実証主義を根拠づけていると考えている。イェーリングは、法を、もはや、歴史的、論理的ないし倫理的にではなく、因果的に解明する。それと同時に、彼は、当時、社会科学をも満たしていた記述的自然科学を継承する。Wieacker は、彼のイェーリング解釈のダーウィン主義的テーゼをのちになって最も重要な点で撤回した。一九七三年にWieacker は、イェーリングに対するDarwin の影響は、文書で証明することはできず、イェーリングの極度に不確定な思考法においては、何らふちどりされた痕跡を残していないと、考えている。人は、あまりに精巧な影響史のひな型のガラス玉遊びから身を守らねばならない。きわめて正当にも、Wieacker は、自然科学と言語からの比喩と比較は、そこにおいて法そのものが機械的ないし生物学的に決定された自然現象として理解される自然主義的法観の表現、否、徴候でさえないと考えている。「それらは、解釈学的事情ないし法学的認識過程の例証のたんなる手段なのである。」

Wieacker の第二の判断には同意できる。おそらく、もちろん、自然科学的および言語的比喩は、イェーリングにとって、なにかしら、たんなる例示手段以上のものである。すなわち、それらは、法および彼の理論を新しい方法で獲得しようとする試みをなしている。たとえ、まだ誰もそういう風に定式化してはいないにしても、イェーリングの根本テーゼである時代における体系としての法現象は、これも又歴史的かつ体系的に取り扱われる他の学問と平行した考察法を要求している。けれども、それでもって、イェーリングが、法における自然科学的な単一的因果関係を引き受けているわけではない。イェーリングのとくに成熟した頃の実に多くの文章は、これと逆のことを物語っている。

彼の Kampf ums Recht を法の基礎づけのための生存競争と理解しうるとする誤解に対しては彼自身が反対している。イェーリングは、法なき権力の展開にいつも断固反対した。一般に彼は、一方では事実的理解を、他方では法および事実的なるものの法の形成を区別している。イェーリングは、「恣意的」で「性悪の」イギリス功利主義を非難している。もちろん、そこでは彼は、民主主義社会は、等しいものを形成しうると信じるがゆえに、機能している各民主主義は、この種の功利主義者たちを生み出す傾向があるということを見落している。

けれども、おそらく一八八四年の法感情にかんする講演は、イェーリングにおける社会的ないし法的ダーウィニズムとは全く決定的に逆のことを物語っている。この講演（山口編訳『大法学者イェーリングの学問と生活』、信山社、所収―訳者）は、彼特有の強調をもって価値の由来に関する問題に対して立場をかかわらしめている本来的に率直な言葉と洞察に満ちた講演である。彼はまず自然法的な見方に反対し、道徳的戒律（Gebote）の内容を歴史から解明し、そこでは Locke を採用している。「私の見解によれば、法的かつ道徳的真理の内容は歴史の所産であると私がここで考える意味での道徳感情こそ、法感情である。法文、法制度、道徳規範が、この感情によって指図されたのではなくて、生活の力、実際上の必要が、ひとたび存在してそれらの反射作用を投じたのちに、こうした制度となったのである。なぜならば、人間の感情は、この内容を、後述するようなやり方で拡張してきたからである。」そして、さらに「それゆえ、我々の法感情は、歴史のなかで自己を実現した真の事実から独立している。けれども、それは、まさしく具体的なるものを普遍化して、こうした方法で制度のうちには含まれてはいない命題となるのであるから、事実をこえていくのである。」

人間に、道徳的なるものを体験させ、理解させ、普遍化させ、そうすることを通じて道徳および法を築くことをなさしめる力は、人間の精神であると、イェーリングは続ける。誤てる「生得説」の見解は、かつて人間が具備する自己保存の衝動をとりあげて、それから、その衝動に対して反対の重量を保つべきもうひとつの衝動として、道徳的衝動を仮定した。これは正しくないし、もしそうならば自然をはじめから分けて構想し、一方では心室をエゴイズムに、他方では道徳律に与えたということになろうと、イェーリングは考える。これに対して、彼の見解によれば、自然は人間および動物にエゴイズムを具備せしめている。だが、人間には又精神をも具備せしめ、人間は、この力によって時間の経過のなかで、道徳的世界秩序全体を創造してきたのである。それゆえ、自然因果的な「衝動」と、それとは独立に自由に判断する「精神」は、相互に対立しあうものとなる。

「私は自分の見解について、人間が経験を通して賢くなるという人間の天分、すなわち人間の知性と人間の経験以外にはなんらの要請も必要としない。」人間は、こうした才能を具備して世界に現れる。そこで彼は、もし他人と共同に生活しようとするならば、一定の法則に従わねばならないことに、すぐ気がつく。こういう経験が蓄積され、最後には、彼の共同生活を他人の共同生活とかかわらしめる基本テーゼがあらわれる。「それゆえ、個々人に対しては、さらに社会が社会の要求事項をもって迫るということになる。」それゆえ、社会とは、その存立を通じて道徳的・法的な法則をもたらし、それらなしにはありえないものである。「こういうモメントはすべて社会の存立、幸福な存立、幸福な進行を、目的としている。それゆえ私は、それをもって私が道徳的なるものの発生を論じたひとつの着想を有するのである。道徳的なるものは、個人から社会へと自己をたかめる。そして社会は、はじめて、個人に対して、〈我々の欲求、我々の要求に従え〉という要求を個人に向ける。社会とともに、道徳は始まるのである。」

イェーリングがさらに孤立した個人の対立の上に、社会的に結びついた個人を置くところの、自然的自己主張と道徳的規制とのこうした鋭い対立を通じて、イェーリングは、法とは自然において闘争の中で自己を実現していくものだとするダーウィン主義的な観念から著しく遠去かっている。

個々人の自然衝動の法的コントロールとしての、人間精神を通じて集められた社会的経験、この短い公式によって、イェーリングの法における価値の源泉に関する見方は、言いあらわすことができよう。それゆえ、最高の価値原則たる神は、歴史の中にあらわれる。「我々の道徳の進歩、それは、道徳的観念全体の核心であり、歴史における神である」というかの一八八四年の講演の最後の文は、それゆえに、Hegel に関連した美辞麗句のパトスを越え出て、歴史的―経験的価値探究の理論を含んでいる。イェーリングによれば、自然が法をもつのではなくて、道徳が法をもつ。そして、道徳は、歴史からおよび批判的に評価された経験から生じるのである。それゆえ、道徳的観念に関するイェーリングの問は、批判的に論議し易いし、対話に適しており、問題を提起する。彼は、人間を歴史的因果的な経過に結びつけるのではなく、人間に対して批判的に評価すること、まさに、経験の「聡明な」利用を要求しているのである。この点に、ダーウィン主義的、マルクス主義的、ないし、他の単純な因果的法学観とのちがいがあるのである。

e　第二の自己批判、「一匿名者の密書」

イェーリングは、すでにはやくから、自分自身の「構成的作業」に対して、保留することを表明していた。イェーリングは、自分は、「この点ではすでに十分にやってきた」と思うと述べている。彼は、構成法的研究を継続しているにもかかわらず、六〇才後半までに重大な危機が生じる。上記の最初の自己批判とは別に、今や、自分自身の観点の検証がしだいに厳しくなり、それはまた、いささかも尊大な感じがしないのである。

危機はたぶん、それほどには、自分に自分の思想を予想する別の危機が始まるということとは関連していない。彼は『年誌』に実に沢山の論文を寄稿しているのであるが、この『年誌』こそ、イェーリングが多く啓発を独自に考え続け、まさに彼自身の独自性と気の合うこととを通じたイェーリングの典型的な「弟子」だといえよう。けれどもそれは普通の意味での弟子というのではなくて、方法的な戦友である。イェーリングは、もともと弟子を有しておらず、さらに、彼は、風采はあまり立派ではなかったが、自分の観念の正しさを確信していた。

イェーリングは、法の一般理論に関して彼のすべての先人よりも多く発言したため、有名になることができ、そのことによって自分がとくにより若い世代に「歓迎されている」ことを知っていた。今や、むしろ、彼の内部で、すでに以前に構想されたこと、Geist の発展中にも含まれていたこと、すなわち、法の構成と発展において固有に制御するモメントに関する問題が前方にむかって突き進んでいるのである。

一八六二年の公刊後、未刊のまま放置されていた作品の最後の部である Geist 第三巻第一部が一八六五年に出版された。第三巻第一部は、権利の一般理論に関する一章で終わっている。「イェーリングは、この巻に、同じテーマを論じるはずであったもう一巻を続けるつもりであった。この目的のために集められた資料は、すぐに、一冊の本にするのが望ましい広がりを占めた。かくして、一八七一年に Jahrbücher für die Dogmatik des heutigen römischen und deutschen Privatrechts で公刊されたふたつの論文が生まれた。」論じられているのは、上記で述べた第三者に対する法的事実の反射効および法の受動的作用とに関する論文である。Losano は、次のようにイェーリングを引用している。「すべての論文のうちで、最も浩翰で最も徹底的な・法の目的モメントに関する第三論文は、来年、単行本として出版したいと思う。その他の残りの論文は、上記の著書（Geist des römischen Rechts）の第三巻の第二部に採用されるであろう。」

それゆえ、Geist における執筆は一定の個所でイェーリング自身を、すでに上記でしばしば述べたように、

Geist 冒頭のみならず、すでに一八四二年と一八四四年の論文において提起されていた目的問題の解明へと誘ったことが明らかとなる。

法の構成から法の由来に関する問題までに至る巾広い思考と結びついた危機の著作上の証拠として、一八六一年六月以降 Preußische Gerichts—Zeitung に、匿名論文「現代法学に関する密書、一匿名者から」があらわれた。密書においてイェーリングは、法学的構成の過大視を皮肉り、彼自身が発展せしめた方法を嘲笑している。

イェーリングが Geist 第四版、第Ⅱ巻第二部（一八八三年）において方法論から正義の問題に自分が転向したことについて、および、Geist と Zweck im Recht との関係について述べていることおよび、ここで以下のように文字通りに引用されることは、実に真摯に響く。

「法律学がたんなる悟性に与える充足感は最高のものではないということが、時間が経てば経つほど私にとって明らかとなった。そして私は、初版自身が担っている法の論理的側面の過大評価の痕跡をできるだけ削除しようとした。法的論理というたんに形式的なるものをこえて、より高くかつ最も高いものとして、正義と道徳という実体的観念がある。それらに深化していくこと、すなわち、それが個々の法制度や法文において表現と実現に達していることは、私の考えによれば、学問が提起しうる最も美しくて最も高貴な課題である。私の著書 Der Zweck im Recht は、この課題の解明にささげられている。」

三　目的法の段階

a　この期の最も重要な著作の概観

イェーリングは、彼の「第二期」において、彼の努力の中心に法の目的論をおいた。Geist 第Ⅲ巻第一部の三番目の最終章で、法における目的に関して後に解明することが予告されているということは、すでに述べた。

中古の私法の諸法というテーマから解明されるべき課題について述べ、以下の標語をかかげる Geist § 59 は、重要である。この標語は、イェーリングの当時の確信の現状の特徴を以下のようによく言い表わしている。すなわち、「中古の法の基本的概念の歴史的性格――その可変性――その真の法源――法における論理的エレメントの過大評価」イェーリングは、これらの章を明らかにきわめて重要と考えたので、彼はそれを "Iherings Geist des römischen Rechts" という表題で、司法新聞一八六五年二〇日、Nr. 49, S. 195–196 と一八六五年六月二三日、Nr. 50, S. 199–201 で覆刻させたほどであった。

イェーリングは自己にも他人にも、「法の自然秩序」の構成にさいして論理的なものの過大な強調を注意しようとし、論理的エレメントとならんで、第二のエレメント、すなわち、論理を担うモメントとして、「法全体」の「創造者」として「目的」をおいた。

それより後の――そのかぎりではイェーリングと関連しないけれども――展開において、Pound, Gény, Cardozo においては、論理と「目的」とのイェーリング的な二元論は、たとえば Gény では、歴史、社会学、論理および観念性を含み、Cardozo では論理、歴史、社会学、および倫理的価値判断を含む四部作（Tetralogie）に発展せしめられた。法を発展せしめる力、「法創造力」（forces créatrices du droit）（Ripert）を最小限度のモメントに還元しようとする、とくに、Gény と Cardozo とによる、こうした試みは、その発端をイェーリングにもっているものである。第二期のイェーリングにおいては、一方では論理、他方では目的という、ふたつのエレメントが存在するにすぎない。それゆえ、人は、目的概念の評価にさいしては、Gény と Cardozo によって、歴史、社会学、倫理という三重性へと分解されたエレメントをイェーリングはふくませているということに注意しなければならないのである。それゆえ、法の原動力としてのイェーリング的な目的概念は、歴史――因果的、生活適合――因果的、倫理――目的的なエレメントを自己のうちに含んでいるのである。イェーリングとともに法の発生におけるこうした「反論理的」な複合体を統一体として考えた方が良いか、あるいは、Gényおよび Cardozoとともに、こうしたエレメントをさらに有利に分けたら良いかどうかは、ここでは決定しないでおこう。イェーリングの目的概念の内容の何度も錯乱している多様性は、その原因をこの点に有しているのである。

Geist およびその他の初期の著作・書簡における法の礎石としての目的と機能とに関する散在的な示唆を別にすれば、イェーリングの目的法の段階にとって考察されるべきであるのは、以下の六つの著作である。

ある講演に遡る論文 Der Kampf ums Recht は、一八七二年、Wien で出版されている。

「第二期」で最も重要な著作は、Zweck im Recht（山口編訳『法における目的』、信山社—訳者）である。Losano はこう書いている。「イェーリングによれば、権利は、意思にではなくて、利益に根拠を有している。」Geist の最後の部分は、権利を論じている。どのようにして利益をもっと詳しく規定しうるかを熟慮して、イェーリングは、すでにつねに彼の心をわずらわしめていた目的という思想に立ち戻っていくのである。そこで、目的に関する研究がいまや全面的に前面に出てくるので、Geist des römischen Rechts は未完に終るのである。さらに二巻本 Zweck im Recht も未完に終ったのである。

第三番目の著作は、「親展の書」の新版たる Scherz und Ernst in der Jurisprudenz であり、これは、若干の方法批判的な章を補足したものである。

とりわけ目的法期のみならず構成法期も含むイェーリングの方法の解明にとってとても重要な意味をもつものに、二つの比較的知られていないままとなっている著作がある。ひとつは、「法感情の発生」に関する講演（山口編訳『大法学者イェーリングの学問と生活』、信山社、所収—訳者）であり、もうひとつは、「法史叙述の課題と方法について」という Entwicklungsgeschichte des römischen Rechts の序論である。

最後に、イェーリングが今一度、文化の歴史的発展からする法の発展という彼のテーゼに対する典拠を見い出そうとした著書 Vorgeschichte der Indoeuropäer が挙げられる。Viktor Ehrenberg は、遺稿から本書を一八九四年に編集した。

実際に何がイェーリングに、構成をこえてそれ以外の法の「創造的」源泉を探求させ、かつ著作家としての計画全体を変更させるほどのショックを与えたのか、明らかにすることはむづかしい。すでに一八五五年に彼は、「今やもうじきに自分の内部で、古くて新しい観念が醱酵するであろう」と書いている。

もっと後になると、彼は益々構想することに立ち返っていると言われている。弁明書のように読める Windscheid あての長文の手紙で、イェーリングは、自分の転向の諸理由を述べている。この手紙は［イギリスの人類学者―訳者］Tylor が彼の著書 Researches into the Early History of Mankind を出版したのと同年の一八六五年に書かれたものである。イェーリングが Tylor を知っていたかどうかは確かではない。おそらく、知ってはいなかったであろう。しかし、当時、時代精神は、歴史における評価の根拠を追求することを要求していた。イェーリングの鋭い看破力が、それを見逃すはずがなかった。

今や新しいテーマが挙げられる、すなわち、目的が「豊かな、豊かなテーマ」と呼ばれるようになる。彼は、Zweck が、いかにして Geist から部分として発展したかを説明している。さらに、彼は、五五才の年に、絶対に Geist を完結させ、その後、Zweck を仕上げるつもりであった。また、Zweck ははじめロシア語で出版されるはずだった。それは、彼の聴講生の中のロシア人崇拝者が Zweck を周旋しようとしたからであった。

b　『法をめぐる闘争』

しかし、イェーリングの新しい思考を本来の根本性において示したのは、「法をめぐる闘争」に関する著作が最初のものであった。法と不法とは何か、行動に対する両者の関係は何であるかということに関する熟考へとイェーリングを誘ったのは、Wien で体験した小ドイツ諸邦とフランスとの間の戦争であったということは、従来、あまり注意されてこなかった。これらの時代から採った書簡は、イェーリングの生活史（上記）で詳しく書いたように、彼が嘗めた内面的な葛藤を雄弁に物語っている。彼は、何故にドイツ諸邦が彼の大いに尊敬するフランスに対して戦争を遂行するのかということの理由を求めた。一八六六年のプロシア・オーストリア戦争は、彼にとってなるほどきわめて苦しいものであったが、どちらかといえば、エピソード的な性質をもったことであり、彼のオーストリアの友人たちに対する困惑の理由であったのだが、イェーリングは、今や、闘争と法とがどのような関係にあるのかということを知ろうとするのである。

その所産は、Adam Smith が一〇〇年前に経済について展開したのと同じテーゼを法の領域について主張し——そして、勃発している戦争に言及するのではなくて、その問題性を一般的に理解している講演「法をめぐる闘争」である。イェーリングは言っている。「みずからの権利を主張せざるをえない状態に立ち至った個々人は、この国民的な労働に彼の持分をもち、地上における法観念実現のために自らの微力をつくすのである。この中には、以下のふたつのテーゼが詰まっている。法は法たらんがためには実現を要するということ、および、各人は、彼の有する権利を（人類）全体の機能を可能とするよう、心がけるべきであるということである。「法の主張は、社会に対する義務である。」イェーリングがその著書 Kampf ums Recht で示そうとしたことは、こうである。すなわち、各人が自らの権利に注意するときに社会はいちばんうまくゆくということ、つまり、法は権利に懸かっているということである。イェーリングはここで独立して明白に、個々人の幸福の追求によって最もよく達成される公共の福祉という Adam Smith の経済学のテーゼに対する法学的な対応命題を展開している。イェーリングは、Adam Smith と肩を並べて挙げられるべきであろう。人間史における最も自由で最も有効な社会にまで至る西欧社会は、これまで、二つのテーゼにのっとって発展せしめられてきたが、両テーゼは、その経済学的・法学的一般化の十分な射程を展望してこなかった。こうした社会の自由と有効性とに対する批判は、Adam Smith とイェーリングのテーゼを前提としなければならない。その場合、とくにもしドイツの国内闘争（一八八六年）および独仏戦争（一八七〇／七一年）の印象の下で提起された「法をめぐる闘争」という認識と並んで、社会の社会的成分（soziale Komponenten）に対する彼の注意に注目するならば、Adam Smith は、イェーリングの社会的人間学（soziale Anthropologie）よりも利点は少ない。

イェーリングの Kampf ums Recht は、Adam Smith の Wealth of Nations と同じように、しばしば誤解されてきたし、すでにページが厚くなった第三版一八七三年の序文で、イェーリングは、こうした批判に答えようとした。イェーリングは、力の法を弁護しようとしているのではない。それゆえ力がいつも勝利を博するがゆえにのみ法と呼ばれる法を弁護しようとしているのではない。そうではなくて、彼にとって重要であるのは、社会が、他の理由から権利ある者（それゆえ哲学的理由からは権利者）に対して、自らの権利を保証するよう激励するという点で、人間社会の保証だといえる。「自分の権利が蔑視されたり踏みにじられたりしたとき、たんに彼の物だけでなくて、彼自身の人格も危険にさらされているということに気がつかない者、そういう情況にありながら自分および自分の正当な権利を主張する衝動を感じない者は、救いようがない。……」イェーリングはけっして権力を法と同一視しておらず、また国家権力を法と同一視してもいない。この点に、イェーリングと Holmes との間の本質的な相異がある。イェーリングにとって重要であるのは、Holmes がいっているように、自己を貫徹することによって法へと歩み入る個々人ではなく、法が生きるとき、すなわち、法が自己を貫徹するとき、もっぱら生きることのできる社会なのである。

c　方法的観点における Zweck im Recht

Zweck の中心問題は、まさしく哲学的な問題、すなわち、正しい法の由来に関する問題である。この問題は、本書との関連においては論じることができないし、またそうすべきでもない。方法論に関して重要であるのは、イェーリングが彼の目的思考を、おそらくすぐれて、方法論的にすら理解したということである。

Geist 第I巻出版後一年の一八五三年にすでに、Windscheid はイェーリングの第II巻の批判においてローマ法における誤てる目的思考を非難している。「ローマの目的」は、小壮学者 Windscheid の心をまさしく撹乱したように思われる。Windscheid はイェーリングを誤解している。イェーリングにとって彼の目的思考において重要であるのは、この初期の段階においても後の Zweck においても、一般的な生活原理、すなわち、法の要求のもとで秩序づけられた民族、国家、国家共同体の共同生活である。Windscheid と同じくイェーリングにとって個人の法的状態の規定にあたってすぐれて法における倫理的なるものが重要であったということが、イェーリングと Windscheid との往復書簡から明らかである。この倫理学と関連して、祖先たるローマ人がすでにここでは指摘されているが、これは、イェーリングが一八八四年に法感情の発生に関する彼の講演で深化させている思想である。宗教的目的が法目的へと退化し前進したことに深い示唆を読み取る者は、法の理解が歴史的経験から生じたとし人間の自由や歴史的経験を評価しようとするかもしれないが、そういう人はけっして結論に達することはできない。イェーリングは、諸目的の力の諸状況から因果的に演繹される法を肯定する。

イェーリングは実にローマ法の自律的な論理を確信しているので、彼は、ダーウィン主義の危険な点、すなわち、強い者および権力ある者を優先させること、したがって法を権力から演繹することとの危険性に気附いていたということは認めることができよう。あるいは全面的に肯定することができるであろう。Christian Helfer は、イェーリングがプラハで一八七七年一〇月一四日彼のおこなった講演の討論において、ある自然科学者の

「愉快で素敵な質問」に対して、「自分は、法律家として、決定的な進化論の信奉者である」と答えており、ある日、「ダーウィン主義につきあたることがなかったならば、自分は自分の分野でダーウィン主義となったであろう」と認めたと、報告している。進化論につきあたっているということは、そのとおりだが、しかし、それをもって社会ダーウィン主義による権力から法的妥当性への移行に関するものとすることは、正しくない。

Schelsky は正当にも、Zweck im Recht のイェーリングの理論は法の人間学的（anthropologisch）基礎づけを狙っているものだと、正当にも指摘している。Schelsky は、イェーリングの著作活動のこうした側面を取り扱ういくつかの理論のひとつとして、イェーリングの見解によれば、もし法がなければ、人間の社会生活は、一方で自我主義的―自然的な攻撃の、他方で臆病な逃避のたんなる舞台となろうということを、強調している。イェーリングによれば、社会の強制はその中で個人が生活している社会が法的規制に従って存立する場合にのみ有意義に果されうるという経験から生まれる。こうした規制は、人間がその環境において果す経験との、聡明で人間に関係した批判的な論争を通じて創り出される。

炯眼にも、Schelsky は、イェーリングのテーゼが、もし法が人間社会とともに生じ、法が人間社会の生活を時間の経過とともに形成するという課題を有しているとするならば、イェーリングによれば社会的変化は法を通じて起ることになるという風にまとめている。

おそらくこうした簡潔な定式は、あまりにも一面的に、社会的関係の法への依存度を強調しているので、イェーリングは、この定式を利用しなかったのであろう。イェーリングにとって、法は、社会的変化の度合によっても変化するものである。このことこそ、法学が、予め発見された法原則からひとつの体系を形成し、この体系をこえて法がさらに発展するということを通じて、経験が法を生み出すと述べる彼の構成理論の主たる内容である。イェーリングにとって、社会的なるものを通じた法の生長、および、法を通じた社会的なるものの進歩は、なんら矛盾ではない。彼はこれに関した問題については、にわとりと卵の問題を参照することによって答えるであろう。Schelsky の評価において、賞讃されているのは、とくにイェーリングにおける社会的生活と法との合奏の強調、および、法と習俗との基礎づけのための人間学的要素としてのイェーリングの目的的思考の適切な解釈である。

目的において果されたイェーリングの法方法論における自由なるもの、および、新しいものは、法は、法が社会的目的を充足せしめるかぎりにおいてのみ、法であるという認識である。それによって、法の正当性判断に関する新しく実りある統制思想が引き入れられた。そして、社会との関係において奉仕する機能を割り当てられて得た法の進化論に橋がかけられたのであった。けれども、再言すれば、法は、社会的関係の奴隷ではないのであって、批判的な人間精神は、人間の経験の検討から法を発見し、法を一般的な法原則へと押し進め、かくして、社会と並行して法を発展し続けるという、人間文化のための使命を有しているのである。

本書で打ち立てられた課題は、Zweck im Recht の両巻の内容を詳しく述べることにあるのではない。目的思想の方法的意味は、たった今、述べられたのであるが、それは、構成と体系とに関するイェーリングの思考の哲学的基礎の拡大によって完全となる。目的に関するイェーリングの熟考に対しては、専門哲学の観点から、たしかにかなりの部分について実に様々な異議が申し立てられて来た。目的思想にもとづくすべての法の広い範囲の熟考は、優れた解釈上の業績である。仕事全体に対しては、モットー「目的は、法全体の創造者なり」が立てられている。イェーリングの目的概念の中では、歴史的被制約性、社会学的影響、および倫理的評価が結びついているので、この定式が前面に出てくることを狙った批判は、不当なのである。

第一巻は、哲学的な目的法則一般、動物と人間とにおける様々な目的概念、社会の公式化による法の基礎づけ、有償性と無償性に関する原則、および、法と権力との区別を論じている。基本思想は、ローマ法を範としている。

第二巻は、道徳の問題全体に関するものであり、我々に対して得られた補遺も、この領域に係わっている。Zweck第二巻は、認識論的基礎としてのたんなる見解の批判（Ⅲ）および、法、道徳、習俗という領域への客観的道徳性の導入（Ⅳ）で始まる。そこにおいてイェーリングは、社会秩序の体系を論じ、法における目的思想に立ち帰る。道徳的価値秩序の構造において、イェーリングは、目的の弁証法的発展を認める。（舎）イェーリングは、ここで、彼自身の専門領域の外において、すなわち、社会学者として活躍するであろうことを認める。けれども、彼は、法律学を社会学の母であると呼んでいる。（Ⅷf）道徳性は、社会的（客観的）功利主義の観点に還元されるが、しかし、イェーリングは「悪しき個人主義的功利主義」に反対し、理想的道徳性を援用する（Ⅷf）。真理概念をめぐるS. 465ff. は、イェーリングが理想的道徳性ということの下で何を理解しているかということの検証を含んでいる。イェーリングはここで、社会は真理と誠実とを欠いては存立しえないと考えている。

イェーリングは、Zweckにおいても、自己発展する体系を説明しようとする困難ととり組んでいる。この困難さは、イェーリングのあらゆる著作の根本において疾駆しており、その結果、Zweckも又、未完に終わらねばならなかった。Zweck第三巻にそなえた倫理的自己主張と倫理的理想主義の説明は、もはや、執筆されることがなかった。（さらにみよ、第二巻XIII）

d　法感情に関する講演

けれども、Zweckの第二巻は、法感情の発生に関する一八八四年の講演によって補足されるであろう。イェーリングは、できるだけ速記録に従って公刊されたこの講演において、歴史を道徳的なるものの発生因だとしている。けれども、法の源泉としての道徳の変化は歴史的変遷から必然的に演繹されるのではなくて、人間精神がこういう場合の形成力となるのである。

一八八四年の法感情に関する講演は、一九六五年にRuscheによってはじめて忘却から奪還されたのである。この講演は、Wieackerの論文の外には、多くの考察を受けてこなかった。この講演の意味を詳細にかつイェーリングの思考に対してことごとく評価することは、ここではふさわしくない。けれどもイェーリングのライフ・ワーク（Zweck）を新しい光の中で解明しうるようになったという状況は指摘しておかなければならない。たぶん、一八六〇年ごろの構成と目的思考とに関するイェーリングの考えの変化においては、イェーリングの発展における唯一の切れ目は、すこしも問題にはならない。イェーリングは、自分にとって、基本的に、彼の発展における法の構成（Konstruktion）、法的目的（客観的道徳）の理論、および、道徳の源泉（Quelle des Sittilchen）としての法感情の理論という三和音（Trias）が肝要なのであるということ、すなわち、すくなくとも三つの部分を示唆している。イェーリングは、Zweck第三巻において、こうした三構成の第三番目の部分を論じようとし、また、第三巻は「あまり分厚く」はならないはずであった。Zweck第二巻は、初版が一八八三／八四年に、第二版が一八八六年に出版された。第二版への序言は、Glaserの評価を含んでいるにすぎない。おそらくイェーリングは、すでに一八八四年に、意図された第三部、すなわち、「法感情」は、すこしも克服されていない課題として自分の前にあるということを感じとったのであるから、したがって一八八四年の講演は、その後執筆されることのなかった第三部の一種の架橋的、構想的な履行であると見なされるべきである。あるいは、イェーリングは、まだ第三部に着手することは可能であり、彼がZweckの法感情に関連した章を講演において敷衍した形で要約することによって第三部に合致せしめうると考えていた。ひっくるめて見ると、講演は、内容上、Zweckの認識状態を越えてはいないが、しかし、この講演は、イェーリングの思考と彼の聴衆の思考とを第三部に向けて構想しているものである。

e “Scherz und Ernst”

作品 Scherz und Ernst in Jurisprudenz は、イェーリングの目的法の段階に対する補足的な方法的意見を含んでいる。もちろんまず第一に、Scherz の背景は次のようである。「生徒なければ教授なし」、「悪書は良き市場を駆逐する」、「学べば学ぶほど、いかなる新思想も公表するに値しないということが判る。」所有とは、あらゆるものを食べつくしてきた大食漢として特徴づけられ、人がまだ先占を行いえた古き良き時代が回想される。彼イェーリングがドイツ法典およびローマ法の廃止に積極的に対峙しているという意見が真剣に考えられている（法学的概念天国におけるサヴィニーに関する会話）。イェーリングにとって法律の目的とその立法上の根拠とは、同一のものなのである。イェーリングは、法律および慣習法に裁判官を結びつけることの代表者となり、裁判官を法律から独立させようとした Sigm. Schlossmann に反対した。

同様にして、第四章および最終章「再び地上にて」は、熱心に考えられている。そこでは、当時のローマ法学者の病理、実務へのまちがった結びつき、およびその他の弊害が批判されている。それゆえ、本書においては、今日に至るまで実務教育に決定的な影響を与えてきた法学的訓練の導入という実際的な提案がなされているのである。

f “Aufgabe und Methode” 閉じた円環

法を文化現象として明らかにするイェーリングの目的設定によって、法の体系的側面と歴史的側面とがその関係において新しい光へと移されるということ、法を時代において自己発展するものとして示すことが重要であるということは、すでに上記で強調した。イェーリング以来はじめて、現行法と法史とが実際上区別されうるようになった。Landsberg の純法史的な仕事に、イェーリングは、たえず、強い関心をもった。Ludwig Mitteis あての手紙の中で、彼は、同じようなことを述べた。

だから、イェーリングが彼の生涯の終わりに、法律学における歴史叙述が何を意味するかという問題に再度向ったということは驚くに値しない。ここにおいてイェーリングは、彼が法において歴史を、歴史において法を理解するところのものを究極的に述べることができた。その機会は、Karl Binding の編集した小冊子に協力してほしいという Karl Binding の要請であった。もちろん、Binding の要請は期待されたものとは別のものに発展せしめられた。何れにしても、Viktor Ehrenberg が死後編集し、これまではとくに Helmut Schelsky によって評価された『ローマ法発達史』の序言が生まれた。さらに、ローマ法の初期の状況の研究から、『インド・ヨーロッパ人前史』という彼の最後の著書が生まれた。イェーリングはいつも『原始状態』(Urzustände) を好んできたが、これは、一八四二年七月の彼の処女論文においてすでに示唆されている。のちになっても彼は Windscheid に類似の傾向で意見を述べている。今や、彼は「永遠に解釈学とは手を切った」ので、彼は、純粋に歴史的テーマ、すなわち、かの Indoeuropäer に向おうとしたのであった。

イェーリングは、『ローマ法発達史』の本論で、「法感情」に関する一八八四年の講演におけると同様、支配的な見解が、法のあらゆる発展段階において法に対する法感情の関係はつねに同一であるとしているのに対して、自分は歴史にもとづいてその関係は変化しており、しかも、法感情に対する法の優位、――両者の一致――法に対する法感情の優位という三通りの関係があるということを重視すべきだと思うと述べている。イェーリングは、根本的に、構成方法論期の立場、すなわち、普遍化による法の発達を保持しているということが、再度、立証されるし、さらに、たとえ彼が自分でダーウィン主義者だと言ったとしても、彼を法学的ダーウィン主義者と呼ぶことはできないということが明らかとなるし、彼が法による社会の統制過程と社会による法の統制過程とを、一つの弁証法的な過程と理解しており、単一原因論的な過程とは考えていないことが最後に洞察される。

g 『インド・ヨーロッパ人前史』

イェーリングの後期の著書『インド・ヨーロッパ人前史』もまた、未完におわった。今日、本書は、法人類学や一般法人類学に入れるよりもむしろ、(さらに究明されるべき) 歴史社会学のひとつに数え入れられるであろう。アーリア人の移動を論じている本書のⅡ、Ⅲ、Ⅳ章は、イェーリング自身が「現実主義的」と呼んだイェーリング的方法のとりわけて特徴的な表現であることに、Ehrenberg は同意するはずである。

四　イェーリングの構成方法論期と目的方法論期とを結ぶもの

上記で概説したイェーリングの形姿は、人が気づいたであろうように、従来の解釈と相違する所が少なくない。とくに、Adolf Merkel と Hermann Kantorowicz に遡ってみると、イェーリングは最初概念法学の極端な主張者であったのであったが、しかし、次に、ひとつの回心 (Damaskus) 以後、(この形像はおそらく Kantorowicz に由来する)、社会学的――社会因的 (gesellschaftskausal) な目的論へと向ったのだというように、ほとんどつねに、イェーリングは叙述されてきた。(しかし) イェーリングは、その初期において、目的と機能にたぶん注意したのであり、かつ、その第二期において、彼が適用した目的という概念は、道徳的なるもの、および、経験による人間精神の批判的な分析 (Auseinandersetzung) を含んでいたのであるから、このふたつの像は正しくないということは、証明されている。

イェーリングは、その限りにおいて、もともといつも変らないままであった。すでに一八五四／五五年に、彼はGerberに、自分は学生たちに法人の「社会的諸目的」を教えようとしていると通知した。近代的社会問題は、彼の息子Hermannとのいわゆる「晩年の会話」よりも随分前の、おそらく一八七〇年ごろ最も早く、繰り返し心に浮んでいる。しかも、構成方法論期のしばしば苦しんだスタイルがより安定したものとなり、関心が「技術的なるもの」から逸れて、本来的なもの、「価値的なもの」(Wertmäßige)が前面に出てきているということがいえる。

ここで、「統一的なイェーリング」の理論について一言されるべきだということにはならない。イェーリングの生涯の業績を一気に概観してみると、「回心(Damaskus)」が問題となっているというよりも、むしろ、同じ問題のふたつの側面の強調が問題となっていると思われる。たとえこういう言葉で定式化されなかったにせよ、自己発展しつづける体系としての、時代の中の法という彼の生涯にわたるテーマは、いずれにせよ、一八四二年七月のドイツ語の最初の公刊物から、Indoeuropäer(一八九四年、遺著)に至るまで不変のものである。

五　イェーリングのテーマである〈時代における体系としての法〉概観

a　新しい体系概念と新しい歴史概念

人は特殊ローマ的なものを除去しなければならないとイェーリングが考えるばあい、そこには、反ロマン主義も反歴史主義も潜んではいない。「除去する」(Aufräumen)ということは、現代法にとって重要なものを取り出し、それを解釈的—批判的に確定し、そしてこれを必要な原理形成について継続的な過程として観察することを意味している。こうした見解の背後には、自己発展する法、すなわち、時代における法という理論がある。彼はGerlachとBachofenのローマ史について、その著書は、ローマ史の分野における超正当主義を特徴としており、もしここで、Romulus と Numa が現代人として論じられていると考えるならば、Niebuhr は生きてもいなかったし、活躍もしなかったことになると信じえようと、批判している。体系と解釈学に対して、反考古学的にかつ独立して、そしてまさしくこのことによって弁証法的に価値を引き上げられて、新しい歴史理解は、ここに血路をきりひらくのである。Niebuhr を援用することは、なんら疑問をいれる余地がない。

それゆえイェーリングの著書は、彼が新しい体系論の他に新しい歴史論をも要求したかどうか検討してみるきっかけを与える。イェーリングが Windscheid にあてた彼の長文の弁明書において打ち明けているように、彼にとって問題があるのは、時間的発展における諸体系（Systeme in der zeitlichen Entwicklung）なのである。

実際上イェーリングを理解しうるためには、彼の新しい歴史概念を把握しなければならない。Wieacker も Esser もまた Walter Wilhelm も、彼らが、イェーリングは非歴史的に考えているではないかと批判するばあい、イェーリングを誤解している。

イェーリングは、こうした学者たちが、理解や承認をせず、いずれにしても議論することのなかった新しい歴史概念においてのみ、思考している。否、それは、法典 BGB とならんでサヴィニー的な歴史理解によってのみ与えられうるドイツ法理論の現代的制約の一部を成しているのである。法典の意味をふたたび重要と考える現代のような時代は、イェーリング的な歴史概念へとふたたび向かおうとする時代に他ならない。それとともに、おそらくまた同時に、新しい体系理解に正しい場所をあてがうために法典からの解放を促進しうるであろう新しい体系理解が可能となるであろう。

b　〈時代における体系〉という問題に関するイェーリングの意見

イェーリングのスタート（Ansatz）は、始めから、一般的―哲学的であった。一八四二年と一八四四年の匿名論文における基本的態度は、このことを証明している。イェーリングがこの幅広い基本的態度をもっと後になって二度と採らず、一八七九年の彼の Vermischte Schriften に際して、厳密にみて専門的ではない論文を除去したということは、彼が Geist や Zweck における彼のテーマの普遍性ゆえに、専門仲間からまじめだとは受け取られないのではないかという懸念をともかくつねに持っていたということに関連している。現代では人は、こうした尻ごみをもはや心配する必要はない。人は、イェーリングは最初から、ひとつの閉じた文化的学問体系における体系と時代との結合を、自分の熟考の目標としたということを承認すべきである。そのさい彼にとって、法律学（Jurisprudenz）は、彼がもっともよく通じている分野であるにすぎなかった。そこで彼は、法哲学（Rechtsphilosophie）は法律学に弟子入りしなければならない（die Rechtsphilosophie bei der Jurisprudenz in die Schule gehen müße）と語りえたのである。

すなわち、彼は、それらを調和的に加工して、なお有用な諸現象から近代的な体系を作りあげようとして、後者、すなわち、その諸原因を探求したことにとどまらなかった限りにおいて、イェーリングは、サヴィニーよりもはるかに〈歴史的〉であった。むしろ、イェーリングは、諸原因のうちの多くが、歴史によって検証されるのであるから、抽出しうるかどうか、また、諸原因のうちの多くが、現在および将来の諸要求に対応しつつ、現行法を再生するかどうかを評価せんがために、諸原因そのものに語らしめたのであって、それらを選択しただけではなかった。サヴィニーは、歴史を現代となした。（そしてそのさい、無意味にならぬように、根拠なしに選択をおこなわねばならなかった。）イェーリングは、歴史は歴史であり、現代は現代であり、未来は未来であるとなした。そして、歴史的な観点に立って、短命なるものの中から長命なるものを選び出した。

サヴィニーは歴史を、（多かれ少なかれ恣意的な）妥当性の根拠（Geltungsgrund）だと考えたが、イェーリングは歴史を、（まったく妥当ではあるが、しかし反論しうる）妥当性の推定（Geltungsvermutung）だと考えた。サヴィニーにとって、歴史以外にはいわば何もなかったが、イェーリングにとっては、歴史とその科学的批判とがあったのである。

新しい体系理解と歴史理解は、概念上、法と歴史との完全な分離を前提としている。Ludwig Mitteis が、イェーリングの後期において、この完全な分離に着手したということは、イェーリング的な綱領のなかに完全に入っていたのであったし、それゆえにイェーリングの完全な同意を見い出したのであった。このばあい、イェーリングが歴史をたんに今日的なるものの解明として考えているだけではなくて、将来の局面を有した自己発展している歴史としても考えているということは、法の発展に関する Mitteis にあてられた意見からも、明らかとなっている。

法学における新しい歴史理解によって、彼は、彼の同時代人たちから遠ざかっている。彼は Thäl について、いつも商法が問題なのかどうかとその「真にロマン主義的な強靭さ」を批判している。Windscheid とイェーリングとの相違点は、Windscheid は、イェーリングが探求したような、理論的に反省された発展思考を使うことなしに、基礎づけのためにたんにローマ法を〈浄化〉しているにすぎないという点である。イェーリングが、Windscheid やその思想上の父たるサヴィニーとはことなって、発展において思考しているということは、もちろん、Windscheid あての初期の手紙の個所からはほとんど明らかではないけれども、たぶん、彼が〈とても尊敬している同僚〉あてに書いた最初の手紙から明らかである。そこでイェーリングは次のように書いている。「貴方は、私にとってはいつもとても明確となっていますように、現代法学を特殊ローマ的な観点から解放することを実に一定の人生目的となされたように見受けられます。そして貴方は、もっと後になって、貴方が私とのこうした関係において、真の同盟者をもっていることがおわかりになるでしょう。私の課題はまず第一に、特殊ローマ的な観点を明らかにする点にあります。すなわち、もし、このことが果されましたならば、私は、

Gerberとの古くからの協定に従って、貴方がとくに属してみえる方向、および、次に貴方がのぞむらくは私々に貴方の協力を拒むことのない方向へ向けて、現代法学雑誌を創刊するでありましょう。」イェーリングは間違えている。そしておそらく、彼にとって、彼の見解と従来の見解との相違点はまだ完全に意識されていたわけではない。彼は、法をその折々の現代に適合させるために、あらゆる法は〈特殊的なるもの〉から解放されるべきだというように、方法的な規制について考えたのであった。これに対して、Windscheidは、より非歴史的に、より実用主義的に考えた。そして彼は、受けつがれた素材から今日でもなお有用なるものを分離しようとしたのであった。のちになってはじめて、イェーリングは、Windscheidが浄化されたローマ法から現代法をつくることを理解することはしたが、しかし、法の将来、発展、比較のことは考えなかったということを確認しなければならなかった。

体系にかかわるもの、それをイェーリングは法学的構成の頂上だと考えている。体系とは、今日ここで妥当している法の法学的構成なのだということこそ、初期の時代に彼をGerberと結びつけたものであり、彼にとっては自分で新たに探求されるべきものであった。彼は、自分がThibautからは何も必要としなかったのであり、法の体系的取り扱いのための彼の予備研究については自分で没頭しなければならないと、述べている。こうして、彼にとって、体系的なるもの、〈技術〉がまず第一のものとなったのだが、しかし、それが中心となったのは、しばらくの間にすぎなかった。彼は、〈法律学をそれ自身の意識へともたらす〉ための最初の研究をおこなった。一八五〇年と一八六〇年の間の時代には、他の学者も体系的なるものから歴史的なるものを解き放すことに着手したように思われる。KuntzとLentzについては今日ほとんど語られないが、〈内的な法史〉を書くことを問題とするイェーリングについては比較的多く語られている。StintzingとMitteisに対する賞讃については、すでに述べた。さらにイェーリングは、おそらく彼が、Scherz und Ernstの中で、法律に対する裁判官の服従について述べたことを訂正しようとして、裁判官についてさらにいくつかのことを述べようとする意図をもっていた。彼は、事物の本性の彼の理解から、裁判官という職務に関する新しい見解が成り立ちうるということを示唆している。

上記のもう一度要約された意見と見解とから、イェーリングは、自分の体系理解と歴史理解との新しさを自覚していたということが明らかである。将来の法典たるBGBに対して、この法典が一体系として発展のうちにおいて考えられうるほどの影響を与えることにイェーリングは成功しなかったということ――これは、当然にもおこりえなかったことである。なぜならば、イェーリングにはありえないことだったから――については、おそらくイェーリングを非難するができようが、しかし、BGBの制定から彼が個人的にも時代的にも遠い所に位置していたという事情を見れば、過度に、イェーリングを非難してはならない。イギリス法の伝統に対する彼の関係は、たぶんすでに青年期から、距離をへだてた誤解の関係であった。code lawを有するスカンジナヴィア法については、彼には、一切の結びつきが欠けている。

イェーリングがLiterarischen Zeitung（1842, 1844）における十篇の論文の政治学的な萌芽をおしすすめなかったということは、惜しまれるであろう。彼のヘーゲル批判、フランス革命との彼の対話、オランダ没落以後のヨーロッパ革命運動のどちらかといえば原則的な彼の研究は、彼に、さらに、開始のための豊かな足場を与えたことであろうに。体系と歴史との関連は、すでにすくなくとも二回、すなわち、古典期のポリスの時代と人文主義および改良の時代にとって、革命運動の対象であったということを、イェーリングは見落した。もしそれが、そもそも彼に由来するものとするならば、初期の論文の中で萌芽として存在していたもの、つまり、政治的な意思形成への指示による価値問題の充足は、二度と取り上げられず、そして、これは、後期のイェーリングをして、彼の庇護を全面的に倫理化された歴史観に求める方向へと導いている。

c 歴史理論の諸種類とくに体系理解との関係において

ここでは、考えられうる各種の歴史理解をあますところなく挙げる研究をするわけにはいかない。以下で各種の歴史見解を問題とするばあい、もうこれ以上の見解はありえないということを意味するものではない。

断片化された歴史理解、たとえば、歴史を現代に含ませることによる歴史の思考、未来に寄りかかることによる歴史への姿勢である古代エジプトの歴史理解については、上記で述べた。近代的な歴史理解は、軸の時代（Jaspers の言う Achsenzeit）にギリシャ人の悲劇的な態度とともに現れ（これに関しては Herodot が一般に最も豊かな源泉として引用される）、そして、エレウシス秘教的な背景をもって東方附近にはじめて歴史理解を構想する申命記のイザヤの告知によってユダヤ人（イエス）によって現わされた。過去の事柄の考察においていわば外部にある観点を選択し、そこから整理をして、未来へと計画をするようにみえる点は、悲劇的歴史理解とエレウシス秘教的な歴史理解とに共通である。

5　フランツ・ヴィアッカー「ルドルフ・フォン・イェーリング論」

解　説

本稿は、ドイツにおいてナチズムが政権を握って自由な学問研究を抑圧していた第二次世界大戦の最中にシュツットガルトで発表された小冊子（Franz Wieacker, Rudolph von Ihering, Stuttgart 1942）に基づく（但し、ベース・テキストは、初版を改訂することなく一九六八年に出版された第二版に基づく）。ヴィアッカー教授は戦後にゲッチンゲン大学で活躍された著名な法史学者で、わが国では、大著『近世私法史』（初版の邦訳、創文社刊）で知られている。同教授は、〈イェーリング〉を主題に数次にわたって論著を発表している。イューリング生誕一五〇周年を記念してゲッチンゲンで刊行された論文集『イェーリングの遺産』（Iherings Erbe）の編者もつとめた。本小著は、このような生涯にわたる同教授のイェーリングに対する関心を、その研究の初期において、歪んだ時代精神に抗して示した好著であると思われる。

第二版のために

今年は多くの所でルドルフ・フォン・イェーリング（一八一八—一八九二）の生誕一五〇周年が記念されている。これをきっかけとして出版者は没後五〇周年記念のこの記念出版物を訂正は数ヶ所にとどめ形式上初版と同じ印刷形式で改訂することなしに再版することを提案している。著者は本論文の当時の叙述が四半世紀に亘る風化現象にどの程度堪えてきたかということを自分自身で検討しなければならなかった。こうしたことの決定は著者にとってかならずしも容易なことではなかった。今日、研究は Jhering の精神環境の文脈、とくに当時の方法論的・学問的な諸潮流の文脈を間断なく拡大してきた。すなわち、影響力の大きいこの人物の個人的な輪郭はより抵抗力あるものとして実証されてきた。著者が当時考えあらゆる主観性によってすくなくとも推論した形像を捨て去ってしまわずに修正と新構成を実際に新しい記念の年が喚起するかもしれない諸研究が委ねることは、著者の責任だと思われた。この新版につけかえられた参考文献の補遺から最近崇十年の研究の中間貸借対照表が判るであろう。

ゲッチンゲンにて、一九六八年六月　F・W・

I

法について答えるべき責任のある人々に対して提示されている良心の問題のひとつは、法的職業で使用する諸概念と法の生活諸目的との間の関係である。一方では毎日、どのようにして技術的な法を公共の福祉のために使うべきか、どのようにして社会を安全にし発展しなければならないか、どのように社会的正義を実現すべきかということが意識のうちにのぼってくる。しかし、他方では、立法者や裁判官、法実務家や法学者は、自律的な法則に従った概念形式を、日常的な道具として使っている。ここには、私たちの職業の古くからの慣習と、生活、経済、政治が私たちの活動に対して提起している要求との間の危険な分裂がないだろうか？　それとも、法概念の職業的な使用と法の生活的意義とが相互に調和し合う平面があるのだろうか？　私たちの職業のこうした運命的な問題について、まさしく今世紀の社会的・政治的な革命の最初の前触れが戸をたたいたとき目を閉じたこの人物は、今なお重要な言葉を語っているはずである。

イェーリングの胸には、大きな問題が、はじめは激情と意識と共に懐かれていた。彼は、二つの時代の境界線上にあって、二つの時代に所属した。ひとつは、精密で自足的な科学が死せる神々の祭壇を放棄してわずかに伝えられた勤めを忠実に果たす古い世界、もうひとつは、古き神々の不在を認めて率直に勇ましく、必死に、新しい上位の価値を求めた世界であった。そして私たちが厳密に注意を払って見るならば、現代の法律家たちのまわりで争っているのは、なおこれらの両世界なのである。イェーリングは、この闘争を回避しなかった。彼は闘争について語った最初の人であり、立ち上りつつあるヨーロッパ革命が、一貫して法律に支配された啓蒙国家の法像の崩壊後に法律学の意識をつかんだ瞬間に、解答を試みた最初の人である。彼は、最初の人として、未来の社会主義的世界における法の意義について問うた。そして、この意味において、たとえ私たちが彼は正しい解答にいまだ到達しなかったと認めねばならないにしても、彼の法体験は、直接に私たちに係わってくるであろう。

ところで、法律学およびドイツ国民の精神行路に対するイェーリングの寄与を述べることは、容易ではない。彼の業績の全体的（rund）な評価を妨げているのは、理論と実践との間に存する古くからの難しい関係、その特殊適用である法理論と法技術との関係である。イェーリングの研究条件を正しく理解するためには、この点において二三述べておく必要がある。

イェーリングの法学上の遺産は、ドイツ精神史家に対してつねに興味と憤慨とを同時に与えてきた。というのは、実定私法学のもっとも重要な人物の一人であるイェーリングは、ドイツ精神史においては、個性的でしばしば不十分な形式をまとった思弁的な思想家として画がかれてきているからである。イェーリングという名はそのように喧伝されつつ専門分野をこえて影響を与えたし、かくしてそのゆえに彼の使命の位置と地位とは現代にいたるまでいぜんとして論じられてきたのである。読者としては、個人主義者たちと社会主義者たち、民主主義たちと社会的貴族主義者たちが、そして、彼自身の学問においては概念法学者たちと自由法学者、利益法学者たち、目的論者たちと実証主義者たちが、彼を社会理論家の一人と目してきた。さらにまた、多彩な人柄が彼の多感であるのと同時に活発な不調和を成したかぎり、こうした不確定性は、この大法学者に特有な事情、すなわち、純理論に対する、つまり、思想活動それ自体に対する彼の不明瞭な態度にも基づいている。

そもそも法律家は純然たる思想家でありうるのだろうか？　我々に対してイェーリングについても語るべきことの多い一冊の重要な書物は[1]、「偉大な法学者」の姿をまさしくその対象としているが、同時に、目ざすところと思考との完全な分裂を指摘している。

（1）　Erik Wolf, Große Rechtsdenker der deutschen Geistesgeschichte, 1939.

Plato, Aristoteles, Augustin, Thomas, Machiaveli, Hobbes, Rousseau, Kant, Hegel およびその地位に応じてさらに認めたい人などの偉大な系列にある人々、彼らはみな人間と人間社会との存在についての大思想家であり、それゆえまた直ちに法についての大思想家である。しかしまさしくこれらの「法思想家たち」は、確かに法律家ではない。彼らに比べてみると、法律を職業とする大思想家はつねに数が少ない。そして彼が真の偉大さと一般思想に対する要求とを主張するかぎり、彼は悲劇的な人物である。というのは、法的知識を立法者、裁判官もしくは判決者に分化させた後に残る者、すなわち、法律家は、思想活動それ自体には適していないからである。むしろ法律家は、裁判所の指導、伝統の知識、訴訟における法の保護と実施といった社会の中で彼に与えられた地位に照らしてみれば、集団的な生活行為の職業的もしくは指導的な担い手である。現に彼が国王（König）とか神官（Priester）、あるいは、法務官（Prätor）、法学者（Iurisconsultus）、裁判権所有者（Gerichtsherr）、判決者（Urteiler）と呼ばれようとも、彼の職務はどのような場合でも「実務」、すなわち、社会的事情における行為であって、「理論」、すなわち、観察と洞察ではない。このことは、今日たとえ官職を有する裁判官、弁護士、検事といった現代法生活の学問的に養成された担い手の場合であっても、各々にあてはまるのであって、裁判官と法学者との古くからの実践的課題は、かならずしも、もともとの形における以上のものであるとは限らない。つまり、今日、裁判官は久しい前からたんに公務員であるにすぎず、もはや、自主的な司法権の担い手ではないし、弁護士は、もはや、たんに不偏不党の鑑定人ないし参審員という寡黙な権威者ではない。弁護士（Anwalt）は、いかに良い意味において考えたとしても、代言人（Sachwalter）であることには代わりがない。けれども、少なくとも法理論家は法思想家ではないのだろうか？　法学者はもはやみずから裁判官ないし鑑定人ではなく、それゆえ、とくに個々の事例の法的知識を事としてはいないのだから、法学者は、裁判の永遠の形成に関与しはしない。さらに、このことは、なお前世紀の最後の数十年まではドイツの大学法学部判決団についてあてはまったのであり、このことが実務において法学者を顧慮したことの重要な理由であったということは、しばしば見落とされている。

イェーリングは法学者であったので、私たちは法学者の特殊事情について簡単に言及しておかなければならない。講壇学問（Schulwissenschaft）と講壇法律学（Kathederjurisprudenz）とは、かなり後期の現象である。講壇学問と講壇法律学とは、古代においてはローマの法技術の終焉後になってはじめて生じたものであり、ヨーロッパにおいては註釈学派以来、つまりアルプス山脈の北方においてはイタリア法学の継受以来はじめて生じたものである。しかし法学は法技術から生じるのであるから、法学が全体的に奉仕する精神的世界の一般構造に、法学の専門的な経験の結果と特殊価値とを接合せよとの要求が、いつも法学に歩み寄ってくる。これは、具体的な動きをめざしている法学者〔Ihering──訳者〕のライフ・ワークには、もともと適さない課題である。

というのは、この〔法学者の―訳者〕課題は、行為であるからであり、その課題の上昇度に応じて言えば、政治、戦略、医術、技術といった行為の技術であるからである。だから、法律学は、理論と実践、理念と経験との間の古くからの闘争の中にあって、認識する行為者を陶冶することを本務とする他の学問分野よりもさらに深遠なものだという結果となる。かかる相違点はつねに法学者の本務のなかに置かれており、また、おおむねこのことのために法学者は「純然たる思想家」という地位に就けないのである。

たとえその対立が解消するものであろうとも――完全な「法実務家」はまさしくそれゆえに最も完全な法理論家なのだと私たちは思うのだが――彼は、彼の専門分野の諸条件を一般的な学説用語で把握しようとする時には、何故法学者が取り扱いにくい発端に関与するのかということを説明する。彼はそれについては全く沈黙し、かつてローマの法学者がそうしたように、その行為の良き成果を通じて時代精神から権威を強要するのが一番よいであろう。

当然、大きな時代的諸潮流もそちらの側から法律家たちに関与するものであり、その結果、法律家の言動の中には、つねにまた、時代の精神的な顔が表現されているのである。かくして、新しい人文主義がZasiusに、理性法がSvarezとZeillerとに、ドイツ古典主義とKantの主観的唯心論とがサヴィニーに影響を与えたのである。

けれども、ギリシャ精神が、今では近代生活をいつも支配することとなった理論をつくり出して以来、とくに好むと好まざるとにかかわらず、思惟が学派と学説とによって他の国よりも強く特徴づけられているドイツにおいては、世界全体の精神的構成という課題について専門家が沈黙することは、もはや学者や研究者には許されていない。しかし、法学者が社会的素材とわかちがたく絡み合った彼の直接的な経験を理論的に整序しようとするならば、彼は最初の言葉を書きしるしえないであろう。というのは、彼は、特殊な法律的な経験問題から構成されてはいない体系的な叙述法に服さざるをえないからである。

こうしてこのことはイェーリングの身にもおこったのであって、それゆえに、イェーリングにおける方法論的に厳密な学問性に対しては、真の満足は与えられない。彼は実定法学者としては専門的な業績におけるその高度な巧みさを自慢せずに、安ずることなくしてドイツ民族の精神界に思いをめぐらし影響を与えることをめざした時、彼は、経験に満たされた自分のものの見方を方法論的に純粋に説明することはなかった。むしろ彼は時代様式にしたがって、あるときには因果的な自然諸科学、あるときには目的に規定された社会諸科学という相異なった叙述方法を、自分のものの見方に押しつけたのであり、この領域では彼は必然的に素材の点でも方法の点でも素人臭かったのである。したがって、私たちにとってイェーリングは、人物（Persönlichkeit）として、かつ、彼の技術の達人として意味をもっている。一言で言えば、行為者としてであって、思想家それ自体としてではない。それゆえ、第一にイェーリングを評価するということは、イェーリング自身を正すことであり、いいかえれば、多感で好んで活動したこの人物が時代に適合した「哲学的」な思考に負う所が多いと考えた所の、方法論的な混乱ときわめて迅速な思想的関連とを解き放つことである。第二に、かれの学説を説明することよりもむしろ、彼の学説に存する偉業（Tat）を述べることの方が重要である。第三に残ることは、まずこの行為する思想家の真の重要性、次に、その地位を示す職務、次にその永続的な遺産である。

II

私たちは、個人的業績をまず最初にその人となりから理解する。Rudolph Ihering は一八一八年八月二二日弁護士の息子として Aurich に生まれ、東フリースランドの古い法律家の家柄の出自である。[(2)]

（2） 一般的に言えば、「法律家家族」（Juristengeschlecht）という意外な感を与える用語が、Ihering の家族には指摘される。法律家という名称をもったイェーリング家の祖先は八世紀に亘っており、もう一方の家系においては実に一〇世代の久しきに及んでいる。それらのうちの一部はすぐれた法実務家であった。さらに、下記の印象深い諸研究を参照。Dr. Wihelm Weber の、Die geistige Anlage zum Rechtswahrer und ihre Vererbung（弁護士の精神的素質とその遺伝）（Wehrpsycholog. Mitteilung IV [1942], Ergänzungsheft 15—「防衛心理学」報告Ⅳ（一九四二）、補巻一五）系図についても同論文をみよ。（東フリースランドにおける連邦議会立候補を目的とする）彼自身によるすばらしい人生の梗概については、Briefe 214f.

イェーリング家の最初の法律家 Sebastian Ihering は、一五二二年に生まれている。[3]

（3） Briefe 470, 参照 452.

彼の世代の活動力を賦与され個人的にも実に秀い出ているこの人物には、苦労なき行路が予定されていた。国王 Ernst August によるハノーヴァー政府官吏への登用拒否[4]は、彼が豊かな才能をもたらしたであろう実務から、彼を遠ざけた。

（4） 政治的な理由からではない（すでに彼の兄がフリースランドで着任していたからである）。

しかし、パンデクテン法学の全盛期時代に、エネルギッシュで才気煥発のこの青年学者は、教授資格の獲得と教職における迅速な出世を待ち望む必要はなかった。私たちは、彼の外的生涯の年代記に若干の従来のデータをつけ加えれば足りる。彼は、高等学校卒業（一八三六年）の後に、Heidelberg, Göttingen, München の大学に通った。彼は一八四〇年に Berlin で学位を取得し、一八四一年にはすでに教授資格を取得した。招聘の通例の諸ポストは、この成熟した人物をして、Basel（1845）, Rostock, Kiel, Gießen（1852）を経て、結局、Wien

(1868) に導き、晩年には Göttingen (1873) へ、立ち戻らしめた。それゆえ、彼の盛期の諸著作は、Gießen, Wien, Göttingen で生じている。快く享受された生活と精神との幸せは、個人的な悲しみによって雲ることはなかった。最も苦しかったのは、多分最初の妻が早世した時だったであろう。ともあれ、彼の足跡は、「はかない肉体」によって経験された世界に関連した意味においては必ずしも深く抉られるということはなかった。大いなる国民連合の時代には、地方のブルジョア的名望家たちは、さしあたり、時局的な政治問題に駆りたてられるものである。彼は故郷において、連邦議会の選挙戦に打って出てわずかな得票しか得られずして敗れるのであるが、けっして立腹することもなく、そうしてはじめて、実際上ドイツの政治ないし学問に損失を与えずに終るのである。というのは、イェーリングが本来の意味において法政策的思想家であったのであればあるほど、彼は良きにつけ悪しきにつけ時局的な政治家たるには適さなかったからである。彼の時代が声望ある学者たちに評価を与えた名誉を積み重ね(5)、彼は一八九二年著述の際中に死亡した。彼は第二帝国が建設された時代の外見上幸福で脅威なき安定性の証人であったが、しかし又、彼を他の同時代人たちの中から際立たせているのは、来りつつある苦難の時代の予感を語る人であった点でもある。

イェーリングの形成過程は、幅広い「美的」生活様式が古典時代の純粋で質素で清澄な教養を押しのける自由市民に限られたドイツ世界公民の古い生活形式の没落を反映している。彼の場合、かの時代の大学教授の社会的地位に対応した国民的—自由主義的な基本的気質が、「区裁判官の対立関係」(Kreisrichteropposition)(Bismarck) と、フリージア地方の民主主義と、彼の出自のきわめて古い旧家らしい心情とによって増幅される。しかし、彼は、最期まで若々しい心をもち、こうした心情の中でかたくなにはならなかった。そして、公共の福祉といわれる所のものをけっして忘却しなかったのは、彼自身の家系のしからしむるところであった。かくして、年長者となったイェーリングは、社会主義的な諸努力の率直な評価によって、彼の近親者を驚かすことができたのである。

生まれ育った地盤を異にするということは、関心のもち方をさらに幅広く多様にし、分散させるという結果をもたらす。イェーリングは彼と同様に優れた時代の法学者よりも早く、周知の学問的・社会的な時代的潮流に帰依している。すなわち、このことこそ、彼がはやばやと専門分野をこえて影響を与えたひとつの理由である。このような偏見なき態度は、彼自身の属する身分の理想とその思想様式とに挑戦する傾向から、さらには、確固たるブルジョア的秩序をなお確信してはいるものの、来りつつある危機を聴きわける耳をもっていたこの時代の多くの重要な思想家に特徴的な自己否定に至る傾向までによって有利に働いたとすることができよう。けれども、彼が時代精神を把握しえた真の理由は、たぶんもっと深いところにある。もはや、初期市民生活の大いなる教養的伝統との必然的な関連を、一八一八年生まれのイェーリングの中に見い出すことはできない。彼は、何ら拘束されずに、「英雄 Goethe」に非常に感激している。イェーリングは、偉大なドイツ音楽の不合理で感覚的—精神的な伝統だけを専門的知識をもって愛好した。このことも又、それによって彼が精神的世界で経験した肉体にとって特徴的なことである。歴史学派の第二人者たる Puchta のもとで過した修業時代以来、彼は専門的なるものの中においては、ひたすらドイツ古典期の思想的伝統に関連している。形式におけるあらゆる精神的な重みと活発さとによって求められた「興味深い」が、時には煩わしいまでに無思慮であるうる散文が、このように平板化された関係に対応している。極端なまでに洗練された Savigny の形式に由来する者は、それ以後のドイツ語の歩んだ道に愕然とするであろう。(6)

しかし、おそらく私たちは、その人柄のもっと深い層を検討した方が良いであろう。精神的・知的なプロフィールを特色づける特質は、すでにイェーリングの血の中にある。そのさい、私たちは、しばしば鋭く人を刺す皮肉が添加された強いリアリズム、生活振りの快い見事さ、日常的な生活財に対する直接的な嗜好を、フリージアの出身であることに帰することができよう。力強い自信と性急な負担とは[7]、イェーリングの一門に固有のものであるが、しかし、彼の出自の幅広い持続は、旧家ではあるがもちろん斜陽し切ってはいないイェーリング一門に固有なことではない[8]。

（5） たとえば、それをもって彼がWienを去った所のオーストリアの世襲貴族など。
（6） ほとんどの伝記作家たちがイェーリングの文体を実に特別高く評価し、たとえばSchopenhauerやSavignyさえ想起させる（Vgl. Rümelin 24 f.）としているのは、驚きに値する。けれども、正しい理解は、精神的・教育的な情熱がきわめて自由な形式を闡明にするという点にある。
（7） Gerberあて書簡の中には自分自身の幸福の薬味としての他人の羨望に関する実に率直な所見がある（Biermann 28）。
（8） 適切には、E.I. Bekker（Biermann 105）「イェーリングは北ドイツ的だった。しかし……想像力はより豊かで、心はより情熱的であった」。いずれにせよ、「北ドイツ的」という従来の観念は意外である。

しかし、私たちは、もっと人格的特徴を見てみよう。力に満ちた自信に刻まれてはいるが、しかし、秘めやかな落ち着きのなさの溢れ出た顔を注意して見てみると、すでに肉体的なるものの中に、いわゆる最近の心理学者たちの言う外的思考型の作用類型が認められると思われる。すなわち、Prometheusであって、Epimetheusではない。力強い教育的・改革的意志におけるあらゆる充実と沈思とによってあらわされている効果の限界にまで迫まろうとする活動意思は時代に活き活きと入りこみ、迅速に、そして臆病な選択なしに、実り多きものを注入している。端的に言えば、落ち着きのなさにまで至る世界の率直さは、イェーリングの著作をさえ、特徴づけている。イェーリングは本来思慮深い性ではなくて、実際的で、そしてそのかぎりで、政策的な思想家、すなわち、全体に対して直接に責任を負う思想家だった。もちろん、時局を事とする政策家として彼に欠如していたのは、上記のように、動機ではなくて、内的な必然性だった。

きわめて特徴のある形式をさえとっている人物像と著作から、近代の体質学が、――体質学の結論がともかくも基礎づけられているにせよ、いないにせよ――躁鬱病と呼んでいる人間類型を読み取ることができると、私たちは思う。イェーリングの独創性は、多幸症的（euphorisch）――抑鬱的である。独創的な直観性、特徴あるユーモア、抑鬱ないし短気な激怒に至る甚しい気分の変動は、彼に対して、明らかにこうした体質観念を当てがっている(9)。イェーリングを知っている人は、彼を快活（sanguinisch）で――短気（cholerisch）だと述べている(10)。最近の見解によれば、そうした精神的素質には一定方向の認識能力が結びついているのが常である。イェーリングは、Goethe と同じように、内的直観と触感の人である。箴言家であって、体系家ではない。経験家であって理想家ではない。拘束を受けるのは、自分の体験した経験に対してであって、たとえば彼の友人 Windscheid のように構成や規範に対してではない。彼の精神的な観察の道具は、論証的な思想操作ではなくて、含蓄ある着想である(11)。

（9） E.I. Bekker, a. a. O.

（10） 家庭では、短気で怒りっぽかったが、じきに宥められた（Briefe 466, 息子の報告）。こうした気分が Wien 以来克服されるまでの五〇歳代までの手紙には、強度の抑鬱性があらわれている。こうした点に対しては、最も極端な放縦に変ることもありうる実に特徴的なユーモアと剽軽さとが対応している（Vgl. Biermann 64, 大きな酒樽についての興味深い報告）。Budapest の海戦（Kuntze 3 f.）あるいは、イェーリングが、キールの民兵の色をした着物を着せてやった愛犬 Azor についても報告されている。

（11）　Biermann 6.》Scherz und Ernst《の叙述の中には、過去の化身をたちのぼらせる》法史の葉巻《がでてくる。

ところで、イェーリングの精神的な諸能力とそれらの展開とを全体的に理解するためには、内的な経験の力である想像力と外的な経験の力である現実主義とは、外見上相違することにすぎないが、実際には、直観力の両面であることに注意しなければならない。しかも、概念からはじめて外的な目的に到達したイェーリングもそうであったように、成熟に伴って増大して行く経験的素材に対応して、外的な経験が優位を占めていくのが普通である。だから、豊かな想像力は、後期イェーリングの思惟がとくに経験によって規定されているということ、すなわち、本来的な意味において帰納的であるということを、排斥しない(12)。

（12）　このことはたまたま、Binding 著作集のローマ法史において抽象的なるものが具体的なるものに先行すべきか、それともその逆かという問題が往復書簡（Briefe 393）で生じるとき、はっきりと表現されるに至る。たとえば BGB 総則の起草者たちにとっては当然であったように、本来的思想家であったならば皆、抽象的なるものから具体的なものへと下降していくであろう。それと同じように、イェーリングにとっては、具体的なるものが抽象的なるものに先行すべきであるということが、当然なのである。

それと同じように、彼の未完の諸著さえも生彩あらしめ豊富化している活き活きとした直観力は(13)、肉体的なるものによって条件づけられている。この直観力は、世俗的な日常の無邪気な幅広い享楽においても否定されなかった感覚的な好みから流れ出ている。他のタイプの伝記作家たちを苦しめている点はまさしく専門的な著作の中でさえ、飲食において美味なる物にまで論が及んでいる点である。実に、美味に対する高度な一種の才能は、イェーリングの家系において相続財産と考えてもよいであろう。[14] これは、経験科学の代表的な人物たち、たとえば、生物学者たち、社会学者たち、もしくは、経験的な歴史家たちにおいてさえ、数学、神学、体系的哲学、もしくは法解釈学といった規範科学における以上にしばしば見受けられる特定的とまで言える特徴である。

(13) Biermann 83.
(14) 美食の分野における若干の工夫に富んだ発明を成した一人の祖先について Vgl. Briefe 472.

このような諸特徴は、私たちにとって個人的なるものをこえて重要である。というのは、それらは、イェーリングがそうであったような主体的な思想家の骨子を解明してくれるからである。論理的な思想処理の責任に対する意志と直観との著しい優位は、彼の思想の論述における壁、亀裂、軽率な連想を明らかに示しているばかりではなくて、彼をして又、ほとんどの法学者とことなって、法を経験不能な現実によって条件づけられたものと考える事を可能にしたのである。最後に、イェーリングの個人的な価値体系も又、法に関する彼の諸概念が彼の直観によって条件づけられているということによって特徴づけられている。もし私たちが、自然科学的用語におけるイェーリングのきわめて危険な借用ないし上記の諸価値をそれらの実際的な目的に還元することを見るならば、言いかえれば、私たちが、実現可能性、経済、社会的利益、または、諸概念の有用性に耳を傾けるならば、これらは、行為意志と外的な直観との諸価値である。

もし私たちが諸概念または体系の自在性または造形的な美しさ[15]、法のアルファベット、法的元素（Juristische Körper）、法的博物学（Juristische Naturgeschichte）、法的直観力などに耳を傾けるならば、これらはことごとく、感性的な感覚と内的な直観との経験的諸価値である。イェーリングは、個人的な活動意思または感覚に密着した想像力の直観においてのみ、絶対的な諸価値が可視的となりうるタイプである。E.I. Bekker は、この最後に挙げた側面に関して、どのようにイェーリングがアイデティケル（Eidetiker）（強い直観像を有する人）の根原現象を有していたかということを、きわめて意味深長にこう述べたことがある。[16] 問題の解明は、「立体鏡（Stereoskop）からの映像のように彼の中で溶解されねばならない。明らかに、映像は彼の眼前では魅力的な美の中に存するのである。」唯心論的なプラトン主義者（Kant, Schiller）にとっては真なるものが美なるものであるのとほぼ逆に、彼にとっては、直観的なるもの、ないし、合目的的なるものとして経験不能なるもの、すなわち、意思にとって役立つものが、真なるものなのである。実りあるもののみが真なるものであるという Goethe の文に対してさだめしイェーリングは同感の思いであったであろう。[17] かくして彼は、法の目標（Ziel）を真理にではなくて、正当性（Richtigkeit）に見い出すのである。けれども、これは目的への方向である。正当性は行為の目標（Ziel）であり、真理は認識の目標である。[18] 精神的・社会的な状況の働くものまたは触知しうるものに対するこうした意味の中に、概念法学から目的法学に至る・イェーリングの時代状況にとって必然的な断絶が思想においても架橋しえた一般的な感情が認められるのである。

（15） Biermann 25 und 26.
（16） Biermann 105.
（17） 正当なるものというイェーリングの思惟の具象主義については Merkel 9.
（18） Zweck I 3（1893）437 f.

Ⅲ

もちろんイェーリングの著作は、その人となりからのみ理解することはできない。イェーリングの著作は、当然のことながら、その時代によっても条件づけられている。イェーリングの形成時代は、歴史学派に起因する実定私法学の最初の全盛期にあたる。歴史学派の課題と状況とは、まさしく転回期にあると考えられた。もともと歴史学派をして、Herder から Schelling に至る「ドイツの運動」と結びつけた偉大な伝統は、もはや断ち切られていた。この偉大な伝統は、すでに Savigny の古典主義的な著作においてはすこしも優位を占めてはいない。Savigny の『ローマ法体系』に足がかりを与えたのは、Kant であった。Puchta のより強い法律学の全盛期は、ついに、専門分野に自制していた講壇法律学に対立していた全てを締め出してしまった。Puchta の『慣習法論』以来、ヘーゲルの歴史的弁証法に対する歴史学派の最後の思い出さえ、それとの関連を断ち切って、独断的な構成へと濫用された。というのは、民族——法曹——法学者というように構想された Puchta の三和音（Trias）は、やはりほぼ、ヘーゲルの歴史的弁証法の最後の分岐と理解されるからである。Puchta にとって、学識ある法律家は、法学者が法の生誕に対する請求権を獲得した源たる民族精神の独占的な代表者となったのである。

ドイツ思想史との関連で重要なことは、その時代の思想潮流のなかで、Herder に始まり Hegel の体系において有終の美を飾った新しい歴史意識よりも、あるいは、無意識的なるもの及び共同体に関するロマン主義の発見よりも強く、第二期人文主義と古典主義とが、歴史学派の様式を規定したことである。(19) したがって、生活と現代とに対する歴史学派の関係も、歴史学派自身の経験が歴史と関連しているという感覚によって規定されているのではなくて、多くの同時代人たちが当然にもそれを復古的な静寂主義だとして心良くは思わなかった、時代的な混乱に背を向けた冷淡な隔差の感情によって規定されている。というのは、［歴史学派の歴史意識よりも］さらに創造的な歴史意識であったならば、未来の歴史たる私たち自身の行動（Handeln）は、私たちが歴史と呼んでいる過去の人間的行為（Tun）と同じ法則と同じ必然性とを有するのだということを誤解することはなかったであろうといえるからである。かくして、今なおこの［歴史］学派を観察する者皆に意外な感を与えている歴史的綱領の放棄の説明がつくのである。

歴史意識の欠如によって歴史法学のなかから、私たちがふつう解釈学的実証主義と呼ぶ非歴史的な解釈法学が生まれた。解釈法学の母体は、歴史法学の綱領の衝動にあったばかりではなくて、ドイツ的教養（Bildung）の非歴史的な初期の伝統にもあった。解釈法学は、新しい自然科学の二番せんじだった。Savignyとその弟子たちは人格と道徳的自由とに関するKantの概念を手を加えることなしに引き継いだのであったが、解釈法学の場合、すべての実定法学が引き合いに出さねばならない道徳的モデルは、Kantの批判的自然法であった。この批判的自然法を核心にもった方法としてあらわれてくるのは、Christian Wolffがその法学上の弟子たちに与えた後期の理論的自然法の「幾何学的」な概念技術である。この概念技術は、さらに広い枠組で考えると、Savigny, Puchta、およびそのエピゴーネンを支配している。[20]

（19）　Erik Wolf 365.

（20）　Fr. Beyerle, Der andere Weg zum Naturrecht, Dt. Rechtswiss. IV（1939）1 ff.

パンデクテン法学の展望は十分となったが、しかしその展望は、パンデクテン法学の幅広い豊かさの限界に関してだけは、パンデクテン法学に近しい関係であるHegelの後輩、たとえば戦闘的なGansとの境界争いに陥った。その限りにおいて、イェーリングが成人したとき、パンデクテン法学がこうした状態にあったということは、議論の余地がない。Savigny がラント法を選び出し権威者として（schulmonarchisch）これをロマン化し、ついには立法内閣においてみずから立法を引き受けて以来、パンデクテン法学は、プロシヤの自然法のなかで有力に生き続けている実用法学の法的精神（forensischer Geist）を凌駕して、大学で早くから勝利を収めていき、パンデクテン法学に最も固有な領域においても優位を占めるかに見えた。ドイツ法学に対してはじめて Tribut は敬意を表したのだが、ヨーロッパをこえて広巾にパンデクテン法学は、ドイツの同時代人たちの目には大胆にローマ法学を乗り越えるであろうとみえた偉大な法学として直ちに行われた。実際上、パンデクテン法学は、上部イタリアの註釈学派と助言学派、および、フランス――オランダの洗練された法律学以後、偉大な第三期ヨーロッパ古典私法学となった。今日に至るまでドイツ私法において成された運動はすべて、なお、このパンデクテン法学の偉大な諸形式から自己解放を求める試みである。したがって私たちは他ならぬルドルフ・イェーリングがパンデクテン法学自身の陣営内部でこの自己確信的な学問を転覆しはじめるまで、パンデクテン法学の地位は久しく確固たるものであったとすでに予想できるのである。

ところがまさしくイェーリングは何よりもまずパンデクテン法学の内部で育った。彼の実定―解釈学的な業践は、彼の全発展段階を通じて、なお、この学派が方法論上有しているところに由来している。(21) 実定私法学者としては、イェーリングは Windscheid や Brinz とならんで、より若い世代の大法学者のひとりであり、他の法学者と較べて抜きん出ているのは、活動的な人物たるにふさわしい、創造的な直観（Intuition）、論争的な情熱、伸びやかな物の見方、歴史的というよりはむしろ社会的な感情移入の能力によってである。契約締結上の過失（das Verschuldern beim Vertragsschluß）、利益保護としての占有、法人の社員の特別財産としての法人、種類債務、告知者と代理人、およびその他多数に関するイェーリングの偉大な解釈学上の諸発見は、これらの

特性の賜物である。(22)

（21）　イェーリングが勉学した当時、Savigny の『ローマ法体系』（一八四〇／四九年）と Puchta の『パンデクテン』という偉大なスタンダード・ワークは、まだ出版されていなかった（Ihering, Briefe 26）。

（22）　Vgl. Rümelin 33 f.

イェーリングを、彼の全生涯がもたらしたこうした業績に限って見てみても、彼は依然として真に重要であるということは確かである。

けれどもここでは私たちは彼と議論を交える必要はないであろう。私たちは、かれの業績のうちおそらく最も完成度の高い諸論文を、つぎのような二つの理由から挙げる。そのひとつは、たんに独創的なアウトサイダーたるのみならず専門職を完全に自家薬籠中のものとなした専門家たるイェーリングがここで徹底的な自己批判へと突き進んだということを、忘却しないためである。イェーリングにたまたま与えられている実際上ディレッタントな誤解を眼前にしてみると、こうした誤解を指摘することは無用である。さりながら、ふたつには、学問が彼に与えた研究上の十分な幸運の中から、新しい問題設定の不安へと赴いたエートスの位置を理解するためでもある。けれども、諸業績それ自体は、赫々たる勝利を手中にした歴史学派が理解した法概念に関する関係を、初期になればなるほど色濃く示している。唯々、こうした方法のイェーリングの創造的な構想力は、より深い輝きと社会的に現実的なるものに対する彼の感情として将来に期すること多き豊かさを与えているばかりである。けれども、イェーリングの方法論的諸著作におけるこの学問の技術的価値は十分かつ概ね適切に議論されてきているので、ここでさらに詳しく論じることはしないでおく。

Ⅳ

イェーリングが遠く現代にまで及ぼしている諸著作は、上記［の解釈学的著作］とはことなる種類のものである。それは、たまたま彼がその特徴を適切にも「哲学的」と称した何れにしても未完の二著[23]『種々の発展段階におけるローマ法の精神』（一八五二年以降）と『法における目的』（Ⅰは一八七七年、Ⅱは一八八四年）及び、二冊の論争的な偶感の小著、すなわち、プロシャ司法新聞編集者あて『ある匿名者の親展の書』（一八六一年／六六年）（一八八四年には『冗談法学論』として再版）と『法をめぐる闘争』（一八七二年）である。さらになお、彼が創始した『解釈学年誌』の長文の綱領的な冒頭論文をつけ加えれば、イェーリングが彼の世界との間で行なった議論を含む重要な著作は網羅したことになる。

こうした膨大な議論は初期に始まっている。彼は、すでに青年時代から[24]、ローマ法の（歴史ではなくて）「精神」を探求している。つまり、彼は、ローマ法の形姿の生成ではなくて、その法則を解明しようとする。Geist は、あらゆる時代の偉大な法的創造物から私法それ自体の類型学を獲得しようとする[25]、歴史学派の綱領からほとばしり出ている試みである。こういう企ては、歴史叙述とはまったく逆である。それは、特殊な条件の個々の真相の中に入り込もうとするのではなくて、前提とされた歴史に法的技術の自然法則を問うものである[26]。このような思想は、ロマン主義的な歴史解釈を振り見るのではなくて、前向きに、イェーリングが後に身を委ねることになった社会学的プラグマティズムに目を向けるものである。それゆえ、イェーリングが学問に目覚めて以降は、こうした転向が、彼の胸のなかに抱かれていたのである[27]。

（23） このこともまた、衝動的に動く気質にとって特徴的である。

(24)　一八四一年以後、Briefe 8.

(25)　イェーリングにおける歴史的方法と類型的方法との相反的な解釈については、Vgl. Hurwicz 58　称賛的な意見（たとえばMerkel 21　の意見）もこの点に基づいている。それらの意見によれば、イェーリングは歴史叙述の域を脱して、先験的に「哲学」の高みへ（すなわち実証主義の高みへ）自己を高めた。

(26)　それゆえ、イェーリングはMontesquieuとその『法の精神』(Esprit des Loix）を特に高く評価している。(Biermann 37）ともあれ彼がこの著書から自著の［初版の副題たる］ローマ法の類型史というタイトルを借用したことは、ありうることと私には思われる。

(27)　だから、すでに、一八五二年にはこう言われている（Briefe 14）。「かつて自然科学がアリストテレスとプリニウスとから自然を学んだように、現代の法学者は今なお、パウルスとウルピアヌスとから学んでいる。」

したがって、その出発点は、反歴史的である。[28]イェーリングが「法史の抽象的な要素（Element）」の見解をめざす時、彼にとって法史は、歴史における法の啓示（Offenbarung）としてではなくて、歴史なき・因果的に解釈された現実界における社会―心理学的な法則性の現象として立ちあらわれる。[29]オーストラリアあるいは中央アフリカの文化形態を前にしたときの民族学者の使命にも比すべき偏見なき態度（Unbefangenheit）をもってローマ法という素材の前にはじめて立ちあらわれるのはイェーリングだとまで言い切ることができよう。なぜならば、法史もまた私たちにとっては歴史なき人間的自然だからである。[30]考察のこうした徹底的な転換が歴史学派の従来の法史よりもさらに弾力的な観察とさらに直接的な直観とへ、意欲されることなくして到達しえたということは、明白である。そして、イェーリングの視力と彼の創造的な構想力とは他ならぬこうした可能性を常に若々しい溌剌さをもって利用したのである。彼がそれと引きかえに支払った犠牲は、当然にも、法における社会―心理学的な諸法則を解明するのではなくて、法におけるローマ人気質の元型を明らかにする個別化的な歴史叙述に対する断念だった。もちろん、その犠牲がどれほど高価についたかということは、しばしば、見落とされてきたといえよう。なぜならば、不思議なことに、歴史学派はローマ法の現実の歴史を書かなかったからである。すなわち、歴史学派にとってはかつて一人のNiebuhrも、一人のDroysenも、一人のMommsenも現われたことがなかったからである。

ここで私たちにとってGeistが重要である訳は、歴史上のローマ法をよりよく理解できる上記のような認識を有しているからではなくて、法的技術という仕事に関する彼の原則［的な理解］を述べているからである。というのは、本来、たしかにイェーリングは、ローマ法から抽象したかの法思考の類型的法則性を前提的に借定しており、Geistにおいて、彼の歴史感覚を示すのではなくて、彼自身の法律家としての血筋を示しているからである。それゆえ、ローマ法についてはすこしも論じられていない『解釈学年誌』の冒頭論文は、Geistの有名な箇所（II, 2, 1866 § 37/41）ときわめて密接に関連しているといえよう。この論文は、この「発展段階における」イェーリング自身の綱領と精神なのである。

イエーリングのこれらの発言は、その仕事の重要部分[31]に関する一人の巨匠の実に貴重な言明である。たとえば、たまたまSchillerやLessingにおいてさえそうした事が起きたように、純粋な省察が綱領によって乱されないかぎり、その発言と法理論との関係は、大芸術家の発言と美学との関係に類似している。明白なディレッタンチズム、いいかえれば、イエーリングにおいて法理論家たちや哲学者たちを不機嫌にするであろうあらゆる現代科学の諸カテゴリーの混在は、実際上、芸術家におけるのと同じように無害な添え物にすぎず、しばしばその人となりを理解するためには貴重でさえある。たとえば、イェーリングが自分の方法は、因果的な経験科学からする文字通りに解された類推（Analogie）によって明らかとなるという理由から、ためらうことなく、それを「博物学的」（naturhistorisch）方法と名づける場合も同断である。

ところで、イェーリングは、法律学の仕事をどのように解しているであろうか。彼は、法的技術には三段階があると考える。第一の段階は、分析（Analysis）である。すなわち、生活素材（Lebensstoff—生物学では、成形体、原形質—訳者）から法的に重要なものを分離することである。いいかえれば、そもそも実際上法的方法の特徴とみなしうる・自然的事態からする特殊な法的事実の獲得である。直感的に形づくりながら事実からも選択し彼の選択の判断基準を決定する歴史叙述の大家と同じように、イェーリングは、まさしく一定の法的要素がなぜ法的に重要なものであるかということを示すことができなかった。彼は、専門上の事象でさえ、そのすばらしい直観の有する感動的な鮮かさで画き出したのである。

(28)　この点から、イェーリングがすでに初期に現代の解釈学的ローマ法に対して述べている鋭い言葉も説明がつく（たとえば Briefe 38, 65 ff., 280 f.）。
(29)　イェーリングは、彼の描写したローマの法学者の技術はまるで「すべての正教授の技術」であると、はっきり述べている（Briefe 120）。
(30)　同様に Erik Wolf（S. 494）は、実証主義の類型形式は、「中国の小説」あるいは「アズテク国家」と同じだと述べている。
(31)　イェーリング自身はこれを Geist において最も重要なものと考えた（Briefe 123）。
自然の法的素材の分析は、一般的尺度と特殊的尺度とを生じる。それは、すなわち、単語におけるアルファベットないし化学物質における元素（Stoff）と同じように、互いに、ありとあらゆるすべての化合（Verbindungen）

に達しうる法的諸概念である。かかる比喩の特徴は、概念が単に何か実体的なものとみなされていることにある。概念は、後期イェーリングが言うような計算用模造貨幣（Rechenpfennige）（あるいは今日言われるような関係概念）ではなくて、Leibniz や記号論理学において言われているような現実性（Realität）である。それゆえ、概念は、呪文という適当な操作によって社会秩序の創造的で「正しい」形姿に達する。たえず法的諸組織を有機体、植物、肉体になぞらえ、法的諸事象を自然界の諸事象になぞらえることは、直観の補助としてではなくて、類推による認識としての全成果を意味している。たとえばイェーリングが「法的元素（Rechtskörper）の解剖学的考察」について語るとき、彼は法文の構成（Aufbau）と位置（Lage）とを「再発見すること」は、実際に可能だと考える。それゆえ、法概念は、経験可能な存在だということになる。

第二の段階は、法秩序の全素材から一般的な大前提を取り出す簡単化（Vereinfachung）である。イェーリングはこれを濃縮（Konzentration）と称している。濃縮ということによってイェーリングが意味しているのは、明らかに、意味上何も発見することのできない、論理的説明に関する抽象ではなくて、つまり、すでにその中に置かれてはいなかったものではなくて（すでにイェーリング以前に Puchta が考えたように）これまで唯たくさんの経験的素材の下に隠されていたにすぎない現実に存在する大前提の発見である。それゆえ、かつてイェーリングは、「ローマ法の―訳者」現代的慣用（Usus modernus）について、「核心がまだ意識されていない法原則」だと述べることができたのである。(32) けれども、ここでも彼はこの方法の方法論的法則の説明をすこしも行なわずに、法則そのものを彼一流の巧みさからいきいきと描写しているので、その法則はすくなくとも専門家による法曹活動の中に心理学的な妥当性を有しているのだということが判る。一体こうしたイェーリングの素朴な設定がどのようにしておそらくまったく予期しない側面から立証されたのかという点については、後述することにする。

（32）　Biermann 34.

イェーリングが「より高次の法学」（höhere Jurisprudenz）の順位に与えた第三の段階は、構成（Konstruktion）である。構成（Konstruktion）は、イェーリングが「芸術的」と明言したこの大法学者の自由な作品［Geist］の中で、分析（Analyse）と濃縮（Konzentration）とを通じて見い出された諸概念から、新しい解決と新しい現実的価値を明るみに出す。それにしたがって概念によって構成され、それゆえ法的創造物（juristische Schöpfung）が生み出される方法の厳密な諸条件をイェーリングは私たちにまたもや説明していない。たまたま、その方法は「論理的」と称されてはいる。けれども、主として彼は、そのようにして生じた創造物の価値と位置との尺度を、たとえば、芸術作品の美的な価値を規定するような感覚的な知覚の価値から導き出している[33]。私たちは、たとえば、概念の透明さとか、可塑性、否、まさしく、概念の法的美しさを耳にするが、それは何ら不思議なことではない。というのは、法概念は、実に、それ自体で存在しかつ生産的な創造という標準的な価値に即して測定される芸術作品であるからである。論理を許容しない美的創造の選択の可能性がはじめて、構成（Konstruktion）から創造行為を創り出すのだということは、イェーリングにとって明らかなのである。文字の多様な組み合わせが祈り、詩、演説において人間的言語の栄光をはじめて創造したのであるが、その文字の力を偏見なき思考が称賛しえたのと同じように、実に概念のアルファベットについて語るイェーリングは、概念を、共同社会の法的諸価値の最初の創造者だとして称賛する。これに対応して、彼は、疲れを知ることなく、どのようにして新しい法の自主的な概念の創造的な原動力ができ、それと共に、不断に生活が豊かになるのかということを、彼の精神的経験の全力をもって記述する。

　もちろん、批判的な思考の前にあっては、こうした記述は成り立ちえない。というのは、かかる記述は、経験的存在と規範的存在との諸カテゴリーを混同しているからである。私たちは、法概念の存在はどんな性質のものであるのか、存在論的にか、論理的にか、美的にか、それとも経験的にか（すなわち心理学的にか、それとも、社会学的にか）という点について、イェーリングに回答を期待することはできない。彼は、哲学的な教養全体の位置から言って、こうした問題は彼の得意とするところではなかった。[34] 諸概念は存在を有し発見されうるものであるから、諸概念は存在の領域に属するはずであり、倫理的ないし規範的な諸価値の領域には属さないはずだということだけは、はっきりしている。[35] 諸概念は、存在必然性と関連して生まれ、生成し、死に、変化に対しても必らず化学的に反応する。簡単に言えば（というのは、これがこうした変化に富んだ比喩の意味なのだが）生物界や無生物界の自然法則の下におけるのと同様に存在する生けるものだと思われる。こうした概念の存在様式にくらべて、正義という価値は、すこしも現れていない。合目的的性という価値は、法の実現可能性と同じように概念の中ではじめて呼びおこされる。とにかく、パンデクテン法学が実に熱心に駆使している論理的正確さという価値は、ここでは奇妙なことに後退している。[36]

（33） したがって彼は、（Geist II 3. 354）「たんに首尾一貫した論理的な思考」すなわち、構成から樹立された観点による「たんなる操作」よりも、芸術家的な生産としての構成に優位を与える。

（34） 彼は Zweck, 1. Aufl.（1877）の序文においてなお、こうした［哲学的素養の］欠如をなげいており、自分の青年期の哲学的素養に対する Hegel の横柄な排他的請求を挙げて自己弁解している。

（35） ずっと後になってはじめて、後期イェーリングの最終的考察は、概念を、たんなる計算用の模造貨幣（Rechenpfennige oder Zahlmarken）とみなした（Rümelin 63）。当時、［Geist 出版当時］彼はまだ概念を「現金」（wirkliches Geld）とみなしていた。

(36) Vgl. Anm. 32.

それゆえに、法的諸概念がその中へと移し置かれる価値領域ないし存在領域を明確に指摘することを、イェーリングがおこなわなかったのは彼の精神的な素質と素養の故であった。けれども、そのために、彼の説明と綱領とは前批判的なリアリズムの非方法的な謬見にすぎないであろうか？　おそらく、イェーリングはそれらを実に熱心に考えたのであり、私たちも又、法の実現にとって何が重要であるかということについてはここで多少わかったことと思う。イェーリングは私たちに「法概念」とは何であるかということを語りえないのであるが、しかしそれは多分、法に関する人間の思惟及びとくに法曹の思考がおこなわれるのと同様である。彼は法が社会的法則性を具備しているということ、すなわち、事物に拘束された技術の中にあるということ、法は、客観的妥当性を獲得し、個別的意志の表象と意欲とを超越する集団的意識の一過程としておこなわれるということを明らかにした。[37] しかし、もしイェーリングが、たとえば—芸術作品の場合にも、事実上、創造的な選択があるのだから—芸術作品が社会（Gesellschaft）の社会的（sozial）な価値創造物であるのと同じように、概念は法律学の専門的な観念だとは言えないと述べたのであったならば、私たちは、彼に同意したであろう。

したがってイェーリングは、当時の概念法学のことを述べているばかりではなくて、あらゆる法的活動に固有な方法も述べているのである。[38] 誤まてる一九世紀概念法学に対する正しい闘争を経て今日では純粋な概念の適用が排斥されているので、概念はすべての専門的な法思考に必要な付加物なのだということが易々と忘れ去られている。かくして、結局、概念は今日もなお、対立しあう諸潮流の勝利の中で、立法者、裁判官、素人によって間断なく使われている。歴史上、かつてローマの法律家も、中世ドイツの判決も、非概念的なイギリス法学でさえも、概念をまったく無しで済ましはしなかった。その理由は容易にわかる。すなわち、概念形成は、法に関する人間経験の内的直観のための不可欠の架橋であり、もしその架橋がなかったならば社会的権威とか期間とか伝統とか学説とか平等といった最高次の法的価値は生命を持ちえないからである。[39] というのは、法的命令は事実、つねに、法仲間の直観、経験、秩序づけられた思考を頼みにしているからである。それゆえ、法概念とは、法実現の社会的技術の前提である。イェーリングは、ここから、なんら論理的に関連する概念を明らかにしてはいないが、しかし、彼は、法を内的直観によって観察したのであり、そして、そのかぎりにおいて彼の説明は、法的思考に特殊な観念的諸存在、すなわち職業的規制（Handwerksregeln）いいかえれば法の技術論（die Kunstlehre des Rechts）に関する時代をこえた正しい理解なのである。[40] まさしくこの技術論こそ、イェーリングがくりかえしまったく新しい問題領域への洞察を切り開いた彼の解釈学上の諸研究の中で最高の勝利を収めたのであった。

けれども、おそらく、法概念の名誉ある解釈についてはなお多くのことを語りうるであろう。なるほど今日、純粋な法理論は、私法の諸概念は規範的な関係概念ないし規範複合体として意味されねばならないと私たちに説いている。けれども、それと同様にそうした概念は、その社会―心理学的な妥当性において反映される法概念の現象学的存在には適合しないであろう。概念法学の控え目な批判者によっても、次のことが認められている。すなわち、「知覚可能な出来事における因果関係、変化した目的設定の諸条件との間には一定の類似性が存在するから」法現象と自然現象とを比較することによって「実り豊かな種類の問題設定が明らかになる」と。[41] 事実、更に論を進めることができる。自然における諸条件の因果的関連は、社会的に合目的的または倫理的な事情の内的知覚において反覆する外界に対する人間的知覚の人間学的に与えられた秩序形式であるから、法的諸観念の事物性は、その把握によって、継承と伝達という目的のために、すでに人類全体に与えられているのである。なるほど（物体Aが存在するところでは、同時に、物体Bは存在しえないという）物体不可入性の原則、法的効果の同時性、（所有権、請求権がAからBに委譲されるという）同一性などの諸原則は、なるほど、論理的に要求されるものではない。——というのは、旧い概念法学が考えたように、それらの諸原則の対象は論理的な陳述ではないからである。それらの原則はむしろ、空間と時間との観念の中でのみあらわれうる内的直観の必然性である。[42] それゆえ、それらの原則は、あらゆる時代の法実務家にとってと同様に素人にとっても明白である。こういう理由から、概念法学の批判は、たいていの批判者が思うより以上に困難なことである。というのは、こうした必然性の中にア・プリオリに法的諸概念の形式に対して法の事物論理的な基本的関係の観念的存在が示されていないかどうかが問題であるからである。

(37) その他の点ではなお正当にも Baumgarten の転向に賛成する（S. 48, Anm. 2）Rümelin（46）は、このことを誤解している。不充分ながら Hurwicz（95）は、論理的な事物の領域に対するこうした先駆的なるものに関して「法的論理の情緒的内容」すなわちあまりにも自然主義的な解釈について語っている。そもそも「事物それ自体」から構成を「魔法のように呼び出すこと」（Hervorzaubern）を彼が拒否しているのは、いかにも彼にふさわしい——そしてそのことは、明らかに正しい。

(38) Briefe 120.

(39) すなわち、社会的に均しいものを均しなみに論ずる仕方

(40) 適切なのは、Pachmann, 72, 79（Hurwicz 92, Anm. 1 に引用）

(41) それゆえ、Rümelin 46, Anm. 2 に注意

(42) Vgl.　さしあたり Wieacker, Ztschr. f.d. ges, Staatsw, 102（1941）183 f.

以下では、論理実証主義の概念法学に立ち戻ろう。概念法学は、もともと法全体の代わりに技術的に正しい法を取り上げ、したがって、その対象たる究極的な法的諸価値それ自体の代わりに専門的な諸標準(Handwerksregeln) を取り上げたのであるから、私たちがこの概念法学を避けえないのは当然である。それゆえ、概念法学は、実定性ないし学問的に発展された法と正義それ自体との価値関連を見失ったのである。だから、パンデクテン法学の場合に、つねに社会的行動に対する直接的な要求である法規範がどれほど後退し、法規範の代わりに法概念がつねにどれほどより決定的な優位に立つかという事は、きわめて特徴的である。人間行動と関連している概念形成の、失われた照準的価値の代わりとしてあらわれたのは、自然科学の因果的説明法という切抜策だった。

ところで、たとえ当時、専門家たちの間でイェーリングはそのように誹謗することによって彼の学問に侮辱を加えたという風評が流布したにしても、イェーリングの説明は、その自然科学の有効性の最高水準に立脚してパンデクテン法学のこうした方法を自然科学と同じ精神で述べたものである。というのは、一切の技術的な法実現の中に含まれているはずである法の基本的諸価値は、当時、ドイツ法学の意識のなかには全然存在しなかったからである。自然法の崩壊後、正義と法的良心とについて語られることは、もはや少なかった。けれども、後になって社会学的法学が認めるに至った目的や利益といった正義観念の代用物も、まだ見い出されていなかった。私たちは以下で再度簡単に、実証主義のこうした最も初期の変種たる論理実証主義のもつ意味を明らかにしておこう。というのは、こうした現象の現代的批判は今なお論理実証主義ということのもとで実に種々のことを理解しているからである[43]。

(43) Vgl. たとえば E. Wolf. 491—495 における要約された見解

実質的正義の旧来の解釈学における先駆者である理性法は、当時、ロマン主義の反革命によって打ち倒されていた。しかし、歴史法学派は、とくにKant以後のドイツ精神が認めた複雑な形而上学上の作品を、もはや継承しなかった。歴史法学派は、他の専門分野よりも早く、ドイツの客観的唯心論の閉鎖的体系との関連を、他の専門分野よりも早く失った。私たちは、Savignyの権利論に影響を与えたのはKantであってHegelでないことをすでに見た。一八世紀の終りにはまだ全能であるかにみえた国家的法制定の秩序権力も、Savignyが Thibautの国家政策的な立法思想を粉砕した後は急速に抑制されるということを、私たちはすでに見た。国家的法秩序は、私法を、法秩序の代表者たる市民社会と学問とに委ねたので、イェーリングは、ドイツ帝国統一後の一九世紀の終りになってはじめて、概念実証主義に対して有害とはならないような形で立ち至らねばならなかった。しかし、パンデクテン法学は、その民族精神という信仰告白にもかかわらず、法の経験的基礎（経済、社会的生活）に対してもパンデクテン法学の側からは極端に非歴史的だと誹謗された活動欲ある実際的な自然法よりもはるかに錬金術風に自己を閉鎖したのであった。

こうした事情が王政復古期の外面的静けさの中においてもなお展望されえたならば、産業革命の勃発とともに、パンデクテン法学が社会生活の問題性からは遠く隔っていたことが明らかとなったであろう。すなわち、一九世紀の金融および経済の萌芽がパンデクテン法学の理論構造（「所有権の自由」（Eigentumsfreiheit）、「契約の自由」（Vertragsfreiheit））の中に、みずからの発展の柔軟な道具を見い出したかぎり、むしろ、当時でさえなお、しばらくの間、対立はいぜんとしておおわれていた。けれども、産業上の経済革命が、社会運動、労働者運動の開始、農業政策上の自力更生の中に最初の反対運動を惹起したとき、今や実定法学の前には、その社会的合目的的性に関する問題が不可避に立ちあらわれたのであった。

V

初期イェーリングの中には、こういう旧概念実証主義の状態がとくに批判的に表されている。彼は、他の多くの概念よりも自律的な概念を重視したが、溌剌で時代を直視したこの人物の心のなかで他の人よりも激しく燃えあがったのは、実際に偉大なすべての法学者がもつ具体的正義の欲求でもあった。そこで、彼の現実主義と彼の非凡な構想力（Phantasie）とが発揮された社会の暮りつつある秩序問題に対する敏感さと勘の良さとは、必然的に、脱宗教の時代のあらゆる点の思想家が当時歩んだ道、すなわち、目的と社会的正義との新しい世界の探求への道を、彼に指し示した。暫時、イェーリングの活溌な創作欲と美的な直感的価値に対する彼の感覚とは、超時代的な法則に支配された名人風の法的芸術の外見的な成功に自己満足することに終止しえた。また、低俗化されたHegelの遺産たる啓蒙的な楽観主義は多くの問題に対して無自覚な態度をとらせたであろう。

そして、たぶんもっと良い時代であったならば、この専門的大家の自己決定の中には、真実も存在したことであろう。完全な形態をとった社会秩序の法は、外在的な目的を問題にしたり、法が道具として使われる生活価値を探求したりする必要はない。というのは、そうした法においては、正義の観念が不純物なしに現実性と関連しており、かかる内在的主義の貸し付けを通じた概念という計算用模造貨幣による支払が隠されているからである。私たちは、漂える幸福な時期の古代ローマ法学の中に、また時には、中世ドイツの参審制の作用の中に、否、歩みつつある一八世紀の実際的自然法の中にさえ、そうした状態を認めることができる。

短期間の活動の成功を経て、イェーリングは、形式と意味とのこうした高い調和は彼の時代には与えられていないということを、彼の法感情、彼の判断力、顕著な印象に対する彼の率直さから、直ちに理解した。そして、今や、新しい意味附与のための突破口が開かれるまで、不満足な模索がはじまるのである。私たちは、この過程を英雄化する必要はない。というのは、前世紀の人間類型は、ほとんどみずからの存在の明白な傾注を欠如した外的な保証の中で、きわめて自己破滅的な解決を為し遂げたからである。今日、私たちはその中に劇的な経過がないのを残念に思っている。けれども、この専門分野の大家が人生の真盛りに彼の学問と裁判とをめぐって自己保身しようとする欲望への個人的動機抜きにどのようにして頭角をあらわすかということは、大いに興味あることである。というのは、この過程はおそらく前世紀の実定法そのものから生じた重要な出来事であるからである。

イェーリングの特徴は、この矛盾が思考においてではなくて、不満足と幻滅の直観とにおいて始まり、ここからはじめて思想構造が築かれるという点にある。彼の思考様式の特徴は、到達した立場からする理路整然たる前進において思想構造が進展されるのではなくて、後になってはじめて、苦労してまとまった記述において展開されるという点にある。最後に、彼の気質の特徴は、まずもって論争の書が辛辣な嘲笑と背教者の憎しみとをもって批判を定式化するという点、事実言い換えれば、イェーリングは、いまだ構成を賛美していたのと同じ時代に、すでに気短かに憤怒して、概念と学派とに対して激怒したという点にある。

転向は、書簡によれば「自然発生的に」[44]一八六二／六三年以降、突然にはじまった。その転向は、すでにGeist 第一部初版のわずかな註の中で示唆されている。Geist の冒頭（I[1] 48ff.）は、法の解剖学的考察とならんで、「生理学的」(physiologisch) な考察、すなわち、「法有機体」(Rechtsorganismus) を、その構造においてではなくてその機能において問題とする考察に言及している。ここではすでに、法は、その実際的な有用性、その「形式的な実現可能性」(formale Realisierbarkeit) について問われており、それゆえ、すでに道具として、生活欲求充足の手段として規定されている。実際上、このためには、Geist の二つの基本概念である類型 (Typus) と発展 (Entwicklung) とによって、その下地はできていた。というのは、これらの概念においては、もはや客観的唯心論の先駆的な発展概念は考えられていないからである。むしろ、イェーリングの類型学は、Hegel の世界理解と同じようにひとえに、後になって「目的論的」弁証法（teleologische Dialektik）[45]が生じる基となる素材の発展弁証法を想定したものだった。それゆえ、実際上、イェーリングにおいては、Puchta におけるのと同じように、Hegel の「一元論的な理論形成」（monistische Gestaltung）および、概念的、歴史的発展の弁証法的な平行論（Parallelismus）の影響が見られる[46]。しかるに、イェーリングの場合、Hegel は、唯物論的な Hegel の後継者におけるのと同様に、まさしく転倒されている。Hegel にとって歴史は、理性の自己展開としてあらわれたのに対して、イェーリングは Geist の終りで、歴史を経験的、因果的な事象の産物だとした。イェーリングが経験諸科学を参照しはじめたことによって[47]、法の究極的規定への来るべき転換は、すでに必然的になっていたのである。

（44） Briefe 176.
（45） Bougle 132.
（46） Hurwicz 72.
（47） Vgl. Adolf Wagner, Die akademische Nationalökonomie und der Sozialismus（1895） S. 19, 22, 24 ff.

さしあたりの所、自律的な概念形成の考察をどのようにしてその諸目的の順位と調和させるかという点は、無論 Geist の中にはまだ見られていない。けれども、そのようなほつれ目は、構成的（Konstruktiv）なこの主著の体系的構想におけるのと同じように、すでに予想外の展開を約束している。この種の属音は、事実上諸概念を問題としたこの著作において益々強く鳴り渡っており、更に第二版（I: 1866, II¹: 1869）に至っては随処に迸り出ている。だから、たとえば、下記の文（II², 2 § 51 Anm. 506a）は、もっとも彼らしいと言われている。

「私にとって法律学が退屈であればあるほど、法律学がたんなる知性に与える満足は最高のものではないということが、ますます明らかとなった。そして私は、初版それ自体が帯びていた法の論理的（！）な側面の痕跡をできるだけ削除しようとした。法的論理のたんなる形式的なるものを越えて、より高きもの、最も高きものとして、正義（！）と道徳という実質的な観念が存在する。[48]」

（48） 感嘆符は引用者［ヴィアッカー］による。

けれども、その変化は、際立った形ですでにあらかじめ示されていた。イェーリングは、概念形成と講壇法学の学派における学説との不十分さを立証するため、（事実上、匿名だった）「編集者あて――匿名者の書簡」（プロシア司法新聞一八六一／六五年）において、理論と実践、講壇教育と法的判断技術との間の矛盾という率直なテーマを論じ、それゆえ、上級身分の教育問題を取り上げたのであった。したがって注目に値することには、実際的な分析とともに、概念法学に対する彼の公然たる批判が始まるのである。書簡はすべて、やや気楽にかつ地味に、通例の諷刺的手法によりながら、それでいて真骨頂のユーモアと低地ドイツ人好みのふざけとを駆使し、さらに、時代状況を念頭におきながら実に巧みに執筆されている。[49] すでに概念法学が贖罪の羊（Prügelknabe）に化して久しい今日、もはや私たちはその諷刺が本来もっていた意味を的確に感じとることはできない。イェーリングの精神能力が有していない演繹的理論の真の価値に対する理解は、ここでは見られないかも知れない。しかし、こうした限界は、実際的な知恵（Weisheit）によって克服される。「人は、理論に対する信仰を完全に捨ててはじめて、危険なくして理論を操作しうるようになったにちがいない。[50]」おそらくその著者が考えたよりも深く、この見解は、思考と行為との二律背反を解明している。ともあれ、「書簡」は［イェーリングの］気質を証明するものということより以上に私たちにとって重要なのである。

同じ時期の諸著作のなかでまだ構成を熱心に考えていた同じイェーリングが、ここで、彼独自の方法、すなわち、解剖学的——生理学的方法、いいかえれば博物学的方法を自縛的に嘲笑した点には、心理学的な謎がある。もちろん、イェーリングが後になって弱々しく抗議してみても(51)、学問上の二重生活という問題は消えてしまうわけではない。しかし、この問題は、人が思ったほどに深刻であるわけでもない(52)。「虚無的な魂の葛藤」(nihilistische Seelenkämpfe) の代わりに、むしろ、まず、この教育者の批判的な跳躍と、私的な名声 (bürgerlicher Kredit) に頓着せずに自分をだしに使ってまでもふざけてみせるいたずら者の奔放な気紛れと考えた方が良い。したがって、私たちは、この「書簡」が、不満の書であること、いいかえれば、理論上もはや考えを先へ押し進めることができず、遮断された出口の前で（鬱積された）失望感の逃げ道なき表現であることを否定しない(53)。この種の気質は、Luther 以来、ドイツ民族の躁鬱的 (schwerblütig und gemüthaft ansprechbar) な教育者のなかに、しばしば見い出されるところである。

イェーリングは長い間、こうした不安定な気質の爆発のもとにとどまっていたが、すでに Geist 三巻 (III 1 (1871) §60) では、新しい照準点に向かって完全な見直しをつけようとしている。突然に挿入され、この著作の従来の関連からすれば必要とは思えない権利の理論において、彼は、突然にも、法の「実質的概念」(substantieller Begriff) を問題にし、その概念を「功用 (Nutzen)、有用 (Gut)、価値 (Werth)、享受 (Genuß)、利益 (Intersse)」(328) といった観念系列を通じて規定している。これは、直ちにドイツの法理論に深い影響をおよぼした規定である(54)。「意思は、法の目的でもなく、法の運動力でもない。意思の概念、および、力の概念は、法の実際的な理解を切りひらくことができない(55)。」この言葉が漠然と響けば響くほど、それと共に、ドイツ唯心論の人格概念と自由概念とから出発し法の因果的——経済的な基礎づけに至る決定的な歩みが進められたのである。

(49) Erik Wolf 506 f. は、たぶん別の生活感情からこの点を誤解している。Landsberg 810, 822 によって提出された非好意的な意見は、イェーリングにおける茶目気、イェーリングの文学的発言ですら有している創造的な天真爛漫さ、および、自由豁達さを誤解している。イェーリングの家系には冗談を言うような気楽な愛嬌はないが、だからといって、そのことが、遠慮のない冗談の興を私たちから削ぐことはない。シュヴァーベン人Rümelin 23 f. は、より偏見なく判断している。

(50) Scherz (1898) 54.

(51) Scherz S. 9 Anm. 1.

(52) E. Wolf 506.

(53) この時期にイェーリングがあらゆる伝統的な解釈学に対して示した深い嫌悪は、明瞭である。彼は一八六五年にこう言っている。「私は[生まれ変わったならば]二度と法律家にはならずに、むしろ、国民経済学を研究したい」(Briefe 268)

(54) ここでイェーリングが参照しているのは、Kant と Savigny との唯心論的な人格概念、意思概念、自由概念であって、たとえば、まさしく彼の目的論にとってともにきわめて重要な意義をもつ法の現実性のファクターとしての生活意思ないし経験的な力ではないということは、明かである。したがって彼はすでに Kampf ums Recht において、事実上自己矛盾に落ち入ることなしに、法を「力の概念」(Machtbegriff) と呼びうるのである。

(55) 同様に、Geist (II2, 349) のなかには、「法学は、生活の諸目的」のために、手段の理論だけを、いわば、薬物（materia medica）だけを用意したにすぎない」という注がみられる。この観念の由来についてはVgl. Geist I^2（1866）27. Anm. 2e.

Kampf ums Recht（1872）において正当視されているのは、人格の正義感情と力の意思とが重要な地位にあってもはやそれ以上は解明できない生活心情と結びつく法感情の力による・完全に展開された利益の考察である。実際に強靭な人格の感情から市民の類型をこのように英雄化したことが、事実上、一八九七年までに一七ヶ国語に翻訳されたこの偶感の書の世界的な成功のもととなったと言って良いだろう。[56] 本書はギーセンで彼の家主に対して三つの訴訟を係属しその上敗訴し、そして、その法的情熱を教育に燃やそうとしたこの人物の自伝的証しとしても、そして又、ドイツ市民階級の精神的な蓄積力としても、比較なき重要性を有している。[57] けれども、イェーリングの発展に対する本書の意義は、それとはちがった重要性に存する。本書は、慣例的に「理想的な諸価値」（第七版 S. 70）に言及しているにもかかわらず、はじめて、より確信的に新しい価値の地平を示唆している。[58] すなわち、その中において、闘争、命令、および妥協が法の発生を因果的に説明し、かつ、究極的には利益と享受の安全とが法を決定するところの自然化された価値体系の示唆を含んでいる。たとえば、同時代の文学において自然主義がドイツの散文の形式秩序を飛び越えたように、本書には、将来の実り豊かさが秘められている。イェーリングは法的闘争——私たちは［これに］人間の「生存のための闘争」をつけ加えてもほぼ差しつかえないだろう——を論じることによって、彼自身の世界の終わりに威力を発揮するはずの破壊的な爆発力の公式を描き出した。ここでは、まず、たとえば、力（Macht）、支配、欲求、目的といった法の実質的ファクター、すなわち、法の人間学的、心理的、経済的ファクターが絶対化されており、他方、これとは逆に、正義、法感情、良心といった絶対的ファクターは、自然化されている。「法は、力の概念である。」したがって、自然法の優勢な風潮とは著しくちがって、法がひとつの実在として発生した人類の原始時代が、デーモン視（dämonisieren）される。（S. 12）。価値の世界は、姿を没する。受け継ぐれた姿勢として残るのは、神々なき世界において雄々しく悲観的な主張をする意思である。「各人は、社会の利益のなかに権利を求める生まれながらの闘士である。」（S. 52）「故意の不正に対する抵抗は、社会（Gemeinwesen）に対する義務でもある。というのは、法が実現されるためには、抵抗が必要だからである。」（S. 19）［イェーリングの］家系の深い理由から生じたこうした姿勢は、もちろん私たちにとっては、もはや信じられていない古くからの表現であること以上に重要であろう。

もちろん、この著作の中に、自然主義的な法解明の体系を求める必要はないであろう。個人と社会、または、人格と共同社会（Gemeinschaft）は、ひとつの序列規定（Rangordnung）にはあてはまらないであろう。イェーリングの最後の方法論的な著作Der Zweck im Recht（I 1878, II 1884）においても、なるほどこういう諸発見は、さらに広い資料によって立証されてはいるものの、実のところ方法論的には明らかになってはいない。実際、「目的が法全体の創造者である」という主題は、いまや、動物心理学から人間学を経て社会学に達する広大な体系構造のなかで説明される。それにもかかわらず、本書について方法論上の結論を報告することは、ほとんどできない。多種多様なカテゴリーに属する価値と事物とが多彩な閃きのなかできらめいている溢れ出んばかりの多数の観念は、厳密な思考過程を遮っている。だから、イェーリングによって確認された結果に注意するよりも、むしろ、彼特有の直観による本領（Anschauungsbestäde）に注目した方がよいであろう。

この本領は、法がそれに仕えるとイェーリングの指摘する諸目的の規定においてもっとも顕著である。(59) 実際上、法的目的の根本問題、つまり、そもそも誰が目的を設定するのかという設問にイェーリングは答えていない。目的を担うものとして、あるときには生活ないし社会といった無意識の力が挙げられるが、しかし、あるときには、彼の個々の目的のために法によって戦い抜く個人が挙げられる。したがって、およそイェーリングの目的主体とは、（Schopenhauer の場合に似て）客体であるのと同時に主体たる現世的なものであるところの個人である。けれども実際上、そうした目的は、無意識的な生活意思（Lebenswille）の存在意義（Daseinssinn）ないし存在方向（Daseinsrichtung）であろう。そういう「目的」は、もはや意識から国家、社会ないし個人によってはじめて設定されるものではなく、ただそれらによって達成されつくしうるだけであろう。それゆえ「目的」ということのもとで理解されているものが意識的な人間行動の目標ではなくて、隠された生活意味（Lebenssinn）の人間意識であるかぎり、語られるべきは、けっして彼の目的からする法の「説明」（Erklärung）ではなくて、新しい世界感情（Weltgefühl）の表明である。そのかぎりにおいて、イェーリングの諸思想は、社会的な動機附け（Motivation）からする法の合理主義的な演繹というよりはむしろ現世的な生活感情と新しい意思との発露である。

ところで、このことと密接に関係しているのは、まさしくこのような説明の試みである。なるほど、結局のところ「社会の生活条件の保障」（第三版Ｉ［一八九三、四四三頁）、「自分自身の生活の維持と主張」、それゆえ、ふたたび、もっぱら生活が、法の目的として規定されている。けれども、この生活価値のより詳細な規定を求めるならば、イェーリングの主観性が経済、政治および社会的諸事実のなかに認めるような、未整理のたんなる個々の現実を手にするだけである。こうした断片的な観客には、いわば網目によってすでに分裂が生じている。イェーリングが主体から規定するかぎり、彼は、生活（Dasein）、幸福、「主体の判断によってまず生活にその真の価値を与える財産」享受」（四四四頁）。それゆえ、際立った個人主義的な価値について語るのである。[60] けれども実際には、「社会存立の四つの基本的要件」としての肉体的生命維持、生殖、労働、取引といった社会の超個人的な特殊目的が、集団（kollektiv）的な生活価値から、いま一度、分岐される。それゆえ、さらにまた Kampf ums Recht におけるのと同様に、個人主義的な諸目的は、社会の集団的な諸目的（kollektive Zwecke）と常に絡み合っている。それゆえ、イェーリングは個人主義者なのか、それとも、社会主義者なのかと問うことができよう。そして、確かな正しさをもって、こう答えることができよう。すなわち、個人主義者であるとともに社会主義者でもある。つまり、個人主義的で幸福主義的（eudämonistisch）な社会主義者であると。この点でも、イェーリングのこの著作［Zweck］は、朗々たる調べで、彼の属した過渡期の不安と運命とを表現している。この著作は、個人主義であろうとしながらそれでいて、個人の自由を制限することによって、個人の幸福のために、集団的な力（社会）を通じた新しく強い合理的な結びつきを準備している。こうした発展の必然性は、Marx, Burckhardt および Nietzsche といった前世紀の恐れることを知らぬ思想家だけが、畏敬をもってあるいは終末論的な幸福感情をもって認めたものであった。彼の偉大な後継者 Liszt は、イェーリングと同じように分岐して、さらに何十年間かのちになって、刑罰の意義を規定した。(61) イェーリングは晩年になってはじめて社会（Gesellschaft）という新しい領域をさらにはっきりと見た。息子 Heinrich［これは Wieacker の誤記で、Hermann が正しい―訳者］とした晩年の会話のなかで、彼は、実にはっきりと個人主義に反対し集団的社会主義に賛成してこう告白した事がある。(62)「現代文明は個人の制約を欲している。」それに応じて、現代文明は、社会全体（Gesamtheit）のためにする所有権の義務付け、否、全体（Ganze）のためにする「自由農民の内地移民」をさえ要求する。重要で烱眼で晩年においても明晰なこの会話を通じて息づいているのは、来るべき世紀を見通した戦慄である。

けれども、将来の国（Land）の予感を措けば、イェーリングによって法的諸目的の序列規定（Rangordnung）の指導的原理が述べられていないということは偶然ではない。彼の自然主義は首尾一貫して相対主義に到達する。彼自身は、この原理を一応述べてはいる（Zweck I 三頁［一八九三］）。「意思にとって絶対的な尺度はない。

……こうした状態において意思の内容は……上記の内容とは別の内容たりうる。そして、それにもかかわらず、両方の中に正しい内容すなわち目的に対応した内容がありうる。」(437)「……殺人と強盗は、どこでも禁止されており、国家と所有者、家族と契約はどこでも繰りかえされる。その結果！そこに真理が現れているのだから、それは、あきらかに歴史が力をもたない絶対的な「法的真理」(強調はイェーリングによる)である。同じ正しさによって家、街路、衣服、火と明りとの使用といった人間文化の基本組織は、真理と呼べるだろう。それは一定の人間的諸目的の確保された達成に関する経験の沈殿物である。追い剥ぎから公道を守ることは、堤防によって洪水から公道を守ることに他ならない目的のためである」(441 f.) 良心の明証性は、合目的的性の明証性に減じられる。「合目的的なるものは、その特徴があらゆる懐疑を超越しており、それゆえ、この意味で真であることによって、合目的的なるものの特徴を失いはしない。」あるいは、私たちは、「永遠の時間に対して妥当する法の目的図式」(465) に耳を傾けることさえできるのである。

こうした相対主義の中には、イェーリングの目的的形式の革命的、否、虚無的な重みがある。というのは、この点から、ブルジョア社会の社会体制や、この体制の反対者の社会的要求や、さらには彼らの目的を社会目的として宣言する国家内の個々の任意集団の要求が、引き受けられ、法として認められえたからである。イェーリングがさらに明白に上位の生活目的を探し求めたということは、この不確実性においては考えられない。彼は恣意的に選び出された基礎をこえて「国家」、「社会」「取引」に到達したのではない。彼は内在的な価値規定には成功しなかったので、結局、社会 (Gesellschaft) における社会的強者 (soziale Stärkeren) の権利に、それゆえ、ただ個人的正義および社会的正義の立場のみに帰着したのであろう。イェーリングによれば結局法を頂点としなければならない「道徳」(Die Sittlichkeit) は、自然主義的、進化論的な倫理学、いわば動物界の倫理学である。それゆえ、事実彼はまだ Nietzsche と同じように恐れなき態度で、たとえば、人間器官の系統発生学や人類の起源を問うのと同じように法の系譜学を問いうるのである。けれども、もちろん、イェーリングの場合、あらゆる事が、二面性を有している。別の所では、彼は彼自身が社会(Gesellschaft)と呼ぶ二〇世紀の主役の登場を、すでに予想している。

創造力に富んだ思想家の場合、結論と方法とは分ちがたい。イェーリングがそれによって自然主義的実証主義を基礎づけた方法を辿ってみると、もっぱら経験諸科学、すなわち、記述的自然諸科学および社会諸科学に対する早くから準備された結びつきが認められる。イェーリングは、法をもはや歴史的に、論理的に、あるいは論理的に基礎づけるのではなくて、因果的に説明するので、彼は、当時潮のように社会諸科学にも押し寄せた記述的自然諸科学の方法を探るのである。(63)

(56) E. Wolf 510.

(57) 本書の諸理念から、イェーリング自身はまた、反論、論争、異った見解において——だが燃え上ったその激情について語り、他ならぬ悪意をみることができたが、しかし、又、真の自己試練を経たのちは、それを和解しがたかったということは、明らかである。さらに、バーゼル城跡事件に関するWindscheidとの特徴的な往復書簡参照(Briefe. S. 149 ff.)。

(58) この点で、私は、本書の基調をほとんど経済的なるものにおいて、あまりにも強く解釈しているE. Wolf (510)と意見を異にする。けれども、それと共に、本書の基礎にさえなっている独創的で力強く素朴な着想は、あまりにも強く抑制されている。

(59) Hurwitz 36 ff. Rmelin 67 f. E. Wolf 513.

(60) イェーリングは、何故自殺は刑罰に値するかということを論理的に検討しなければならない。Zweck I[1], 453 ff.

（61） この点における Franz Liszt の中間的立場については、今や、巧みに評価された下記の評価を参照。Eberhard Schmidt, Anselm S. Feuerbach u. Franz v. Liszt, Jahrb. f. Kriminalbid. u. Strafrechtsref. 33 (1943) 205 ff.

（62） Briefe 453—457.

（63） この意味において、人はイェーリングの「メタ法律学」について語ろうとした（Hurwicz 12）。

それゆえ、歴史家 Dahn[64] と、法解釈学者 Merkel[65] とが共に、Zweck の社会理論家［的側面］と経験科学者［的側面］とを対照して、イェーリングにおいては実際上、因果的に規定された自然界が論じられているにすぎないから、このことは現実にはまったく生じないのだとすることは、論理的な反論である。イェーリング自身は、みずからの立場を明確に規定してはおらず、他方、折りにふれて価値の領域を意味することによって混乱を招きやすかった。しかし、通例、彼は正義を、一貫して、社会学的および心理学的現実にゆだねている。Kampfums Recht と Zweck のなかに、Darwin の因果的な自然淘汰思想をみることは困難ではない[66]。したがって、事実、また、Zweck 第二巻は、法理論を完全に社会学と民族学とに転換させている。Zweck 第二巻は、イェーリングの専門領域をはるかに越え出て、まさしく、特徴的な混乱のなかで習俗と流行とが現われ出る諸段階としての法の系譜学に献げられている。というのは、法と習俗と流行とを区別するのは、それらの実行の事実的状態ではなくて、それらの運用の態様であるからである。社会学的・民族学的諸事実は、いたるところで、法の生活条件をさらに詳しく証明すべきだとされる。しかも、イェーリングは、同じ意図から晩期の著作『インド・ヨーロッパ人前史』（Vorgeschichte der Indoeuropäer）において、発生学的な位相としてではなくて、民族学的な資料として彼の心を煩わす原始時代への幅広い道を切りひらいているのである。

逆に法の究極的規定は西欧実証主義の社会科学の目的論的方法によって規定されている。まさしくそれゆえに、イェーリングは主体的な目的因のために、因果的な淘汰思想に目を向けたのであった。この思想は、とくに、イェーリングが明らかにかなり初期に他の思想を媒介として議論した(67)Bentham 流の功用主義の粗野な理解において生じた。さらに、のちになって、John Stuart Mill の影響があらわれ、ここから、社会の生活条件の上位価値がとられることになった。もちろん、このドイツの思想家の強い意思の肯定は、個人を基礎としている Bentham の幸福主義（Eudämonismus）とは一致しない。彼は、意思の肯定をむしろ明らかに、社会の超個人的な生活条件をめざす客観的な功用主義に対立させている。このことは、かの晩年の会話のなかに最も明白に示されている。(68)

（64）Die Vernunft im Recht（1879）30.
（65）Iher. Jb. 32（1893）31.
（66）イェーリングは、もちろん、私たちが再び彼の息子との会話から知るように（Briefe 463）、彼の目的期において、Darwin の自然淘汰思想に対して、まさしく断固として抗議したことがある。
（67）Geist I^2（1866）27. Anm. 2e.
（68）Hurwicz 63.

Ⅵ

イェーリングがこれによって彼の学問の最深部で担った精神的転回の影響は、早くから周知である。たとえ、その転換において、破壊と建設とが結びついていようとも。私たちがその業績の所産を予想してみるならば、その所産とは、考えうるあらゆる生活価値が早くから無方向・無防備であった法学の空間にはじめて流入したことである。かかる世俗化は――というのは、このために、結局、古い法的価値の自然化が流れ去ったから――まず、法思想家たちに、当時の倫理学を通じた Nietzsche の回心が伴った破裂せんばかりの解放感のいかほどかを与え、そしてこれと同時に、唯物弁証法の攻撃的な重圧のいくばくかを与えた。もちろん、もっと詳しく観察してみれば、この転向の破壊的な特徴は、より一層明らかとなる。その解放は、伝えられた全価値の止揚の裏面でもあり、それゆえ、一九世紀虚無主義の断片である。初期の法思想家と法実務家とが、そのなかに法がはじめてあらわれてくる種々の現実を看過したというのではない。けれども、法がまだ正義の指導原理によって保証されていたので、彼らは、法の因果的な発生因ないし法の目的について問うことなしに法の効力を考えた。それゆえ、彼らは、Hegel が今一度ヨーロッパ的思惟の関連において表現したようなあらゆる解決の最高位の照準的価値を守護するのである。けれども今や、客観的唯心論の懺悔の時代［Aschermittwoch 灰の水曜日―四月、聖灰を塗り、懺悔する―訳者］にかかる究極的な価値も、自然主義によって充たされる。すなわち、これと共にこの価値は「自然」もあるいは「人間社会の現実」も、それらの直観によるカテゴリーにすぎず、現実全体ではないということを看過していたと解する。この瞬間に、法を「自然の」原因から因果的に演繹することも、法を経験的諸価値すなわち諸目的に道具として位置づけることも可能となる否必然的となる。というのは、実定法学におけるこの展開はいまだ久しく抑制されねばならなかったからである。すなわち、法律実証主義への逃避、社会と国家との大いなる過程における国家に対する要求がそれであった。まさしく、これを、イェーリングの動的な感覚は拒否するのである。（彼にとっては、しばしばそうであるように、国家と一致する）社会は法律実証主義によってまさしく自由を束縛されるであろうと、彼は考えている。

　こうした関連が適切であるならば、社会の生活価値に対する彼の告白におけるのと同様に、Jhering の構成法学には、唯一の過程の連続した二段階のみを想定できよう。まず第一に当然私たちは、従来行われてきたように、イェーリングにおける個人的な発展（Persönlicher Verlauf）を明らかにしなければならない。私たちは、気質、飛躍、わかり易い感銘を与える能力を指摘することによって、責任あるこの思想家の実に急激な転向を片づけてはならない。又たんにイェーリングがその［歴史法］学派の諸概念から生活価値の現実へと押し進めねばならなかった現実主義を論じて事足りたとしてはならない。たとえ、「私は以前から道徳と正義とを、法律学による『知性の解釈』の先頭に立ててきた」という後期イェーリングの抗議がたいして私たちの手掛りとはならないにしても、この抗議は、率直である。むしろ私たちが問うべきなのは、一方では概念形成の自律性、他方ではこの概念の有用な服従と生活目的といった外見上対立しあうところのものが、何故イェーリングの思考の必然となりえたか、そして何故、これがこの人格と矛盾を来すことのない位置を決定しえたのかという問題である。

イェーリングが探究したのは、はじめから歴史ではなくて「精神」すなわち法的技術の社会的法則性であったということにまず気がつけば、私たちは、ますますこうした観点に接近する。(69) 彼が問うのは、法認識の根拠（ratio）ではけっしてなくて、法発展の根拠（causa）である。それゆえ、すでにGeistにおいてイェーリングは、歴史家というよりはむしろ、原因論的——因果的説明によって概念技術の発生を跡づける社会心理学者であった。(70) 彼はすでにGeistにおいて、無意識のうちに、本来、法についてではなくて、心理学的・社会的な諸事実について語ったのである。外見上根拠なしに自律的な概念を引き受ける彼の「解剖学的」考察法は、これと矛盾はしない。

イェーリングは彼の精神的素質から、自律的な概念形成の法則性を（博物学的）な比喩、すなわち、機械的ないし有機的な比喩において明示することを心得ていた。けれども、こうした比喩的な語り方が、たんに非体系的な思想家の主観的な表現手段にすぎないのであるならば、経済、簡単化（濃縮）、形式的な実現可能性といった最も初期の構成理念は、すでにことごとく、もちろんいまだその基準点が明確になっていない目的を予示している。すなわち、それは、概念形成の生活価値(71)である。

(69) Hurwicz 68は、正当にもこう述べている。イェーリングはGeistにおいて（もちろん不正確にではあるが）ローマの目的思考を見い出そうと考えており、そしてそれゆえにもっぱらそれを法の尺度として導きだしているのであるから、目的主義（Finalismus）は、すでにGeistにおいて予め形成されているのだと。

(70) それゆえ久しくイェーリングの中には、歴史家の代わりに「文化哲学者」が認められてきた。（Hurwicz 58における Merkel）これに対して、——それ自体としては正しいのだが——彼の発展弁証法のHegel的特徴を参照した場合には、この「弁証法」は自然主義的弁証法、すなわち、素材の運動であって、みずから生じてくる精神の運動ではないという点はすでに指摘されていた（vgl. Anm. 59）イェーリングの解するHegel像は、Hegel左派のそれと同じように、見捨てられたHegelである。

(71) 「それゆえ、目的概念は疑いもなくイェーリングの精神的個性それ自体のうちに根拠をもっていた。」（Hurwicz 70）

次に、イェーリングの初期の著作が有している法有機体（Rechtsorganismus）の解剖学的考察と生理学的考察との間の本来的な矛盾は、すでに目的への展開を準備している。イェーリングが法有機体の「生理学」ないし「機能」について語りはじめるやいなや、彼が諸概念を道具として規定していることが明らかとなる。そうした関係は、目的と手段との関係からのみ理解できるのであり、ただイェーリングがこの段階ではいまださまさしく目的を規定するまでには達していなかっただけの話である。彼の心の眼の前にこうした目的が現れてくればくるほど、概念の自律性と没目的的性とに対する彼の古き学派的信仰は、ますます色あせていったのであった。それゆえ、ふたつの考察性は、その外見的な不一致にもかかわらず、ひとつの方法の論理的な帰結だった。すなわち、法の発生と規定との自然法則的、非歴史的、ないし非規範的な基礎づけの論理的な帰結だった。初期には、まだこの方法が歴史的な観念的残滓のもとに隠されているということには何ら変わりがない。それゆえ、実際上、イェーリングは、自然化された生活価値における超越的な妥当価値の転換者として、どのような結果に至るかをすでに考え始めていた。このことは、彼と同じタイプの創造的な人物においてしばしば見られるように、想像（Phantasie）から現世（Welt）へ、夢想から実行（Tat）へと達した彼の個人的な発展過程に対応している。

外見的な矛盾をイェーリングの個人的な思想過程に解消することはそれ自体あまり効果がないであろう。けれども、Jacob Burckhardt の有名な言葉によれば、優れた人物においては個人的なものが一般的なるものと「合致する」ものである以上、イェーリング自身の経験と決意とは、同時に一般的な哲学上の意識から切断されたドイツ法学の状況の妥当な表現でもある。パンデクテン法学の自律的な概念形成と、法をたんなる自然主義的な価値の手段として説明することとは、いいかえれば、論理実証主義と自然主義的実証主義とは、排斥しあうものでなくて、むしろ必然性をもって相互に求め合うものであるということになる。(72) というのは、両者ともに、法に固有な中枢的価値の欠落に関する共通な表現であるからである。たとえ、従来、法概念の形成が、論理的な手段ないし素朴な「自然史的」な直観という処理を使って決定の正義価値によって規定ないし拘束された形成であったにしても、いまや、論理的・美学的あるいは他の任意に選択された標識に応じた解き放たれた概念技術が可能となる。けれどもこの瞬間に、従来なお随伴した自然法の公理主義は、おのずから瓦壊せしめられる。というのは、もし法がもはや法に固有な正義という価値によって認められないのならば、そのかわりに、個人の「会社」ないし「取引」の「利益」ないし「便益」(Nutzen) といった目的の代用概念が立ちあらわれねばならないからである。すなわち、支配的な価値体系の崩壊が認められないかぎりは暫時、論理的概念形成の自律は、なおたんなる目的に対して自己主張をなしうるのである。

けれども、結局、無関係な概念技術と法に外的な目的とがもう一度衝突しなければならないので、これに対して概念技術の専門的な主張者の権威ないし惰性も又抵抗しうるかぎり、ついには、たんなる概念技術の明らかにわずかな生活価値が必然的に社会ないし「生活それ自体」の圧倒的な生活価値のために犠牲に供されることとなる。そして次に、かの生活価値は、まったく相対主義的かつ多元主義的に「自由な個人」、「市民社会」、「プロレタリア」、「国民」(Volksgemeinschaft) ないし「取引」の利益として規定される。その特徴を端的にみれば、これは、現代初頭までのドイツ私法の歴史である。(73)

(72) 実際、Hurwicz が考えているように、歴史学派がすでに法を原因化された(因果的に生起する) 現象として考察しているということは、適切でない。歴史学派はむしろ、なお、自然法を糧として生きたのである。けれども、後期の歴史的実証主義は法を因果現象として考えているのだが、他方、社会政策家にとって法は、目的によって規定された社会現象としてあらわれる。そのかぎりにおいて、確かに「因果関係」(Kausalität) と目的 (Telos) とは、イェーリングにおいては綜合 (Synthese) されている。「進化思想 (Der Entwicklungsgedanke) は、因果関係も目的思想も自己のうちに含んでいる」(Hurwicz 9)。けれども、進化思想は、各々の存在論のなかに、それ固有の顔をもっている。そして、因果的な考察と目的的な考察とは、必然的に求め合うという説明は、イェーリングの自然主義的な進化思想についてのみあてはまる。イェーリングにおいて、因果 (Kausa)

と目的（Telos）とをひとつに結びつけているのは、進化思想ではなくて、自然主義である。

（73） 概念形成の諸方法および法目的の規定の諸方法も又、かかる状況のもとではますます接近しあう。すなわち、――Christian Wolff のはなはだしく批判された自然法においてなお熱心におこなわれているように――概念形成がもはや上位の正義価値を志向しなくなるやいなや、概念形成は、あらゆる任意の方向に帰しうることとなった。とりわけ、自然諸科学と社会諸科学との因果的な世界解釈の影響の下では、素朴な因果主義という邪路に陥ることがありえた。けれども、規範の因果的――心理的な存在根拠（cause efficies 動力因）と心理的な目的(cause finalis 目的因)とは、動機において合致するので(Vgl. Rümelin 66, Anm. 1; Stammler, Wirtschaft und Recht 376)、概念形成は、結局、法の目的的な規定に同化したのである。

Ⅶ

イェーリングの転向が、時代状況の必然的な表現であったとするならば、現代にまで及ぶ彼の影響の程度と多様さは明らかである。(74) 厳しい批判者たちは、自然主義という共通の基盤に立ってあらわれるやいなや、ふたつの面からイェーリングの転向を引き合いに出すことができた。さらに、没価値的実証主義、論理実証主義ないし法的実証主義でさえ、概念技術者たるイェーリングをその証人とみなすことができた。ともあれ、構成法学の影響は、まさしくイェーリングの転向によって急速に抑制されていった。いずれにしても、概念法学の実際は、すでにパンデクテン法学の確固たる所有物となっていた。したがって、その真の影響がまだ不十分にしか評価されていないイェーリングの方法的諸発見は、ますます大陸法学の周辺部で持続的な作用を果していった。(75)

(74) イェーリングにおける「綜合的な幅広さ」(largeur synthtique) の多面的な影響について適切なのは Bougle a. O., 132f.
(75) E. Wolf 520. mit Nachweisungen. Anm. 2 u. 3.

自然主義化は、幅広くより持続的に、イェーリングの目的理論によって影響し続けていった。この自然主義化が「民族」法学にまで至る法史(76)の全分野のいちじるしい素材の固渇に対して与えた良心から目を転ずるならば、その自然主義化は、とくに私法学そのものにおいて、それが見い出した強固な概念的伝統にたいして徐々に、しかし、次には決定的に自己を貫いて行き、その結果、目的論的な概念形成は今日支配的な概念形成と見なしても差し支えなくなっている(77)。自然主義化は、二つの波として実定法学に流れ込んだ。急進的な「自由法学派」は、一八九六年のドイツの法的素描以来、理論と実践について所有物を得た法律実証主義に対する反作用であった。それゆえ、自由法学派は、イェーリングの意味において社会の諸目的に関して、裁判官をふたたび押さえ込んだ。裁判官はもはや法律の下僕（Gesetzesdiener）ではなくて、「裁判王」（Richterkönig）であり、「自由な」法発見、すなわち目的に従った法発見によって法律に反してさえ、社会の目的的諸利益を貫くべしとされた。自由法学がイェーリングから継承したのは、たんに、歴史法学派と概念法学とに対する至当な闘いの合言葉だけにとどまるものではなかった。さらに深刻な結果なしには留まることのない自由法学に固有の決定論もイェーリングの利益概念なしには考えられないのである。

自由法学派は、嵐のような出産にもかかわらず、より幅広い成功を収めはしなかったけれども、より広い展望と良心的傾向、および、本来専門的な見解であるより控え目な要求は、ますます持続的な影響を及ぼしていった。Ph. Heck とその相弟子たちによって基礎づけられ、著名な法解釈学者の仲間によって継承された利益法学は、法的諸価値の内容的な説明ないし規定に対するその他の要求を申立てることなしに、裁判官による法発見の方法だけを示そうとしている。というのは、この方法は、自律的な概念解釈学をも、思想上任意に設定された利益ではなくて実定法によって確立された利益のために役立てる可能性に関連しているからである。この点から、まさしく自律的な解釈学によって強制された評価の中立化と一様性とは国家的な法制定の合法的な利益としてあらわれるという前提において、法を道具として規定することと自律的な法律実証主義ないし概念実証主義とは相互に正当視されうるのである。(78)

(76)　イェーリングがその晩年においてもなお、この素材の拡大を導入したL. Mitteisの『国家法と国際法』(Reichsrecht und Volksrecht) をとくに優れているとして歓迎したことは実に特徴的である。(Briefe 433 f.)

(77)　もちろん、支配的な法理論の穏健な目的論は概念形成法のなかには、自然主義の影響とともに、規範実証主義的な新カント主義の概念形成法が浸透している。

(78)　Hurwicz 92.

利益法学の中には、——それによって何ら価値判断を与えるべきではない——実証主義の三つの変種が縺れ合っている。実質的な法価値に無関係に概念法学の方法を規定する企ては、イェーリングによってはじめて可能となった自律的な法技術、すなわち、解釈学的実証主義に特徴的である。この技術の目標は、立法実証主義によって規定されている。利益法学は、法律から自由な空間において、立法者の明白な紛争解決には無関係に、制定法が、制定法の側から見た利益紛争を解決してしまったとするその利益に従って決定されている。それにもかかわらず、この学派の実質的な価値概念は、後期イェーリングの社会学的実証主義からの出自を否定しない。すなわち、実証的（positiv）に設定された目的図式に従った利益対立の解決が、法実現の任務としてあらわれる。そのさい、かのあいまいな「利益」という言葉は、明白な強調によって、たんに経済的な個々の利益としてではなくて（たとえば社会的利益、国民政策的利益、文化的利益といった）考えうるあらゆる社会利益としても理解されるべきであろう。これも又、個人主義的ないし集団的な生活価値に対してイェーリングの相対主義が有するきわめて特徴的な遺産であろう。したがって、その方法が、諸利益の数値の世界観的規定（たとえば自由主義、個人主義）に対して確定化されることに対して明白に自己を守ろうとするならば、このことは、実に適切であり、しかも、たとえいずれにしても利益計算が法律的に確定化された社会利益のために行われるにしても、その方法は、ひたすら考慮された個別的利益の均衡を通じて、もっぱら利益の実定的序列規定を建て直しうるのだという点が、この方法と比較されるべきである。けれども、これはまさしく、法律的な確定化を別にすれば、イェーリングによる法目的の規定法である。それゆえ、利益法学がイェーリングから隔っていたことは、とくに効果があったわけではなく、また、共同利益（Gemeinschaftsinteresse）ないし「倫理的」ですらある利益の無制限な保障（Blankettschutz）に言及することによって法の自然化を緩和する試みは、イェーリングの類似の試みと同様、原理上無用なのである。法秩序とは、法の方向ではなく、それゆえ、法の利益ではなく、実現された法である。すなわち、正義も又、法の方向ないし法の目的にとどまるものではない。

けれども、かかる傾向の主張者「イェーリング」が有していた非難の余地なき学問的情熱と発展せしめられた解釈学的・実践的な意義とが自由法学派に損害を与えることを回避し、それよりも古い概念法学を適切かつ有効に批判し、強い法教育上の影響を実務に与えたということは、直ちに附言しておかねばならない。方法論の批判に限定された議論は、ほぼ必然的に、利益法学がドイツ法学の中にあえて認めようとする生活行為の不当な歪曲と矮小化とに立ち到るであろう。利益法学の創始者の影響は、法知識は行為において実証されねばならないのであるから、重要な法学者が否認しうる方法によってすら法に該当する一典型例である。

もっと以前のさらに注目すべき影響は、刑法学において法学的自然主義に与えられていた。Franz v. Lisztの主張する社会現象たる犯罪の因果的説明、および、目的刑（としての）刑罰（および刑罰規範）の規定は、かかる形式における後期イェーリング抜きには考ええないであろう。[79] すでにイェーリングは、[80] 実に刑罰を「社会的装置」（sozialer Mechanismus）として理解し、生活条件の保障が刑罰の目的であると規定していた。彼はもはや刑罰の根拠を威嚇された行為の違法性には見ず、まさしく保証された利益のためにする「刑罰の圧力」（Strafdruck）という合目的的性の中に見い出していた。したがって、結局、刑法は、「肉体的―経済的」（physisch-öconomisch）および「理想的な生活条件」（ideale Lebensbedingungen）の「価値尺度」（Werthscala）としてあらわれるのであり、事実上特徴的な転向とともに「刑罰表」（Straftarif）（492）としてあらわれるのである。[81]

（79） Liszt のイェーリングに対する信仰告白は、すでに、Marburger Universitätsprogramm 1892. のちには、Archiv f. Rechtsphilos. 1910, 611 ff.; 別の証言は、Liszt 学派から出た Hurwicz 105, Anm. 1.

（80） Zweck I^3 483 ff.

（81） 現代に対する Liszt の持続的な影響については Eberhard Schmidt a. a. O., 220 ff.

実際 Liszt は、後代に属する人として、そして、倫理的・社会的な革命（Umwälzungen）に対する刑法の迅速な反応によって、実に明白で輝かしい影響を展開した。すなわち、彼は、イェーリングがはじめて観た未来の領域をほとんどすでに掌握していたのである。たとえ完全な勝利が与えられてはいないにしても、Liszt 学派は、世界大戦の転換期以前から、ドイツの国土をはるかにこえて実に幅広い学問的・立法政策的な影響を与えてきた。この影響は、外見に反して、今日でもまだ終っていない。[81] Liszt におけるのと同じように、イェーリングにおいては、法が比の世のものたることに対する信仰の二つの異なった胎児たる個人主義的傾向と社会主義的傾向との間の深い相剋は、まだ懐かれてはいなかった。[82] 第三帝国におけるドイツ刑法の発展は、活動的で反個人主義的な転向によって、イェーリングと Liszt との Magna-Charta 思想を排除して、刑罰の目的的機能を大きな重圧で法違反者に向けた。[83] けれども、そのさい、犯罪の因果的分析という課題と犯罪学上の犯罪者類型学とはますます後退していった。

(82) Magna-Charta 思想も、イェーリングにおいてはすくなくとも予め形成されていた。「刑法の組織化は、社会にとってというよりもむしろ犯罪者にとって少なからぬ利点を有している。」(Zweck I[3], 461)

(83) すでにイェーリング、Zweck I[3] 428 ff. は、国家法的な罪刑法定主義 (nulla poena sine lege —法律なければ刑罰なし) による刑罰の社会的保障機能の拘束に反対している。

一方、刑法解釈学の方法も又、イェーリングによって言及されないでは終わらなかった。いずれにしても今日、目的論的な概念形成は、根本的には Liszt の媒介を通じてではあるけれども、刑法学の中に強固な基礎を有してはいないので、目的論的努力の古いすみかである私法学は、(目的論的な)「刑法上の概念形成」の「独自性」に関する教示を他の陣営から聞かねばならなかった。[84] けれども実定法解釈学において目的論的概念形成があらわれてくる所では紛れこんでいることの多い新カント主義的潮流とならんで、イェーリングの遺産が関係している。

(84) たとえば、Vgl. Bruns, Die Unabhängigkeit der strafrechtlichen Begriffsbildung (1938)

しかし、この精神的影響は、なお巾広く今日にまで及んでいる。目的からするイェーリングの法の規定は、歴史的実証主義、解釈学的実証主義ないし規範主義的実証主義一般とことなり、はじめて新たに法批判と法政策とをさらに社会的格率に高めることを可能にした。もちろん、その批判は、もはや自然法のなした批判のように、ア・プリオリに行われるのではなくて、経験から行われるものである。事実、法秩序の刷新に精神的に参画する多くの学問的諸潮流はこうした可能性を共にもっているということは見落とされてはならない。その刷新の意味するより高き生活価値のために、これらの諸潮流は、専門的学問の古びた伝統を除去しなければならないあらゆる法政策的な刷新を成しとげるであろう。そしてそのさい、その限りにおいて、イェーリングの解放の偉業を参照しうるであろう。

けれども、彼が古き価値体系を退けたように、学問的諸潮流は、継受された法学的な概念形成の自律をも退けるであろう。そして又、(現代の自然法運動のような)古き価値体系のたんなる復興でもなければ新しい実質的な価値体系をめぐる努力でもないあらゆる精神的な刷新の試みがそれに続くであろう。[85] したがって、形式的な法および概念からの回避を重視し、生活価値とくに経済的・社会的価値を参照することを重んずる多くの公式と主導的価値とは、それらが法をそれ自体としては法に無関係なより高次の生活価値の手段として理解するかぎりでは、イェーリングを継承しているのである。このような種々の特徴は、イェーリングの抱いた問題が当時の市民社会の状況に限定されたものではなかったということを示している。イェーリングから私たちが見い出し論じたのは、前世紀の市民のことだけではなくて、未来の社会主義者のことでもあった。すくなくとも彼の課題は、今なお私たちの課題であり、そして、結局このことは、私たちに、自らを尊重する義務を負わしめているのである。

(85) それゆえ、E. Wolf (521) が言おうとしているように、具体的秩序の理論は、イェーリングの責任ではない。具体的秩序の理論は、経験的状態を「秩序」とみなしうる場合にのみ、そうなのである。E. Wolf (a. a. O.) が同じように具体的秩序の理論と関連づけている制度の理論 (théorie de l'institution) についても、別の理由から同じことが言える。けれども、下記参照 (A. Beck, DJZ. 1936)。

VIII

イェーリングにおいては、まず第一に専門分野の中心部で現世的な生活感情の幸福と必要とが示されていた。彼は、法学という空間のなかで、最初の人として、直観という大いなる真実によって、たんなるありのままの現実への避けることの出来ない出発をなしとげた。もしこのことが、ドイツ哲学思想の今なお作用している価値からの離反であったとするならば、私たちは、その責任を彼に負わしめず、なおこの伝統のなかでより狭量ないしより安全に安住していた同時代人と同僚たちよりもわずかに早くイェーリングが認識した究極的には宗教的である古い価値体系の崩壊にその責任を負わしめるであろう。(86) それに、情熱的な無宗教はいぜんとして新たなる信仰の萌芽であった。私たちはこの点でも、〔古い価値体系からの〕離反のみならず、もちろん、その〔価値体系の〕究極的な規定のなかになお隠されていた新しい現世性の価値への信心深い転向をも見る。(87) 歴史状況の不可逆的な弁証法に照して古びた基本的価値を再建することはできなかったし、価値の転覆というカオスの中で新しい正義という概念を洞察することはできなかったのであるから、イェーリングは裸の現実から法の規定への誠実な歩みを進めたのだと私たちはイェーリングを評価しなければならないであろう。イェーリングが法の効力さえも、もっぱら因果的な経過からのみ基礎づけたように、こうした〔法の〕規定は、時間の法則に従って、ただ、経験的な個別的目的に関連した規定であるにすぎなかった。

(86)　Windscheid におけるこうした結びつきについては、おそらく若干の過大評価を有している E. Wolf 463, 468 参照。Wolf によって正義への強い意思について述べられているように Windscheid をイェーリングに対して卓越させることは、Windscheid の人間的弱点から認められない。「偉大さとは、私たちが（それ以上）たりえない所のものなり」という態度をイェーリングにとらせることはむつかしいであろう。

(87)　「イェーリングは、革命的に新しい法倫理学、すなわち反キリスト教的、現世的な法倫理学を、絶対的な意思肯定及び、生活の肯定という精神から基礎づけた」という Merkel (27) の指摘はまったく正当である。イェーリングの著作における意思 (le Désir) の中心的位置については、また、Borugle 132f., 103f.

けれどもこの瞬間に、彼は、測り知れない新しい現実空間へ至る扉を次の世代に開け放ったのである。すなわち、彼自身の著作は、ことごとく、こうした征服の幸福感を物語っている。かかる素材の存続との関連なしには法思考の創造的な継続はありえなかったという点については注意しなければならない。イェーリング以来、私たちは、人間の存在を欠いて、すなわち、法の人間学を欠いて、法の当為を根拠づけることはできないということを、くりかえし認識している。近代法学が現実科学、すなわち社会科学である点は、イェーリングに負う所多大のものがある。とりわけ近代法学は、社会診断に向けた法の姿の前進的な自己解明をイェーリングに負っており、この世において目的的に行為する意思の力に対するプロメテウス的信頼を彼の生活感情に負っている。

現世性の新しい超時代的な価値をうち立てることは、彼の能力の外にあった。彼は来るべき価値の最も一般的な基本方向をほとんど画しえなかったのであるから、イェーリングを、Marx, Burckhardt, Nietzsche といった病める時代の他の診断学者たちと同一に論ずることはできない。たしかに、そのさい、彼が実に無意味な表現のために、法学と法哲学との偉大な伝統形式たる思想的成果全体を犠牲にしたことは、否定的な念を起こさせる。さらに彼は、「彼の言う『自然』、彼の言う『生活』はそうした現実ではなくて、彼の主観的な直観の結果だ」という、あらゆる自然主義に対する理性批判の幅広い抗議に対して始めからあまりにも無防備に身を晒した。まさしくイェーリングにおいてかかる直観がどれほど密接に主観性と結びついていたかという点については、上記で私たちの見た通りである。

けれども、実際にはこの点にも、論点の首尾一貫性と実りの豊さとが存在した。というのは、思想の体系的な結果ではなくて、いまだ形の整っていない直観内容と意思の動因こそ、イェーリングが彼の時代に伝えた新しい点だったからである。この新しい点は、まさしく、かの時代に法哲学者たりえなかったイェーリングの行為者としての地位を決定している(88)。この意味において、私たちには、足場の完成していないイェーリングの思想構造ではなくて、イェーリングの思考それ自体（Denken）が彼の偉業だったのだと思われる。

したがって、そもそもイェーリングは、真の闘士の典型であるのみならず、現世性の諸価値への現代的開拓の価値ある代弁者でもあるのだろうか。事実、彼の法目的の考察は、この新しい価値を流し込みうる直観形式を見い出さなかったのか。その結果、たとえば、自由主義的な個人利益ないし集団主義的な社会利益の代わりに、利益を、もっと詳しく言えば、共同体ないし社会の便益（Nutzen）を代置できるのであるから、こうした諸形式を、簡単に、現代的課題に「適応」させうるのではないか。

これにはこう答えるべきである。すなわち、まさしくこのことはなしえないと。なぜならば、共同体および社会は、何かある特殊利益ないし部分的生活価値の実行機関ではないし、演繹されるべき自己目的（Selbstzweck）を出るものでもなく、したがって、おそらくもっと適切にいえば、けっして目的ではなくて、あらゆる目的を越えた存在であるからである。そして、社会においては、個々の目的は、法のより十分な妥当根拠ですらないのである。もちろん、現に法政策的行為が計画的であるかぎり、そのように創設された法は、同時に当然合目的的でもある。けれども、法が妥当するのは、その合目的性のゆえではなくて、その正義のゆえにである。

（88）　理解力あるのは、E. Wolf, 521/22.　また、520. Anm. 6　参照。イェーリングの意見は、しばしば「理論的には実に無意味であるが、しかし象徴的な比喩としては実に明瞭である。」

このことは、それ以上のことに立ち到る。イェーリングとその継承者たちとが私たちになお影響を与えるべく残した点を、私たちは忘れてはならない。生活の経験的な部分目的のためにする法の解放は、新しい生活意義によってのみ照らされうる驚くべき企てだった。というのは、規定の対象が変化したことを理由として古い実定法が場合によっては不法に転じないかどうかという真正な問題、そして、不法がたんなる合目的的性によって合法に転じないかどうかという古くて永遠に新しいソフィスト的問題、法に関する人間のかかる二つの基本的問題の宿命的な取り違えに対して、上記の企ては有利にはたらいた。イェーリングの目的論は、この二つの問題をただちに否定するわけではない。

ところで、このような問題は、まさしく古びた法的確信の変革においては、けっして提出されるわけではなく、さしあたってそう思われる場合も多い。つまり、これらの問題は、古い伝統は不法に転じないかどうかというあらゆる革新のもつあの真正面切った問題と同一ではない。もし新しい良心が生じているならば、まだ効力を有していない多くの制定法のなかに、もはや正義は含まれてはいない。最高の正義は最高の不正義である。(summum ius summa iniuria)。新しい法観念による実定法のかの持続的な批判は――たとえそれがいまだ廃止されていない古びた法の新しい心情によって『目的』として規定された解釈に帰着するものであろうとも――法を自然化することによって何ものをも意味しなかった。

けれども、目的のために法を解放することは、もしこうした新しい存在意義を欠如するならば、たとえば経済的利益、個人の保障、階級の支配といった、あの姿意的に上位価値に向かって声高に叫ばれる部分目的において正義そのものを放棄することを意味する。というのは、――たとえば、死せる実定法規範ではなく――正義そのものを、たんなる部分目的に服従させることが正義の放棄に立ち到らないのは、新しい正義と新しい法的良心とがすでに実現されている場合に限られるからである。しかし、その場合には、もはや経験的な部分目的からする法の道具的規定は不要である。正しい秩序の産出は、すでにそれ自体で正しいのである。(89)

(89) 法理論に適用すれば、このことの意味は、無論私たちが法の因果的な諸原因、法の経験的な諸目的、法の諸概念を否定はしない――イェーリングによればこれはけっして可能ではないのだが――。けれども、私たちはそうした方向への絶対的な指向を思い出さず、したがって、法と正義という上位概念からする方法的な影響なしにそうした絶対的指向を排除しうるということにある。たとえば、私たちが報告の内容のみを理解するや否や、どの叙述の素材にもとづいて報告が私たちに伝えられるのかということは、上記と同様に、それほど問題ではないのである。

したがって、成功せしめられた現行の社会秩序においては、正義がそれに奉仕すべき特殊な個別的価値に関する問題は、すでにその問題の存在自体がそれにふさわしい正義の自己実現なのであるから、その問題は無意味であるということになる。成功せしめられた社会のそれ自体意味ある存在は、ただそれだけでも、すでに正しい存在なのである。イェーリングの意味をもたない現実においては、どれほど技術的に手段と目的とを技術的に配列してみても、正義を想起させることはできないであろう。

ところで、イェーリングの言う社会とは、こうした正義がそれ自体としてはありえない世界であった。それゆえ、この世界においては、以前の共同体からかつて生じた法学（Rechtskunst）も無関係となり、それゆえ、正しからざるもの（ungerecht）となった。イェーリングが首尾一貫して求めたのは、彼によってすでに予感されはしたもののなお程遠かった新しい正義の代用物たる目的であった。それゆえ、イェーリングの懐いた問題は、法がふたたび正義たりうる場合には克服されるのであって、部分的な日常的目的（Tageszwecken）に照らして明らかにされる必要はない。そうなれば、法はもはや目的を有するのではなくて生活を有することになる。かくして、イェーリングの偉大さと彼の限界とは明らかである。彼はたしかに、新しい現世性という岸辺へいざなう渡し守り（Fährmann）ではあったが、しかし、いまだ新しい楽園と新しいこの世とに対する信仰の予告者ではなかったのである。

参考文献

イェーリングを研究するため、私は場合によっては、公刊された資料しか利用できなかった。下記二冊の書簡集は、優れた個人的記録を含んでいる。

○（彼の娘）Helene Ehrenberg 編、Rudolph v. Ihering in Briefen an seine Freunde, 1913（以下 Briefe と略

記）

○ Biermann, Rudolph v. Ihering. Briefe und Erinnerungen, 1907（以下 Biermann と略記）

二冊とも、イェーリングと批判的―友情をもって結び付いたE. I. Bekker の優れた評価などの貴重な回想録（Biermann 105）と息子 Heinrich［正しくは Hermann―訳者］の回想録（Briefe 466）とを掲載している。――私たちは、評価と批判とに関して、Josepf Kohler の極度に誤謬に因われた不純な議論（Goldtammers Arch. 54. 1 ff.; Holtzendorff Kohlers Enzykl. d. Rechtsw. I 11 ff.）に負う所は少ない。憎しみが醒めた眼を持つことは、めったにない。Kühnast, Iherings Definition des Rechts in Gruchot 1880, 153 ff. からも、同時代人の偏見があらわれている。一方、Kuntze の畏敬の念にみちた回想録 Ihering, Windscheid, Brinz (1895)も、鋭さと明瞭さとを欠如している。実に優れた見解は、Merkel の追悼文 Jhen. Jb. 32（1893）6 ff. にみられる。（山口編訳、前掲書所収―訳者）早期の公平な理解は、フランス人 Bouglé, Les sciences sosiales en Allemagne（1902）^{2}, 103 ff.（若干名の他の学者によるイェーリング像の変形については下記参照。E. Wolf, Große Rechtsdenker, 524 Arum. 2)

今世紀最初の十年以来、より確固たるイェーリング像を可能とする距離が、はじめて得られた。Landsberg の叙述（Gesch. d. dt. Rechtsw. III, 2a, 791 ff.; 以下 Landsberg と略記）は、その掘下げとその時代によって制約された限界とにおいて今日まで影響を及ぼしている。Hurwicz の研究 Die Stellung Rudolph v. Ihering in der deutschen Rechtswissenschaft (= Abhandl. d. Kriminol. Seminars Berlin, Neue Folge, Bd. VI, Heft 4, Blm. 1911) は、イェーリングにおける唯一の物ならぬ自然主義的法理論の精神から鋭くかつ一面的なイェーリングの位置決定を行っている。下記三人の偉大な私法解釈学者は、優れた妥当な評価およびイェーリングとの方法的論争の等しい継続を伝えている。

○ Merkel, Iher. Jb. 32 (1893), 6 ff.

○ Rümelin, Rud. v. Ihering, Tübinger Kanzlesrede 1922.

○ Karl Wieland, Andreas Heusler und Rudolph v. Ihering, 1935.

私たちは最近の重要なイェーリング像をErik Wolf, Große Rechtsdenker der deutschen Geistesgeschichte, 491 ff. に負う。そこでは、イェーリングは、ドイツの法観の特殊な関連においてかつそれゆえにしばしば代表的な現象として分類されねばならなかったので、議論の継続は、私たちにとって、こうした像をも必要とすると思われる。けれども、すべての原子は言いにくい（omne individuum ineffabile）。また、同書のイェーリングの叙述にみられる判断は実に厳密で正しいのだが、まさしく、Wolf の書における多くの人物をとにかくはっきりと役立てるかの補足、すなわち、描かれた人物の最も隠された価値をはじめて切り開く共感のかの過剰さは欠けていると思われる。〔一九六八年の追記・同書の以前の版についてこのような批判は、とくに同書の後の版（一九六三年第四版六二二―六六五頁参照）に対してはもはや言えない。〕

文献補遺（一九四三―一九六八）

a）伝　記：K. A. Hall, Erinnerungen einer alten Rostockerin an R. v. Jh. Gött. Jb. 1955/6, 85-92 : R. v. Jhering, Kurzer Lebenslauf（1879）, bei Chr. Rusche, Der Kampf ums Recht. Ausgewählte Schriften（Nürnberg 1965）445-448 ; Radbruch, Einleitung, ebd. 7-14 ; Rusche, ebd（Nachwort）467-478 ; Eril Wolf. Große Rechtsdenker[4]（1963）622-665（Bibliographie : 666 ff.）; W. Wertenbruch, R. v. Jh. in Staatslexikon[6] IV（1959）201-203 ; F. Wieacker, R. v. Jh., in: Die großen Deutschen V（1957）331-340 ; さらに下記に所収　in: Gründer u. Bewahrer. Rechtslehrer. d. neueren dtsch. Privatrechts-geschichte（1958）197-212.

b）著作の解釈：Baratta, Positivismo giuridico e scienza penale（Milano 1965）93 ff.; G. Boehmer, Grdl. d. bürg.

Rechtsordnung II 1 (1951) 132 ff.; P. Coulombel, Force et but dans le droit selon la pensée juridique chez Jhering, in: Revue trimestr. de Droit civil 56 (1957) n. 4. 609-631 ; W. Friedmann, Legal Theory[3] (London 1953) 215 ff. u. ö.; C. J. Friedrich, Die Philosophie d. R. in historischer Perspektive (1955) 93 ff.; E. v. Hippel, R. v. Jh. als Begründer d. Rechtspositivismus, in Neues Abendland 6 (1951) 322-326 ; K. Larenz, Methodenkehre d. Rechtswiss. (1960) 22 ff.; 42 ff.; Pasini, Saggio sul Jhering (Milano 1959) ; Porzio, Formalismo e antiformalismo nello sviluppo della metodologie giuridica, in Boll. Bibl Ist. Girudici Napoli 7/8 (1961/62) 280 ff.; 322 ff.; *W. Scbönfeld*, Grundlegung d. Rechtswiss. (1951) 447-453 ; 514 ff.; Seibert, JZ. 1965, 354 f.; J. Stone, The Province and Function of Law (Cambridge Mass. 1950), cap. XI ; Tomberg, R. v. Jh. (Bonn 1946) ; Gonzalez Vicén, Annuario de filosofia de Derecho 8 (Madrid 1961) 21 ff.; R. Walder, Das Wesen d. Gesellschaft bei Adam Smith u. R. v. Jh. (Kieler Diss. 1943) ; W. Wertenbruch, Versuch einer krit. Analyse d. Rechtslehre R. v. Jhs. (Neue Kölner Rechtswiss. Abh.; Berlin 1955) ; Wieacker, Privatrechtsgesch. d. Neuzeit[2] (1967) 450-453 ; 564 ff.; W. Wilhelm, Zur jurist. Methodenlehre im 19. Jh. (1958) 72 ff.; 88 ff.; 112 ff.; Erik Wolf (上記参照).

c) 著作の新しい展望：Pasini, Saggio sul Jh. 203 f. および Erik Wolf 664 f.

6　エルンスト・E・ヒルシュ「法教育改革者としてのイェーリング」（日常生活の法律学）

解　説

現代日本の大学改革は、戦後日本の五〇年間に大学制度のなかで発生したさまざまな歪みを修正して、国際的な競争力を大学制度にも研究者にも学生にも要求するものである。理事会の経営能力、職員の行政能力、教員の教育・研究・行政能力、学生の学習・研究能力などに対する自己点検・自己評価・他者点検・他者評価をすすめることによって、個々の大学に競争力を養成し、すでに開始された大学冬の時代に向けてのサバイバル・ゲームを推進し、このことを通じて大学それじたいの淘汰を行うことが、大学改革のひとつの狙いである。

近い将来には、すでに一般企業において進行している終身雇用制度の見直し、定年退職年令の若年化、六五歳定年制と任期制の採用、常時転退職勧奨制の実施、国公立大学の独立行政法人化など、大学教職員の雇傭関係に関して、大学経営のスリム化がおこなわれると予測される。これもまた、大学改革の一面である。これらの大学改革の背景には、いまや世界経済の一翼を担うにいたった日本資本のサバイバルにとって必須となっている、国際化、情報化、多様化、スリム化、規制の緩和・撤廃、国際的競争力を有する人的・物的資源の確保、国際的競争力をもつ新しい商品の開発、商品と顧客の差別化と囲い込み、安価ではあるが優秀な労働力の安定的確保と販売システムのネット・ワーク化、インターネット上の顧客たるネチズンを念頭においた新販売システムの構築、E–mail によるビジネス・インフォメーション革命、などが、存在している。これらに対する対応こそ、大学改革の実際的理由であると言えよう。

各地の大学法学部において、法律科目の講義、ゼミ、共通科目などに関する教育方法改善のためのミーティングがもたれ、教員が直面している教育方法にかかわる問題点が様々に話し合われてきた。現代学生の気質の変化から就職氷河期のなかでの四年生ゼミの出席率の低下まで、多岐に亘る話題が提起されてはいるものの根本的な解決策などあろうはずがなく、可能な所から試行していくしか手はないように思われる。さらに、また大学改革のなかで教員自身にたいして恒常的な自己変革と創造的な自己研鑽が不断に求められていることも確かである。法科大学院の設置は法学それ自体の変容をもたらすだろう。

このような問題意識をもって、本稿では大法学者ルドルフ・フォン・イェーリングによる法教育改革の実際を、エルンスト・E. ヒルシュの論考「法教育改革者としてのイェーリング」に学ぶ。本稿は、ヒルシュの論文の忠実な翻訳ではなく、不要と思われる議論は独断で省略してあるが、ほぼヒルシュの叙述に沿っている。

カリフォルニア大学においても授業方法改善のノウ・ハウを公開する試みがなされていることは、広く知られているが、改善法の一般論だけではなくて、特殊に法教育・法学教育の授業方法改善のノウ・ハウを、個々の教員が経験と能力に照らして工夫をこらす必要は、いずれの国においても必要なものであろう。その場合、百年前の試みであるとは言え、イェーリングの実践例は、私たちにとって十分に参考となるように思われる。

北川善太郎によれば「大学における法学教育は戦後の法学界では難問中の難問の一つである」（北川善太郎『法解釈システム』序説—法律家と判断する機械との役割分担について」、『法学論叢』第一三二巻第一、二、三号、六頁）とされている。けれども難問だからといって避けている余裕は、私たちにとってもはや残されていないと思われる。一方でイェーリングの経験に謙虚に学びつつ、他方で私たちなりの創意に満ちた工夫を大胆に試行しつつ突き進むしか、残された道はないであろう。

本稿は次に基く。

Ernst E. Hirsch; Jhering als Reformator des Rechtsunterrichts (Die Jurisprudenz des täglichen Lebens); (in) Jhering Erbe (1970, Göttingen), S. 89—100.

エルンスト・E・ヒルシュ「法教育改革者としてのイェーリング」論（日常生活の法律学）

ルドルフ・フォン・イェーリング『日常生活の法律学』は、大学教育のための法律事件集であり、それゆえ、簡約な教科書類と同様、明らかに――おそらくはドイツとオーストリアにおける――現代の法学教師および法学生のための法学文献の一種である。教授学の観点におけるこのような法律事件集は、――たとえ解答がついていようとなかろうと――法学教育と法学試験との形態と密接に結びついている。

大学改革と法学研究の改革とは、いわゆる西欧世界の各国で焦眉の課題となっている。けれども、大陸法圏の全領域における法教育の最も重要な改革が、ゲッチンゲン大学法学部の一八五四／五五年の冬学期にイェーリングによって開始され、この改革が彼の人格の放射力のおかげで約四十年にわたってドイツとオーストリアで実施されたということは、まったく忘れさられている。すなわち、その改革とは、従来の教育方法である理論的な講義と並んで（筆記作業つきかあるいはそれを欠いた）実際練習を導入したことである。

すでにイェーリングは、一八五二年七月十七日のゲルバーあて書簡でこう述べている。

「今日でも行なわれている法学研究の方法と大いに類似した自然科学研究の方法は、昔からあったわけではありません。人々は、自然を自然そのものからではなしにアリストテレスやプリニウスから研究し、法を法そのものからではなしにウルピアヌスやパウルスから研究したのです。」

法を法そのものから研究する試みは、一八五四年にはじめておこなわれる。一八五四年四月二日のゲルバーあて書簡でこう述べている。

「目下、私にとって講義がそれだけ重荷になっている理由は、一部は、私が以前から不作為の罪をなさざるをえないこと、一部は、私が聴講生に文筆作業をつくってやることにあります。パンデクテンとならんで、私は、もうひとつの解釈学（Exegetikum）の講義を担当しています。私はふたつの講義において、その修正が私にとってかなり負担となっており、もし聴講生全員がするならばお手上げとなるであろう課題を課しております。報告者は、パンデクテンにおいては、二五人、解釈学（Exegetikum）では二九人おり、さらに、当地には悪習があるようで、まだ数人が申込していないと思います。パンデクテン聴講生には、さらに補講のため課外授業を無報酬で行ない、補習を有益たらしめるため——週に四つから六つほど——レポートの課題（Aufgaben zur schriftlichen Ausarbeitung）を出しております。私が補習に課したことは、まさしく好ましからざる義務だとあなたは思われるでしょう。」

十四年後、一八六八年十月二五日ウィーンからオスカー・ビューローにあてた書簡には、イェーリング自身が教育準備と呼ぶ「実習」（Praktikum）に対する次のような指示が含まれている。

「これに対し、大入り満員の講堂でも実習をするということは、易々たることです。私は巧みに話せますし、私の講義した最初の法律事件によって、学生を等しく熱中させ、ただちに討論が始まるようにもって行けます。私の耳にしたこと全部によって判断しても、ここでは実習（Praktikum）は申し分なく保証されています。たとえ私がレポートを訂正できなくても、課題はレポートによることを私は学生にすすめました。そうすれば、彼らは、語られなかった諸点について講義中に私に質問できます。たぶん、さらにもうひとつのプランが行なわれるでしょう。すなわち、セクションの仕事を点検し、それに関して私に報告する報告者を指名するセクションをつくることが行なわれるでしょう。事態はうまく行っています。」

ルドルフ・フォン・イェーリング自身に関するかぎりは、その通りである。百年前におこなわれたこの「実習」について独自の観点から我々に報告できる一証人を探してみるならば、それは、エルンスト・ツィーテルマン（Ernst Zitelmann）に他ならない。ツィーテルマンは、「私たちは、ゲッチンゲン大学私講師として共に、ルドルフ・フォン・イェーリングの民法演習に感激し、彼の輝かしい実例にのっとり演習教育の本質と価値とを理解することを学んだので、青春の友情の忘れえぬ年月の思い出のために」一九一七年に出版された著書『私法演習―法的演習のための法律事件集』をヴィクトル・エーレンベルクに献げたのである。そして同書の後書きでは、こう述べられている

「私はここにもう一度ルドルフ・フォン・イェーリングという名前を挙げることによって、深い感謝の義務を果たす。今日、あらゆる法学部で行なわれているような演習は、彼に発するものである。彼は、十六年間ゲッチンゲン大学において毎夏、おどろくほど多数の民法演習を受け持った。それは、ドイツではたしかに彼だけだった。彼は、理論的な講義のかたわら、それに匹敵する教育法として法律事件演習をおこなった。外的にもその特徴は、彼がその演習を三日間にわたる午前中の私的な講義として行なった点に示されている。そして彼のこの講義は、感動的な人格によって一般的な関心を引いたのである。彼の功績は、決して忘れさられてはならない。私は、当時、演習という方向に向けて大学教育を直ちにライフ・ワークと考えたということを、多くの方々と同様、この大人物［イェーリング］に感謝しなければならない。……演習というものは、学習者にとって必須不可欠な全大学教育の必要部分であらねばならない。演習というものは、理論の講義とならんで同等同値でなければならない。ゼミナールはまったく別のものである。ゼミナールにおいては、よりすぐった熟練した学習者に学問的研究、すなわち独自な学問的作業への指針を与えねばならない。結局、

当時すでに私にとっては、上級生のための一般演習とならんで、下級生のための一般演習を行なうのが、望ましいと思われた。そして、この考えが正しいということは、私が講義に一時間、初心者の演習に一時間ほとんど毎日あてるという形態としてパンデクテンを行なうことによって、立証された。次に私はここボンで同じやり方を導入し実施しえた。

最初は——すくなくとも一般演習に関する事柄は——多くの長老の抵抗に抗して実施したのだが、ついには、その結果として、その努力を、彼の模倣によって正当化しえた。そのとき以来、この演習は、全大学の共有財産となったが、自由貴族（freier Adel）の証言規定と別途の処置によって奪われてしまった。私たち大学教授は、譲渡の危険をつねにより効果的な発展によって予防せざるをえない。このことは、演習は学問上理論的な講義に匹敵するわけではないという、今日でさえ全く消滅していない利点を勝ち取るための最良の武器でもある。

講義と演習は、実際、相互に比較できないものである。演習の教育法は、その特殊な課題を達成するものである。もし演習が体系的構成を欠くならば、演習は、その代りに、理論的講義において不可能であるような個別的な問題を深化させうるのである。演習はかならずしも適切に行なわれるとはかぎらない。その代わり理論的な講義は、そういうおそれなく行ないうる、いや、それどころか、厳密な構成と印刷した補助教材の採用によって、その効果の増大を期待して簡単に済ますこともできる。理論的な講義と同時に関連させつつ各種の演習を発達させることは、法教育の将来にかかっている。」

エルンスト・ティーテルマンは、五〇年以上前（一九一七年）にこう述べているのである！(*)

（＊） クリスチャン・ヘルファー（JZ1966, 506ff.）によって報告されている七〇年代のアメリカ人学生の書簡、参照。この書簡から下記のことが判る。イェーリングは、その講義を、一定の学生にしたのではなくて、そうしたいと思う者によって解答可能な適当な法的問題を、簡単に聴講生に行なったのである。こうした方法的な特色も、私が私自身の体験から証明できるように、エルンスト・ティーテルマンによって忠実に模倣された。

私もまた、この機会にエルンスト・ティーテルマンの名前を書きしるすばかりではなくて、ドイツの法学部における教官の主たる改革者としてのイェーリングに対するたぶんほとんど知られていない讃歌を――おそらく断片的にではあろうが――書きしるしたということについて、深く感謝する義務の一端をはたしたいと思うのである。

当時まずエルンスト・ティーテルマンの精神において、すなわち、イェーリングの精神において大学教授になろうということを着想した五学期在学中の若い生徒に対して一九二二年にこうした彼の感激を伝えてくれたのは、エルンスト・ティーテルマンであったのだ。

このような決心に対して、私は終始忠実であった。私が私講師であったころ、はじめて公刊したのは、解答を附した商法の事件集であった。本書は一九三三年フランクフルトの議事堂で〔ナチスの〕焚書に会ったが、しかし、それにもかかわらず、第三帝国の時代に、たぶんその見本刷を隠したすべての同僚によって、さらに利用されるという栄誉を担ったのである。この小冊子は生き残り、四版まで出版されている。

けれども、これはほんの序の口にすぎなかった。私が政治的事件ゆえに一九三三年にトルコに行き、まず十年間イスタンブールで、さらにもう十年アンカラで法学の教授として活動したとき、当時すでに若干のトルコの大学教授たちに周知であった偉大なドイツの法学教師たるイェーリングの名前は、トルコにおける法学教育の改革のために実に若かったドイツ人教授［たる私―訳者］が努力することに対して十分な力を寄せてくれたのであった。講義において文字通りに読んできかせる講義ノートと区別し、テキストに拘束されない自由なやり方で学生に質疑応答させるという部分的には控え目にではあったが、演習の技術がトルコの同僚たちに信用されなかったので、たとえ、まず多くの同僚たちに紙上で行ったのではあるにしても、そのすぐ後に教授要目における実際的な演習は成った。学生たちはとても迅速にドイツ人教授の演習に集まる傾向があったので、より若いトルコの教授たちも、すぐに我々の例に倣うようになった。その証拠に、トルコでは、彼らドイツ人教師の努力によって演習が盛んになったし、シュヴァルツ（Andreas B. Schwarz）と私はトルコで演習を実施したのであった。

けれども百年前の時代に戻ってみよう。イェーリングの『事件集』「『日常生活の法律学』を指す」は、一八七〇年に公刊された彼の著書『判決抜きの民事事件集』第二版の附録として始めて出版され、そしてそれ以後は、単行本として何版も版を重ねた。しかし、彼自身によって一八九一年に、それゆえ、死の一年前に編集された第八版の序文において（もっともそのかぎりでは一八八二年にあらわれた第五版序文に文字通り対応するものだが）、イェーリングは、こう述べている。

「日常生活の中には、対象が微々たるものなるがゆえに訴訟にさえ至らない多くの法関係や法律行為があらわれている。しかし、そうであるにもかかわらず、それらは、教育のために大いに利用できるのである。なぜならば、それらは、日常生活の出来事ではあっても法律的な眼でもって観察するという指導を初心者に与えるからである。」

私の信ずるところによれば、法と法学とに関するイェーリングの見解に、きわめて特徴的であるこの文を少し解説してみよう。ここには、「高次法学と低次法学の区別、法の高次と低次との凝集状態の区別」という形で『ローマ法の精神』（第二巻、三八五ページ以下や『現代ローマ・ドイツ法年誌』第一巻巻頭論文（一八五七）において述べられた思想が――たとえ明言されておらず、おそらく又無意識にではあろうとも――今一度光り輝いているのではないだろうか。「低次法学に対する高次法学の対立」は、「法規に対する法概念の対立」によって規定されるのだが、そのさい「低次の凝集状態から高次の凝集状態への法の移行は、所与の素材を概念へと高める法の構成（die juristische Konstruktion）によって媒介される」のである。

さて、四年後の一八六一年に「プロシャ司法新聞」に発表された「民事構成について」と題する現代法学に関する親展の書におけるきびしい自己批判とこれとを比較してみよう。「何が構成されるのか？　五十年前には、このことについて何も知られなかった。人は無邪気に喜びの中にくらしていた。ただ、頭痛の種は、バンデクテンのあちこちだけだった！　しかし、事態は大層変った。今日、身すぎ世すぎだけに注意する者は『民事構成』を理解していない。構成を合わせもたない近代の民法学者は、ちょうど今日、クリノリン（スカートを膨らませる骨組）をつけない婦人と同様である。本来、この新しい民事の流行が誰れに由来するのか私は知らない。ただ私の知るかぎりでは、一人の人物だけが、構成それ自体を構成し、そのための独自な支持を与えたのであり、そればかりではなくて、この仕事に着手するために、それによれば『高次法学』という名称をもつ法律学の高層建築物を構成したのである。（イェーリングの著書『ローマ法の精神』第二巻三八五ページ以下、およびイェーリングとゲルバーとの年誌第一巻第一章）」

イェーリングは、こうした観点から、一八八四年に出版した『法律学における冗談と真面目』で次のような脚注を書いたのだと思われる。

「私はこの機会を借りて、上記に引用した箇所における私の論述を利用して、このような誤謬を私自身に転嫁されうるであろう責任を負うことをお断わりしておきたい。Unis positio non est alterius exclusio. 法の形式技術的側面、すなわち、法技術の高い価値の強調は、法体系、それゆえ、あらゆる理論的――解釈学的研究の究極目標は実際的なものであるという私のつとめて努力した認識と十分に合致する。私はこの点を私自身の著書において十分に顧慮したと思っている。なんらかの有益な実際的な成果に達しないような解釈学的研究は、私に対していささかの引力も有しないであろう。すでに私は、拙著『ローマ法の精神』第三巻第一章五九節で、法律学を結局のところ数学へとねじまげてしまう論理的なるものの崇拝に対する反論を弁じて、このような傾向全体のもつ不健康さを顕著な個々の実例に則して指摘するよう努めたのである。そして、拙著『法における目的』は、法制度と法文との実際的動機をあらゆる点で暴露することを課題として設定することによって、形式法学的で先験的——哲学的な法の見方に対して実際的な法の見方を妥当とする点のみを狙っているのである。私が現代の概念法学が私に対して提供している骨折りがいのある素材を揶揄することを見落としてはいないということを、読者はすぐにお気づきになるであろう。」

一八五二年の『種々の発展段階におけるローマ法の精神』第一巻初版や、まだギーセンにいたころの一八六一年～一八六六七年の『ある匿名者の書簡』、すでにゲッチンゲンにあったころ出版された一八七七年『法における目的』第一巻初版などを考慮し、『日常生活の法律学』がウィーン時代の一八七〇年に始めて出版されたことや、ゲッチンゲンへの招聘を承諾したのちに単行本として続々と版を重ねたことなどを思いだすならば、この小著は、「日常生活の法関係」、すなわち「日常生活の事件」への転回において「多くの驚嘆に値する民法実習」についてエルンスト・ティーテルマンが独自な見方から得た印象と関連しているのである。イェーリングは、七十年代ゲッチンゲンにおいて毎夏学期民法実習を行なったのであるが、この民法実習において彼は「親展書簡」によって準備し『法における目的』第一巻序文において明確になした「概念の原動力」から一切の法文がその起源を負っている「目的、すなわち実際的な動機」への転向を、一定の意味においてもっぱらドイツにおいて樹立したのである。

こうした観点から、本書が版を重ねた多数の版を比較してみると、——ちなみに一八九一年の第八版はいまだイェーリング自身によって死の一年前に編集されたが、それ以後の版は順に私の確認できたかぎりでは、

Otto Lenel（第十一、十二版）、Detmold（第十三版）、Paul Oertmann（十四、十五版）、最終の版［第十五版］は一九二七年に編集されている――新しい版への各版の序文の中には、編者が、削除、変更、増加、いやそれどころか本文の変更をもせざるをえなかった変更点が示されている。一八九七年には、変更点は、「まもなく発効するドイツ民法典に対する配慮」であった。一九二一年には、「現行法、とくに、現代ドイツの判決に対する一般的な幅広い適応」が必要と思われた。オエルトマン（Oertmann）の言葉によれば、「国民戦争は、法生活に対する強力な教師、激励者があることが明白となったので、本書は、この点への留意を無視しえなかった」という理由で、『商業生活において』と『戦時下、戦後』という二つの章がつけ加えられた。

この場合、編集者が完全にイェーリングの意味において処理しているということは、(一八五七年の)「イェーリング年誌第一巻」に対する上記の巻頭論文から明らかである。彼は当時の構成への熱中と博物学的方法にもかかわらず、ウルピアヌス（ディゲスタ五〇・一七・一）の公式化に依拠して次のように確言している。「法規は事実上の法の抽象化である。ex iure, quod est, regula fiat. したがって法規は事実状態の一切の変更に適合し、つねに時代の高みに保たれねばならない。」

近代法社会学の基礎理論、すなわち、法の可変性に関するいわゆる発展説という基本理論がどれほど明瞭に定式化されていることであろうか！　法のこのような可変性がどのような要素に還元できるにせよ、個々の点については議論の余地があるかもしれない。ともかく、法は社会生活の調節装置であるばかりではなくて、すぐれて社会生活の機能でもあるということは、確実である。精神的ないし物質的なものの変化、すなわち、宗教、倫理的要請、哲学体系、政治的考察、学問的理論、精神的・芸術的動向における変化は、政治的支配、社会層、社会統計学・経済的事実、技術的発展等の領域における変化と同じように、それに対応する法的規制の変化を招来する結果になるはずである。一八七六年五月二八日のリトロウ・ビショップ（Auguste von Littrow-

Bischopf）あてのゲッチンゲンからの書簡の一部はこれに対応するイェーリングの見方を立証している。

「たしかにこの問題が次の時代の社会形態で問題となるもののひとつだということは正しいと考えられます。労働者問題、婦人問題等々は、前世紀が怠り背後へ押しやった多くの問題でありましょう。法は婦人問題に関しては為すところがありません。大切なのは、法の変更が何よりもまず不必要であるような事実関係をつくり出すことです。このような変更がどのようにしていつの日にか法に影響を及ぼすのかどうかということについては、遠い将来のこととしてしか今なおだれも予想しえておりませんが、けれども私は、私が百年後から二百年後にこの世に立ち戻って来たとしたならば、私は、もはや理解しえないほどに法もすっかり変ってしまっているのを見出すでありましょう。」

四十年前、パウル・オエルトマン（Paul Oertmann）が編集した最新の『日常生活の法律学』第十五版を通読してみますと、本書の初版刊行以来ほぼ百年間になされた変化の程度、意味、範囲が、初めて十分かつ完全に判ります。しかも物的—経済的な点においてと同様に人的—社会的な点においてもそう言えます。一九二七年の［十五］版においても、事件の収録は、その物的な地平が彼自身の生活圏、生活習慣、環境によって限界づけられている大学教授のメンタリティーを反映している。多くの事件において、それが、どの町で、すなわち、キールでか、ギーセルでか、ウィーンでか、それともゲッチンゲンで構想されたのかということについては、確実に言いうる。事件について書かれているのはたんに日常生活についてだけではない。それは、恵まれた収入と財産関係の中に生き、旅行を好み、食道楽に耽り、音楽を愛好し、自分も音楽をやり、高い教養を身につけ、ラッサールの政治文献と同様にマルクス及び彼の著作をたぶん依然として知っていない国民的で自由主義的な一人のブルジョアジーの日常生活である。だからといって、イェーリングが始まりつつあった社会変化を見ていなかったのだとは、けっして言えない。一八八九年十月八日のエルンスト・ノイカンプ（Ernst Neukamp）

あての一書簡ではこう述べられている。

「私どものこれまでの法は、社会秩序に反する個人の側からする不法な行為を排撃するだけで十分でありえました。（ただし法の協力が副次的なものであるにすぎず、武装権力に対する主作用を欠落した暴動は別ですが）。しかし今や、――個々人を対象とした法には適合しない大衆があらわれてきました。」

これに続いてストライキ――イェーリングは労働関係について述べているのだが――に対する手段を見い出す法的な可能性についての評論が論じられている。

しかし、また客観的にみれば、諸事件からうかがえるのは、［作家］グスタフ・フライターク（Gustav Freytag）の『賃借』（Soll und Haben）［一八五五年の作品で、当時の世相及び市民生活を写実的に画いたもの―訳者］やトーマス・マン（Thomas Mann）の『ブッデンブローク家の人々』で画かれたような社会生活である。なるほど多くの事件の事実関係は、当時の日常生活に対応してはいるが、しかし、現代の学生たちにとって、それは、百年前の学生たちにとってローマ法大全（Corpus Julis）の多くの事実関係がそうであったのと同じように非現実的である。たとえ順序が別であってもパウル・オエルマン（Paul Oertmann）の編集した一九二七年の第十五版において現代ドイツの判例に適合させたうえでその文章がくりかえされてはいるけれども、一八八三年の第五版から若干の例を引用してみることができる。

事件の時代的に制約された表現を度外視し――一九〇〇年以前にはまったく適切であり――一九二七年の版においても、たぶんあやまった伝統から踏襲されたローマ法に対する参照を度外視し、そして課題を法問題学（juristische Problematik）の観点の下で考察してみると、事実関係を時代に適合するように書き直せば、多くの事件は、今日でもイェーリングの言葉をかりていえば、「初学者に対して日常生活の諸事件をも法学的な眼で考察するような指針を与えるから、法学教育に対して高度に利用できる」のである。

6　エルンスト・E・ヒルシュ「法教育改革者としてのイェーリング」（日常生活の法律学）

一方、マックス・ザロモン（Max Salomon）の著書『法哲学の基礎づけ』（Grundlegung zur Rechtsphilosophie）(2. Aufl., 1925, S. 56ff.) は、おそらくニコライ・ハルトマン（Nikolai Hartmann）の影響のもとに主張した次のような見解を、このような確言に対して与えている。つまり、法律学の永続的で不変の学問的ケルンは、彼のいわゆる「法問題学」（Rechtsproblematik）である。すなわち、ありうる全法的問題の体系的に構築されたカタログである。他方、「法体系」の中に要約され、空間と時間に応じてそのつど異なる法的解決は、ヘルマン・フォン・キルヒマン（Hermann v. Kirchmann）のことばを借りれば、その学問的取扱いは、「立法者が三つの言葉を訂正すれば反故に帰する」解決法、すなわち、その都度の社会的統一の事実関係によって決定されるプラグマチックな解決法にすぎない。

私たちの確認は、さらに、次のようなより新しい法社会学的認識をつけ加える。すなわち、あらゆる法的なるものが変化に服するのではない。換言すれば、発展説は、将来の法社会学的作業の重要課題を発見し表示すべき限界を有しているのである。

上記の点については、次のような問題において述べてみよう。なお彼自身の編集した一八九一年の第八版序文において、イェーリングは、『日常生活の法律学』が各国語に翻訳されたことをもって、本書の教授学的価値が実証されたと考えた。彼は、イタリア語、ハンガリー語、ギリシャ語、ポルトガル語の翻訳を挙げている。しかしながら、外国語へのこのような翻訳は、イタリア、ハンガリー、ギリシャ、ブラジルにおいて、それ自体で有効でありうるような法的な問題性が実際の事件においてとらえられたという前提の下でのみ意味をもちえたのである。当時、ビザンチンないしローマの私法が妥当していたギリシャの場合、このことは疑いえなかったのだが、さらに、一八六六年一月一日には、フランス民法典に基づくイタリア民法典が発効した。当時ハンガリーでは、一八六一年のオーストリア民法典の廃止後、まったく別の法源から供給されたハンガリー慣習性が発効された。他方、いわゆる一六〇三年のフィリップ命令によってブラジルが建国された。法源の性質と年代とに関するかかる相当なちがいを度外視すれば、上記の国々の事実上の生活関係と社会関係とが相互の関係においても、どれほどことなっていたかという点については考慮されなければならない。それにもかかわらず基本的な法典とか深く究明した学術論文の類ではなくて、法学教育のために編まれた事件集が四ヶ国語に翻訳されたということは、どの国でも多かれ少なかれ等しかった「法問題学」（Rechtsproblematik）という前提を度外視すれば、それ以上の意味をもつと考えるのが正しいと私は思う。なぜならば、とにかく翻訳者の認識は、法学教育の当時の方法は教授学的にみれば不十分だったという点にあったからである。一八五二年以降のイェーリングの指摘した公式、すなわち、「法をそれ自体からではなくウルピアヌスとパウルスとから学ぶ」という公式をくりかえすことが学習された。『ファウスト』第一部におけるメフィストフェレスによる学生劇の中で、ゲーテが現実的にえがいた中世の大学の教育の性質は、とくにロマン主義的な法学において「永遠の病い」のごとく十九世紀の最後の十年まで続いた。大学における法学研究の実際的な究極目的は見失われた。「私は、教育の諸目的に関し考えるところがある」――そうイェーリングはその著『法律学における冗談と真面目』において述べているが、「本書は、法的な基本概念の詳細な批判と分析とによって現代（ただし一八八四年の）法学を明らかにしたと信じている者の側からすれば、すこしも役立ちえなかった。学問がこうした方向においで全力をつくしてきた精神力の消費は、私の見るところでは、まだ一度も授業（Schule）のために費やされたことがない。人生のためにでもなく授業のためにでもなければ、精神力の消費はいったいどの点で費やされるべきなのであろうか。同じ研究に満足を見出す者のために、としか私は答えるすべを知らない。」

このような明瞭さの点で望ましからぬとする他ない文章に関してはアルチュール・ヌスバウム（Arthur Nußbaum）が主張しえたように、イェーリングは、彼の教養に関してのみならば、その才能に関しても、彼と議論した人と同様に現実の法生活に対して無縁であったかどうかは判らない。ヌスバウム（Nußbaum）の判断は、法解釈学者としてのイェーリングに関しては、あたっていよう。しかし、大学教授としての面については、「法文献学の伝来の素材からいわゆる法的現実を構成している」とイェーリングを非難するのは、大きなあやまりであった。まさしくこの点をこそイェーリングは、上記のように一八五二年以来くりかえしきっぱりと拒否し、あやまった方法だと呼んできたのである。それはあたかも同じような論法で極端なまでに「古い大学教授職」に反対し、イェーリングの中に大学教授たることの「絶望」を「それ自体」認めねばならないと考えたエルンスト・フックス（Ernst Fuchs）の論述からヌスバウム（Nußbaum）がイェーリングの評価にさいして影響を受けたかのような外観を呈している。これは上記と同じように、イェーリングがすでに一八八四年に同僚に対して次のような理由によって法律事件演習の開催を要求したという事情を見れば、大きなあやまりである。「たんに聴講生のためばかりではなくて理論的一面性に反対する集団たる私講師のためにも私は法律事件の演習を要求する。……抽象的な思考をカズイスティックな思考によってコントロールする……」

それゆえエルンスト・ツィーテルマン（Ernst Zitelmann）の判断においては、次の言葉が残されるのである。「このような功績はイェーリングに関して決して忘れ去られてはならない」と。

7　クリスチャン・ヘルファー「法社会学者としてのイェーリング」

解説

一　イェーリングとヴェーバーにおける礼儀概念解明の試みについて

礼儀・習俗、道徳などの社会諸規範は、近代合理主義の社会的な実現とともに変質していくイデオロギー的な存在である。西欧をモデルとする強引な近代化の推進は、これらのイデオロギーを等し並みにことごとく破壊し、文化の根源をなす特殊性としての古いものを新しいものに置き換える、ということでもある。そこでは、混乱と強圧、極貧と富裕、エリートと非エリート、権力掌握者と被支配者、支配者と抵抗者、などの二極分解が社会の各層に生成し、各国間の国際的な外圧を受けつつ国内的な規模において闘争、妥協、競争、勝利、敗北を経験しつつ、全体としてすこしずつ、生産力の増強、流通過程の拡大、教育の普及、近代的法典の編纂、人間的意識の変革、驚異的な技術的進展などを経て、社会変革が行われていく。この時、経済、政治、法、技術など外的に判断し易い分野についてはいずれの社会においても観察の蓄積が、膨大な量と質において持たれている。しかし、意識変化や礼儀の変容などは直接に目に見えないものであるだけに、判別がそれほど容易ではなく、これに対応して法、政治、経済などの社会的諸現象に関してはすでに膨大な社会的諸理論が形成されているのに対して、礼儀や習俗の一般理論についての考察は比較的少ない。しかし、近代化の過程を究明するということは、またその文化共同体の特殊な紐帯である礼儀、習俗を見い出すことに他ならない。イェーリングもヴェーバーもこの点については十分に認識していた。

イェーリングの『法における目的』[(1)]は、第二巻最終部において「礼儀」を詳細に論じる。イェーリングにおいては、道徳から習俗、慣習が導入され、ライプニッツ、カント、ベンサムらの個人主義的道徳理論からエッチンゲンらの社会的道徳への展開が図られ、社会功利主義のもとで習俗が、葬儀、酒手、乾杯、決闘などの社会的習俗が考察される。そして、礼節、礼儀、礼法が、感覚的な快、不快との関連において論じられ、人体、衣裳、猥褻、食事作法などが肉体的欲望充足の形式として考察される。これらの洞察は、百年前の法律学者の著作としてはまことに驚異的かつ先駆的な洞察力を示しており、この一世紀間の法律学においては他に例を見い出し得ないほどのパースペクティブを示している。上気のような展開のなかで、礼儀の概念、礼儀の本質、礼儀の現象学が社会的観点から考察され、敬意の概念においては品位、名誉、人格、門地、官名などが論じられる。礼儀の外的モメントと内的モメントとの関連においては、法と道徳との関連において礼儀が考察され、礼儀の現象学へと至る。ここでは、礼式が考察され、人体の象徴学において座ること、立つこと、横たわること、うずくまること、屈むこと、握手すること、儀礼的接吻などが考察される。時空の象徴的表現を経て、礼儀の語法のもとでは、装飾的形容詞、謙遜語、丁寧語、心馴せの保証、歓迎の言葉、願いの言葉などの言語論が展開され、礼儀の文章論では、ドイツ語特有の人称代名詞とくに二人称代名詞と礼儀との関連が論究される。

『ローマ法の精神』と同様に『法における目的』もまたトルソーに終わるが、礼儀、習俗、慣習などの一般理論については、イェーリングの他には、テンニースとマックス・ヴェーバーが発言した以外、とくに顕著な論著は見られない。その後の文化人類学の発達により個別の研究報告は多いが、テンニース『慣習論』(Die Sitte)

を仲立ちにして、イェーリング『法における目的』とマックス・ヴェーバー『経済と社会』が問題意識を共有していることは、ほとんど看過されてきた。

戦後ドイツ社会学のなかで、エリアスによる「文明化の過程」[2]理論は礼儀の理論を重視し、宮廷社会における礼儀作法の普及が文明化を推進したと主張した。他方、従来の社会諸科学が、近代になって人間的自由が獲得・実現されてきたとするのに対して、エリアスは、礼儀の普遍化によって個々人の自由は束縛され、感情の暴発が抑制されていくことこそ、近代文明の実相である、と主張している。また、この点に関して、H・P・デュルの反論も次々と大作をもって発表されている。[3]このような理論状況においては、イェーリング、テンニース、ヴェーバーなどの礼儀理論を再発掘し、それをエリアス、デュル、レヴィ＝ストロースらの礼儀理論に関連させる作業は、必須のものである、と言える。

二　クリスチャン・ヘルファーの一九七二年論文について

ザールブリュッケンの社会学者クリスチャン・ヘルファーは、ドイツの諸大学の歴史が編纂されていた一九七〇年に、夏学期の一般研究のための講演「著名なギーセンの学者たち――ギーセン大学の歴史のために」において、ギーセン大学に勤めた法学者、イェーリングを取り上げ、[4]法社会学の創始者としてのイェーリングを論じた。

ヘルファーは、ゲッチンゲン大学図書館においてイェーリングのマニュスクリプトのなかから『法における目的』第三巻にあたると推定される草稿を発見し、ヘルファー編の『法における目的』を新たに発行したが、法学者イェーリングの父による礼儀概念に関する草稿も発見し、多くの業績を挙げている。この論文「法社会学者としてのイェーリング」[5]において、ヘルファーは正当にも礼儀概念の学問的解明をめぐるイェーリングとヴェーバーとの関係を指摘している。ヘルファー先生は、かつて同論文抜き刷りを私に遠くザールブリュッケンから恵送せられたのであったが、遅ればせながら下記に紹介する。

（1） Rudolf von Jhering, Der Zweck im Recht, Bd. 2, 3. Aufl. 山口訳『法における目的』三〇七頁〜三五〇頁、（信山社、一九九七年）

（2） Norbert Elias, Über den Prozeß der Zivilization I, II. Suhrhamp 1939; Die höfliche Gesellschaft, Untersuchungen zur Soziologie des Königtums und der höflichen Aristokratie mit einer Einleitung: Soziologie und Geschichtswissenschaft, Luchterhand 1981.

（3） Hans Peter Duerr, Ni Dieu – ni mètre, Suhrkamp 1974, Nacktheit und Scham, Der Mythos vom Zivilisationsprozeß, Bd I, Suhrhampf 1988; Intimitäat, Der Mythos vom Zivilisationsprozeß, Bd, II Suhrhampf 1990; Obrzönität und Gewalt, Suhrhampf 1993; Satyricon, Essays und Interviews, Sukrkampf 1985.

（4） ギーセン大学時代のイェーリングについては、フィリードリッヒ・フォン・イェーリング「ギーセンにおけるルドルフ・フォン・イェーリングの活躍」、山口編訳『大法学者イェーリングの学問と生活』（信山社、一九九七年）九七年頁以下、に詳しい。

（5） Christian Helfer, Rudolf von Jhering als Rechtssoziolog, （in） Gießener Universitätsblätter II, 1972.

クリスチャン・ヘルファー「法社会学者としてのルドルフ・フォン・イェーリング」

I

まだ社会学が学問とは認められず独自の学科として大学で教授されなかったころ、社会学的に思考し研究したドイツの学者たちの中で、前世紀の終りごろ、ルドルフ・フォン・イェーリングは、たしかに傑出した現象であった。私法史家は、たとえ彼の業績が進歩した認識の要求を十分に満足してはいないにしても、その時代に唯一人だけあらわれて時代の理念を進展させたかの偉大な鼓吹者たちの一人として彼を評価している。イェーリングによって触発されず、実り多きものとされなかったような近代ドイツ法思想の改革運動はほとんどない。

一時的には彼の思想は自由法論者の努力の中に表現されたし、彼によって基礎づけられたいわゆる利益法学にとっては、彼の思想は、いぜんとして永続的な意味をもっていた。さらにかつての〈近代〉刑法学も、イェーリングに目を向けている。イェーリングのウィーン時代の教え子であるフランツ・フォン・リストの社会学的傾向[1]と近代刑法学のいちじるしく刑事生物学的な方向を志向する分野とにおいてそういえる。[2]

（注）

（1） Max Rümelim, Rudolf von Jhering, Tübingen 1922, S. 5, 72.

（2） Erik Wolf, Große Rechtsdenker der deutschen Geistesgeschichte, 4. Aufl., Tübingen 1963, S. 660. 国際刑法

学会（IKV）とイェーリングとの関係については、下記参照。Elias Hurwicz, Rudolf von Jhering und die deutsche Rechtswissenschaft, Berlin 1911, S. VII, Anm. 1.

本小論では、イェーリングの精神のこのような幅広い影響圏のうち、もっぱら、この有名な法学者が法社会学の発展に対して果した寄与にのみ、止目することにする。しかし、それに先立ちまたそれと並んで、多大な貢献を果したこの先駆者を回想するため、今日においてすら不十分にしか解明されていないこの領域において若干の伝記的な資料をつけ加え、外見上は著しい変化をきたさなかったその生涯の主たる状況について簡単に跡づけてみたいと思う。

Ⅱ

イェーリング家はザクセンの出である。一五五二年にPlauen im Vogtland（ザクセン州の都市）に生まれた一人の祖先は、(3) スウェーデン王女にして族長 Edward Ⅱ世の妻たる Katharina の従者として、フリースランドへ流れついた。(4)

（3） Joachim Jhering（1617年 Berum/Ostfr. 生れ）, Sebastiam Jhering の息子、ザクセン・アンナベルクの法律顧問（Syndicus zu Annaberg/Sa.）については下記参照。Deutsches Geschlechterbuch 31（1919）. S. 327.

（4） J. Ch. H. Gittermann, Georg Albrecht Jhering,（in）: Neuer Nekrolog der Deutschen, Jg. 3（1825）, S. 1148. この論文は、家族史のもっとも詳細な報告であるが、もちろん全面的に信頼できるわけではない。さらに下記参照。Karl Herquet, Miscellen zur Geschichte Ostfrieslands, Norden 1883. S. 92. Anm. 2. 古い系譜の指摘につ

いては私は Aurich 州行政官 Rehbein 氏に感謝する。

イェーリング家の人々が、一七、一八世紀にその植民のため顕著な貢献をはたしたこの荒涼たる土地の中で、(5)ルドルフ・フォン・イェーリングは、一八一八年にフリージア議会秘書官 Georg Albrecht Jhering の息子としてアウリッヒに生まれた。彼はその地で青年時代をすこし、(6)ウルリッヒ・ギムナジウム（Ulrichs-Gymnasium）を卒業したのち、諸法を研究するため、一八三六年の復活祭（Ostern, 三月二一日後の最初の満月後の第一日曜日―訳者）のころ、ハイデルベルク大学に入学した。彼はハイデルベルクで神学者になるにはまったく適していないと感じた。ミュンヘンに短期間滞在したのち、一八三七年にはゲッチンゲンへ移り、この不安の時代に、七教授罷免事件をめぐる学生組合の興奮を体験した。

わずか数学期のち、国王 Ernst August は、独裁的にふるまい、イェーリングの生涯にも干渉することとなった。(7)――国王の決定は専断的ではあった。しかし後になって（ex post）考えてみると、幸福をもたらすものだったが、もちろん、当のイェーリングは一八六八年に執筆した回想の中で若干の苦々しさを込めて、この国王の決心をこう見たのである。「生粋のハノーヴァー人たる国王と、官吏を社会の選ばれた階級の独占とみなした当時わが祖国を支配していた体制とによって、国家試験を受ける資格なしと拒否されて官吏となる権利を奪われたので、私はベルリンで教授資格を得、(8)ベルリンからバーゼルに招聘され、次にロストックへ、さらにキールへ招聘され、最後にギーセンに招聘された」と。(9)

（5）　一八世紀に政府直轄で干拓された Leer と Aurich との間のイェーリング家の沼沢地の一つは、今日でも、イェーリング沼と呼ばれている。

（6） 若いころの彼の気まぐれ（Eigensinn）を示す次のような証拠が伝えられている。《イェーリングは少年のころニーマイヤー（Niemeyer, August Hermann 1754—1828 ドイツの神学者、数学者、ハレ大学教授、児童教育における自然的な人間諸力の調和発展を伝えた）の『教育の諸原理』（Grundästze der Erziehung ——正しくは Grundsätze der Erziehung und des Unterrichts, 1796. ニーマイヤーの主著）を買って、その本を母のところへもって行き、この本にしたがって自分を教育してくれるよう母に頼んだ》Vg. Friedrich Hebbel (Christian Friedrich Hebbel 1813—1863. イェーリングの初少期の友人、ドイツ最大の悲劇作家となる、）の日記（Tagebücher, 全四巻, 1903), Bd. I. hrsg. von H. Krumm, Leipzig 1904, S. 112.

（7） この点については、彼の息子 Hermann の証言を見よ。(in) Rudolf von Jhering in Briefen an seine Freunde, Leipzig 1913, S. 445.（以下、Jherings Briefe と略記）イェーリングの兄がハノーヴァーの官吏であったので、おそらくこの拒否については、たとえば高官の職には近親の者は任ずべからずという強者 August の政治的遺言から周知の支配の格率が関係している。

（8） ベルリンでの学位取得の一ヶ月後の一八四三年には彼がプロシャの職を得ることは可能となった。Vgl. この点については Vossische Zeitung v. 6. 8. 1892.

（9） ゲッチンゲン大学図書館の遺稿

実り多き学究生活の第一段階について、ここでは簡単に要約しておく。ギーセン時代のもっとも実りある結晶として、末完に終った三巻の主著『ローマ法の精神の発展段階』が一八五二年から一八六五年出版された。この「法の自然理論への寄与[10]」において、イェーリングはローマ法を例にしながら、法発展の一般的法則性を示そうとした。彼があらゆる法制度の形成の原因をそこに求めようとした[11]「隠れた衝動力」を見い出だそうとすることが確実であるこの実に非歴史的な萌芽の解明[12]は、ここでは、全面的に触れないでおかねばならない。

というのは、彼の作品のこの部分は、詳細に見てみると、いまだ最も若いころのものと評価されている[13]からである。それにもかかわらず、《Geist》の中には、後期のイェーリングにおいてもなお提示されうる社会学的プラグマティズム[14]の傾向がすでに明瞭に表現されていると言えよう。法の実際的格率、一定の目的[15]を達成するための法の有用性は、本質的なるものとして前景におかれている。

けれども、イェーリングは一八六八年以来ウィーンで教鞭をとったが『法をめぐる闘争』という書名で一八七二年に出版された小冊子においては、法の社会的機能がきわめて強調されている。ただちに多数の各国語に翻訳され著者の世界的な名声を基礎づけたこの小著においては、二つの思想が強調されて述べられている。すなわち、闘争は、あらゆる法発展の本質的特徴であり、法の存立はあらゆる個々人が法を有効たらしめるかどうかにかかっている、ということである。(Der Kampf sei das Wesensmerkmal aller Rechtsentwicklung, und der Bestand des Rechtes hänge davon ab, daß jeder einzelne es geltend mache.)

(10) 「法の自然理論への寄与」(Beitrag zur Naturlehre des Rechts) とは、その削除をのちになってイェーリング自身が後悔したところの意図的な副題である。Vgl. R. v. Jhering, Geist des römischen Rechts auf den Stufen seiner Entwicklung Bd. I, 3. Aufl., Leipzig 1873, S. IX.(以下《Geist I》と略称)

(11) 原資料の取り扱いにおいてイェーリングについては数多くの不正確さが指摘されている。他、Ludwig Mitteis, Rudolf von Jhering, (in) Allgemeine Deutsche Biographie, Bd. I, Leipzig 1905, S. 656.

(12) R. v. Jhering, Geist I, a.a.O., S. 16.

(13) とくに Franz Wieacker, Rudolf von Jhering, Leipzig 1942. さらに下記をみよ。Wieacker の執筆した生活像 (in): Die großen Deutschen, Bd. V, Berlin 1957, S. 331.

（14） F. Wieacker, Rudolf von Jhering, a.a.O., S. 21.

（15） R. v. Jhering, Geist I, a.a.O., S. 48 ff.

『法をめぐる闘争』においては、「この世におけるあらゆる法は闘争によってかちとられたものである」ということがスローガン的な簡潔さにおいて主張されている。「はじめ、あらゆる重要な法規は、それに抵触する者たちの手から闘い取られねばならなかった。そしてあらゆる法は、一民族の法も個々人の法も法を主張する準備を常に整えていることを前提としている[16]」

（16） R. v. Jhering, Der Kampf ums Recht, 16. Aufl., Wien 1906, S. 1.（以下、Kampf と略す）

法が民族精神から生成するというロマン主義的な概念[17]とは異って、規範の設定にあたって一時的な妥協へともたらされる奪い合う諸利益の活動力が認識されかつ適切に評価されている。

（17） R. v. Jhering, Geist des römischen Rechts auf den Stufen seiner Entwicklung Bd. II, S. 28 ff.（以下 Geist II と略す）。歴史法学派の諸見解については新たに下記参照。Dieter Strauch, Gesetz und Staat bei F. C. v. Savigny, Bonn 1960, S. 38 ff.

さらにイェーリングの第一テーゼは、闘争とモメントの劇的で当時のダーウィン主義的な思潮[18]に影響されていない過度の強調にもかかわらず、法の力との関係の公正な評価を示している。

(18) イェーリングは一八七七年一〇月一四日プラハで法の概念に関する講演をおこなったのちに、彼は自然科学者から提起された「驚きはしたがうれしかった」（angenehm erstaunte）質問に対して、自分は法律家として進化論の明白な創始者であると答えた。そして、ダーウィン主義に迫ることなしに、ある日のこと、自分の専門分野ではダーウィン主義者であるということを認めたことがある（ゲッチンゲン大学図書館遺稿、又 Jhering–Briefe, a.a.O., S. 463 参照）。

法の定立に関して決定的であるのは諸理由の重みではなくて対立し合う諸力の力関係であるということ、すなわち、法とは力の概念である[19]ということが、その時までほとんど知られなかった鋭さで述べられている。

(19) Geist II, S. 30.

それにもかかわらず、イェーリングが、たとえば、国家社会主義的な学者の中でイェーリングの認めた Treitschke[20] と同じように、精神的な祖父として要求されるのではなくて、むしろ、多少とも決定的でない留保をもって論じられる際には[21]、彼が規範定立の技術に対する現実主義的な洞察について正義の理念を見落としていなかったという点こそが重要であろう。

(20) たとえば、Vgl. Geist II 1, S. 30.

(21) 無意味な例外としては、R. Schober, Politische Jurisprudenz: eine Würdigung ihres Wegbereiters Jhering, Berlin 1933.

「衡器なき剣は裸の権力であり剣なき衡器は法の無力である[22]」

二つの物が一組になるということは、イェーリングの『闘争』においてはなお自明の原理である。もちろん部分的には誤解され易い程に魅力的で一面的に鋭い定式化からしてイェーリングは強者の権利を彼の言う意味において認めただけではなくて熱情を込めてすら主張した、という結論を出した批評家がイェーリングの場合なかったわけではないので[23]、この点をしっかりと把握することが必要である。

(22) Kampf. S. 1.

(23) この点を暗に指している意見は、たとえば、下記に存在している。Wilhelm Wertenbruch, Versuch einer kritischen Analyse der Rechtslehre von Jherings, Köln 1955, S. 81 ff.

さらに、本書の第二の主要思想、すなわち、利己主義の義務ということは、そのような推定とまったく対立している。「人間は法においてみずからの道徳的な生存条件を持ちかつ防御する[24]」のであり、恣意に対する反抗は各人にみずからの自己保存の命令を要求し、各人はみずからの権利の軽視に対してはあらゆる手段をもって闘わねばならない――イェーリングほど、はっきりと、債権者や国家権力といった主体を元気づけ、それどころかコールハースの立場さえ擁護し[25]、蒙った不法の弱々しい譲歩と締め切った忍耐の誘惑に対する抵抗を明るみに出した者は、だれもいない。幅広くみられるだらしのない権利放棄の傾向がこの戦闘的な法律家に鋭い矛盾を生ぜしめたにちがいない[26]ウィーンで本書が生まれたということは偶然ではない[27]。本書において貴族的な理由から、あるいは、多様な法意識から寛大さが十分に評価されておらず、加うるに、理由なき乱訴がドイツ人に典型的な憤りとしてあまりにも多く激励されているということは[28]、イェーリングの論証がしばしばおかした偏向のひとつである[29]。

(24) Kampf, S. 1.

(25) Kampf, S. 61 ff.

(26) この点については、Emil Kuh, Biographie Friedrich Hebbels Bd. II, Wien 1877, S. 252.

(27) 有名な法社会学者 Georges Gurvitch によって「オーストリアの法律家ロベルト・フォン・イェーリング」(österreichische Jurist Robert von Jhering) と引用されていることは、イェーリングの著書をあまり知らないことの典型であろう。Vgl. Gottfried Eisermann (hrsg.), Die Lehre von der Gesellschaft, Stuttgart 1958, S. 197.

(28) 私たちは「良き法」について語るのが常であるがそれと同じように「好ましい平和」について語ることをも常としてしている点については、Gustav Radbruch, Eine Feuerbach—Gedenkrede sowie drei Aufsätze aus dem wissenschaftlichen Nachlaß, hrsg. von E. Schmidt, Tübingen 1952, S. 30.(本書に所収—訳者)

(29) Jhering は Kampf の第三版(一八七三)序文で、乱訴を推奨しているという非難に抗議しているが、しかし、彼の説明は少なくとも誤解がある。

彼は自分の権利に対する個人の固執を、自己自身に対する義務として見るだけではなく、同時に社会に対する義務としても見ている。「法と正義が一国において栄えるのは、裁判官が席に着く準備を常にしているとか、警察がその刑事を派遣するということによってばかりではなくて、各人がその応分のことについて協力しなければならないということにもよる。[30]」

(30) Kampf, S. 52.

このような公共的精神の要求のなかにあるのは、一片の善意の社会教育的努力とならんで法社会学的に重要な思想の表現である。すなわちイェーリングが考えているのは、法の本質がその実際上の実現に存するということ、法規範は、そのために実生活において制定されている諸目的のために要求されるかぎり、法規範の名に値するということである。[31]

(31) Kampf, S. 47.

同一の見解はすでにGeistにはっきりと述べられていた。すなわち「実現されないものは法ではない。逆に機能を発揮するものは、たとえそれがまだ法と認められていなくても法である。[32]」かくしてイェーリングは、明らかに社会学的視角から法的効力という困難な問題に対する姿勢を取った。彼にとっては、実施の蓋然性[33]が法的資質の判断基準[34]である。一方では慣習法の古さが、他方では慣習法の生成がひとしくこの相対化の視野から評価される。これは、なるほど妥当性の確実な尺度を要求する法的交渉の必要にとっては役に立たないが、しかし解釈学的な進路からイェーリングが立ち上がることについては特徴的な萌芽であった。

(32) Geist I, S. 49.

(33)　Max Weber, Wirtschaft und Gesellschaft, 3. Aufl., Tübingen 1956, S. 14.

(34)　それゆえ、彼は、手段の正しさは、権利ある者にとって明白な権利ある場合にのみ正解となるのかどうかという問題を提出したのである。Vgl. Geist III, S. 333.

Ⅲ

一八七二年イェーリングはゲッチンゲンへの招聘に応じた。彼をゆり動かしたもの、それはウィーンにおける輝かしい学問上、社会上の地位であり、ウィーンでは彼にあらゆる名誉が与えられ別れに際してはさらに世襲貴族（der erbliche Adel）に叙せられ、きわめて控え目な作用圏は取りかえられることになった。彼自身はこう説明している。彼がかつて学生として本意ならずも享受したゲッチンゲンの研究上の雰囲気の当時から自慢されていた静寂さ[35]は、とくに彼の心を引きつけた。彼はこう述べた。「騒々しい首都〔ウィーン〕における生活は、私の心をあまりにも甚だしく私の学問的な仕事からそらしてしまう。私は学問のためになお何ほどかを為すべきことを私にとって義務だと考えた[36]」。彼が——サヴィニーとは異なって——栄誉と虚栄に身を窶すことなく[37]、ゲッチンゲンで二四人程の聴講生にInstitutionenを講ずるべく[38]、ウィーンに背を向けたということは、生活の喜びに異常なほど開放的であったこの学者[39]にとって、名誉ある決断であった。「それ〔彼の講義〕は、オペラ歌手が室内で歌うかのようになり響いた」こう生徒の一人は回想している[40]。私たちはイェーリングの言回しとほとんど自由な講義という活動について適切な叙述をこの生徒の回想から得ることができる[41]。ゲッチンゲンでもすぐにイェーリングのローマ法講義は評価された。とくに、彼は、最初のドイツ人学者の一人として、ゼミナール方式による方法によってローマ法講義を咀嚼させるのが常であった。この方法は今日なお影響を与えつづけている大学改革への貢献である。(42) もちろん、ゲッチンゲン時代に彼の研究上の衝動は、彼の専門仲間においては否定的な懸念を喚起したにちがいない一方向へますます向かっていった。Geist が放棄されたのは、更に巾広く理解しようとする企てのためだった。この企ては、「道徳的なるものの目的論」へと成長しるべきものだった。イェーリングの習慣によって、『法における目的』というやや不正確ではあるがしかし魅力的なタイトルを与えられたにもかかわらず。著者の意図は、一八七七年に出版された第一巻序文の構想からとくにはっきりと引き出すことができる。「本書の課題は、法全体の目的が唯一万能の原動力であるという論証にある。この領域において各々生じたすべての法は、その起源を目的に負っている。人間社会のあらゆる制度、制度の保護とその維持を実生活において使命とするあらゆる権力、あらゆる法規と法的見解は、すべて、かの一思想の意識的・無意識的な発露であり、沈澱にほかならない。(43)」

(35) イェーリングの父は、一八三七年イェーリングを文学崩れ (literarische Allotria) を理由としてミュンヘンからゲッチンゲンへ追いやったが、ゲッチンゲンでは、彼の文学愛好癖は「一層の糧を何ら見い出ださなかった。」Vgl. E. Kuh, Biographie Friedrich Hebbels Bd. I, a, a, O., S, 357.

(36) ゲッチンゲン大学図書館遺稿（以下 NUG と略す）

(37) イェーリングが（サヴィニーと）同じような経歴を辿ることをウィーンから立ち去ることによって避けようとしたという想像は、述べられたことがあった。「おそらく彼が気づかったのは、内閣に対する教権 (Magisterium) を失うということだった。」一八七一年には、まさしく Eberhard Schaeffle が思いがけず商務大臣に任命された。

(38) 彼は一八七二年に Windscheid にこう書いた。「（貴方が担当してみえるという）Institionen における四一五人という聴講生の数は、私にとってゲッチンゲンにあります Hainberg（地名）の並びの Chimborasso（巨大な火山）のように思われます。」Jherings—Briefe, S. 279.　又、他の時に彼は出席者数がきわめて少ないことをこう述べた「ゲッチンゲンは実際、学生たちにとってはまったく途方もなく退屈な小さな町です」（S. 296）

（39）肉体的楽しみに対するイェーリングの欲求は、有名だった。ゲッチンゲン名産のポンチ酒に対する彼の好みは、彼をして「ポンチ酒の理論」へと促った。この論考は未完に終わったが、一九六八年に［ヘルファーにより］Georgia Augusta［ゲ大紀要］に発表された。

（40）Gustaw Schwarz は、イェーリングから、剽窃の罪を非難されるほど熱心にイェーリングの思想財をハンガリーにおいて普及させた。（NUG）

（41）「Jhering の話は、もともと聞きずらかった。イェーリングの話し方には、欠陥があり、その特徴に私は気附ないわけにはいかなかった。重く伸ばすフリージア方言のアクセントから、母音は二重化され、喉音は気音で発音された。単語の始めの状態の g 音は、例外なく軟調に響いた。長息音の重いアクセントが一貫していた……話し方に甘い響きはなかった。そもそも話は口唇から流れるのではなかった。しばしば吃りながら言い直して言葉を言い終わると、正しい発音になるという訳だった。」（NUG）

（42）イェーリングは、大学教育の問題についてくりかえし発言している。私［ヘルファー］は、このテーマについての二、三の注解を下記で報告したことがある。Juristenzeitung 21（1966）S. 506 ff. Archiv für Kulturgeschichte 48（1966）, S. 148ff.

（43）NUG

あらゆる法は諸目的の実現に仕えるか又はかつて事えてきたものだということを簡潔に述べている仮定を証明するため、イェーリングは——素朴な動物心理学的考察から批判の余地もある人類学的考察にまで——幅広く逍遙し「世界形成の原理」[44]たる目的に関する仮定の中に迷いこんでいるが、この原理の基礎づけに際して彼は自ずから残念がっている哲学的教育[45]を受けていないことを、しばしば他意なしに述べている。彼は、このような欠陥を特別の長所につくり直そうと考えたが、このための彼の思想は、彼の突出した自尊心のためにはあまりにも特徴的であったのと同様、論証されるべきであるのに述べられないままに終わった。「私がその謎を解明しえたと考え私なりの道徳的なるものの理論を完全にわが脳裏において構成し終えたときはじめて、私は倫理学の文献に向かっていった。そして私は、そうする以前に倫理学の文献に立ち向かわなかったことを喜ばしく思う。というのは、もしそうしたならば、私自身の思想の公平さを実証することは難かしかったであろうし、又、学問が私に指し示したすでに切り拓かれている学問の王道を捨て去って断固わが道を行く勇気を振いたたすことは困難であっただろう。人はみずから自分の力を使い果した時はじめて、他人の論じた問題について知りえたとなすべしという、ショーペンハウアーのどこかで読んだ記憶がある卓見の正しさを、私はみずからについて実証しえたと思ったのである。[46]」たしかに、自分でよく考えてみることは、それ自体益する所が多いものである。著者が再読を試みる以前には、《法における目的》ということについては、すでに多くの事がただ表現されていただけなのである。[47]

（44） R. v. Jhering, Der Zweck im Recht, Bd. I, 4. Aufl., Leipzig 1964, S. V.（以下 Zweck I と略す）

（45） Zweck I, S. VI この点について印刷に附されなかった序文から引用するとこうなっている。「私は……私自身の道を拓くであろう。当時そうするための勇気を手に入れることは出来ないと考えた時代が私にはあった。……法哲学に対する私の關係は、私自身の確信を持たない臆病な畏敬であった。」（NUG）

（46） 同

（47）　のちになってイェーリングは、もし彼が道徳的なるものの社会的モメントに関する Thomas v. Aquin の見解を知っていたならば、おそらく全巻を執筆しなかったであろうと認めたことがある。Zweck II, 162. Anm. 1. さらに W. Wertenbruch, Versuch einer kritischen Analyse..., S. 47.

博学なディレッタンチズムのこの名著を文章を連関させつつ評価することは、ほとんど不可能であり、また、あまり意義のあることではないであろう。本書をその明白な欠陥から評価する者は、安直に知ったかぶりをして満足するかも知れないが、しかし、その重要性を著者が意識していた問題を欠点ある方法によってではあるにせよ根本的に究明しようする彼の誠実な努力において[48]、著者には当を失することとなろう。法社会学的に実り多き点に対するこの「錯綜した著書（wirre Werk）」[49]の下記で試みる検討にとって問題となるのは、しばしば歩かれた迷路と迂回を辿ることなしに示唆多き手がかりを取り出すことである。私たちは、それ自体として努力された厳密に論理的な構成構[50]からは程遠い素材の外面的な配列にも拘泥せず、個々のテーマについて語られたことを、ともあれ一般的にみて自然的ではない関連から冷静に解き放つのである。

（48）　この点について適切であるのは、Holtze, Puchta und v. Jhering,（in）Deutsche Juristenzeitung 3（1898）S. 485.
（49）　Walther Schönfeld, Die Geschichte der Rw. im Spiegel der Metaphysik, Stuttgart u. Berlin 1943, S. 76.
（50）　Zweck I, S. VII.

Ⅳ

「存在するものはすべて、自分のためばかりではなくて、他者のためにも存在する」[51]——こうした率直な類の社会的・倫理的な見解は、『精神』においてしばしば喚起されたが[52]、今や『目的』においては、社会に対する意義において法分析の基礎を形成している。我々の文化全体は、社会全体の諸目的のための「個々の人間生活の利用」に基づいているということが[53]、気楽な範囲で述べられており、たとえば日常の家族生活[54]や職業生活から採用し鋭い洞察力とすぐれた観察能力を認識させる実例でもって立証されている。個々の経験からの抽象がやや陳腐に聞こえるのは珍しい事ではないが、しかし、多分に効果的に響く[55]。法学的概念とは明白な対照を成しているイェーリングの社会学的な社会概念は、もっぱら主体を他人のために規定することを狙いとしている。「我々の生活全体、我々の取引全体は、この事実上の非法律的な意味においては、ひとつの社会である。すなわち、各人が自分のために行為することによって他人のためにも行為する共同目的のための協力である[56]。」この公式において注目に値するのはキー・ワードとしての「生活」と「取引」とである。イェーリングはここで、その維持と保障の中に法秩序の任務があると考える価値の二つを挙げているのである。それらが、頻繁に使用されていることからすれば、彼にとっては、それらがもっとも重要なものと思われたのだという結論が認められる。

（51） 同様なことは、Zweck I, S. 59.

（52） Geist I, S. 321 ff. 326 ff. 思想の連続性については E. Hurwicz. Rudolf von Jhering und die deutsche Rechtswissenschaft, S. 68 ff.

(53) Zweck I, S. 58. イェーリングの目的概念は、一部は不明確で矛盾している。Max Rümelin, Rudolf von Jhering, S. 12は、不当にも、明白な反論の無視に抗議している。例えば、次のような命題をみよ。「私たちは合目的的なるものを必然的なるものと対立させる。たとえば、溺れかかっている者の行為がその特徴を示している。溺れかかっている者は、救助のために彼に投げられたロープを、合目的的なるものとしてではなくて、必然的なるものとしてつかむ」Vgl. NUG. 概念批判については、Rudolf Stammler, Wirtschaft und Recht nach der materialistischen Geschichtsauffassung, 2. Aufl., Leipzig 1906, S. 342ff. および、シュタムラーに反論する注解については、Max Weber, Gesammelte Aufsätze zur Wissenschaftslehre, 2. Aufl., Tübingen 1951, S. 361ff.

(54) 「子供と子供との関係はどのようなものでありうるのであろうか、それはしばしば、両親と教師とを合わせたものより以上である。子供が手に入れようとする遊び仲間のボールにおいて子供ははじめて実際に所有の概念を知るようになり、遊び仲間の悪態の威嚇的な印象が子供にはじめて道徳を教える。(Zweck I, S. 59)

(55) 彼は、社交的な性向をもつ人にとって天国はまったく退屈なところだという周知の想像を、次のようないわゆるメタ社会的な格言で断言している。すなわち、「天国に一人でいるよりは、地獄で悪魔と一緒にいるほうが良い」(NUG)。

(56) Zweck I, S. 66.

イェーリングは、「取引」という語の下で理解しようとしたところのものに関し、経済的に心を傾け、大体のところ計画的な欲求充足のためのあらゆる手段と方法の全体性を包括する詳細な概念規定を明らかにしようとした。[57] これに対し、生活の概念は無規定のままに残されており、[58] イェーリングの体系においては、そもそも体系について語って差し支えないとすれば、あらゆる確定を回避した一つの変数を成している。[59] イェーリングは、自らの強調した相対性において、『法における目的』第一巻で基礎づけられた定義を次のように論じている。「法とは、国家権力による外的強制によって保障された社会の生活条件である」[60]。彼が何世紀にもわたって神学者や哲学者によって呈示されたり放棄されたりした究極的な価値のかわりに、社会の生活条件を置いたということは、なるほど一九世紀に他の偉人においても為されはしたものの、彼においてもっとも鋭く表現された法思考のかの再志向――とりわけ世俗化[61]に対するイェーリング自身の寄与である。上記の改良運動がそこからそのスタートを切ったこうした新しい価値の設定は、Erik Wolf が圧縮した簡潔な表現で「生活の思想が真理の概念を変動せしめた」という公式を還元した発展への萌芽をふくんでいた[62]。それからの分枝がどのようにして今世紀の政治的危機に至ったかということは、Erik Wolf は、控え目にしか書いていないが、Franz Wieacker は一九四二年にきわめて明瞭にこう述べている。「かくして、イェーリングを範とするものにおいては、彼らが法をより高次でそれ自体法的に自由な生活価値の手段として理解するかぎり形式性からの転向を問題とする多くの公式と指導的価値が存在することになる[63]。」

(57) Zweck I, S. 76.
(58) Vgl. 不明瞭な表現（同箇所の）、及び F. Wieacker, Rudolf von Jhering, S. 40.
(59) Erik Wolf, Große Rechtsdenker der deutschen Geistesgeschichte, S. 633.
(60) Zweck I, S. 399. 同じく S. 345.「法とは、国家の強制権力によってつくられた社会の生活条件である。」
(61) F. Wieacker, Rudolf von Jhering. S. 45.
(62) E. Wolf, Große Rechtsdenker..., S. 653.
(63) F. Wieacker, Rudolf von Jhering, S. 55.

事実、目的の格率から「法とは民族の役に立つところのものである」という根本原則への道は遠くない。むしろイェーリングは、危険な結論によってこの根本原理を崩壊させることを防ぎ、それによって彼が偉大となった道徳上の根本的な賦与を無意識に守り、かつ又、彼の思考にとって認識された外的な矛盾において沈殿していることが珍しくない限界を設定したのである。かくして我々は、彼の後期の著作のやや陳腐な目的（Zweckkuberei）に対して、次のような初期の見解を置かねばならない。世界において支配しているのは「ひとり合目的的性の原理だけではなくて、この原理がその存在を負っている法規や制度とならんで、道徳的・法的な根本的見解の発露のように、意図することなく結果たる別のもの、それゆえ、かの尺度によってはけっして測りえぬ別のものが存在している。[64]」その立場は矛盾しているが、しかし、彼が放棄しようとしたのはそれぞれ他方のためだったのだとあえて推測することができるであろう[65]。

（64）　これは下記で述べられたものである。Gustav Radbruch, Rechtsbrevier, Hrsg. von F. v. Hippel, Göttingen 1954, S. 28.

（65）　G. Radbruch, Eine Feuerbach – Gedenkrede, S. 27 はこう述べる。「彼はこのような認識をのちになって忘れることができた。それは、確実に首尾一貫しているわけではない。人は、人間としての自分をその矛盾の中に示す不一致を解こうとしない方が良いであろう。」

イェーリングの活力説（Vitalismus）[66]に立ち帰ると、確言できることは、この活力説は、法とは社会的生活克服の実際的諸目的に有用なものたらねばならず、この諸目的のために有効でなくなった以上ただちに、その存在の正当化を失うのだという、理論的にはただ不完全にのみ論証された彼の確信の表明以上のなにものでもないということである。まず彼によって大いなる努力と配慮によって打ち立てられた概念法学[67]の道をはなれるよう彼をかつて動かしたものと、判決の中につねに「生活に即した」結論を求め、その結論に応じて、判決を根拠づけるために有用な法規を引用するよう彼を誘なったものとは、同一の認識であった[68]。各裁判官に信頼された先取された法発見の技術の説明に際して、さらに他方、イェーリングの思想の中には矛盾のひとつが示されている。彼は任意の判決に到達するため、みずからの法感覚に導かれ、法律が彼に従ったのであるが、彼は同時に「法における感情の支配」[69]を克服することをのっぴきならないものと考えた。それゆえ、彼は、「健全な法感情」を信奉もし[70]、疑念を懐きもしたのである[71]。それは、こちらでは法感情をほめそやし、あちらでは法感情を疑うところの法感情と密接に類似した「健全な人間悟性」に他ならない[72]。

(66) E. Wolf, Große Rechtsdenker, S. 652.

(67) このような呼び方のもとで、彼は、彼によって Geist 第一巻において発展させられた法概念の構成に関する見解をみずから嘲弄したのであった。参照せよ、彼の匿名論文から成るきわめて論争的な著書、Scherz und Ernst in der Jurisprudenz, Leipzig 1884.

(68) 見解の変遷は、とくに、一八六四年五月二九日ヴィントシャイトあての手紙の中にこう述べられている。「もはや私は『構成』からは離れました。実際、法には論証的な要素よりも何かもっと高次のものがあるのです。」(参照、Briefe, S. 166)

(69) Geist II, S. 37.

(70) Kampf, S. 75, 80. 特徴的な意見は、E. Wolf, Große Rechtsdenker...S. 644. 註(66)、この点については又、Max Rümelin, Rechtsgefühl und Rechtsbewußtsein, Tübingen 1925, S. 43 ff.

(71)　Geist II, S. 319. 私が Archiv für Kulturgeschichte 48 (1966) に公開した格言をも参照のこと。「学問のもっとも困難な課題のひとつは、単純で健全な人間悟性が冷静さと明敏さとに対して有効となるということである。」

(72)　「健全な人間性、これがあらゆる標語と慣用句のなかでもっとも危険である」(NUG)

彼の著作の他の二律背反とことなり、この矛盾それ自体は、彼に意識されていた。彼は、彼の意見の中で激しく揺れ動き、努力された一般性においてすこしも解きえなかった法発生の問題をめぐって努力するうちに自分の立場を根本的に変えていった。それにもかかわらず、彼ら特有の完全さゆえに疑念の余地を残すことを好まない種類の学者たちとはちがって、イェーリングは、公然たる勢いをもってそうした精神的な転回をも成しとげようとするのが常であった。[73]「私には、それと争うことを課題としていた見解の正しさをもっとも確実に確信した一時期があった。」このようにして、彼は、「法とは法感情によって確信されたものだ」というテーゼをかつて弁護したことがあることを率直に回想した。彼は続ける。「さしあたり私の答えは正反対のものとなった。法の形成にあたって、法感情は、本来、何らの関与もしないのではなくて、法がその起源を負っている実際的な目的、安全な社会的共同存在の否定しえない要請、生活の必要が存在しているのである。」[74]

(73)　たとえば R. v. Jhering, Zweck I, S. 58. 注

(74)　NUG.

法を純粋な目的の創造物と考えるということは、その排他性において、「民族精神」を含めて、論理的に一

切の超越的な発生理由を失格せしめねばならなかった。正統派の唯物論者であったならば、こうした結論を引き出すことを躊躇しなかったであろう。イェーリングはこの結論を回避し、そのため彼は再び矛盾にはまり込まねばならなかった。一方で彼はこう考えた。「霊感でもなく、人間によって作られた全構造の必然的な基本形態に対する一定の直感でもなくて、人間の意図と打算、端的に言えば、意識された目的が大工の親方の手を導いた。[75]」他方で彼は世界の中に目的を設定する腕の良い（göttlich）大工の親方を思い浮かべることができた。[76] W. Wertenbruch は、このような矛盾を、ただイェーリングの宗教心が弱かったものとしてのみ、述べようとしている。[77] かかる問題は私たちにとってはどうでも良いことである。多くのテーゼはこのことを立証しているかもしれないが、しかし、意味する所が確実に重要な他の意見ではそれは逆である。[78] もっと重要だと思われるのは、形而上学的な諸偏見に対するイェーリングの懐疑的な態度が、法の発生という問題についての合理的な接近の道をはじめて切り開いたということである。教義的な諸偏見は、こうした分野におけるたしかにあまりにもしばしば誤まてる不確実な歩みを阻害してきた。Wertenbruch が言っているように、[79] 神のみが支配できる者は、もちろん、イェーリングが Zweck において論じた諸問題については、ただ阻害された理解しかなしえない。彼の批判的な知性は、彼をして、スコラ学者の知識に安ずることなく、「社会生活の基本的諸形態[80]」の発生について、みずからの解明を求めさせたのであった。

伝えられた諸価値の仮借なき不安定化は、その上、彼が Nietzsche の同時代人であることを示している。彼は自らを称して、「自然科学的見解および自然科学的見解が有している一定のア・プリオリな諸原理に対する進行に対してわが目的思想をもって止めを刺そうと考えている自然科学的見解の敵対者[81]」であると強調している。彼が、Geist において、好意的ではない批評家たちから「自然法的学説への傾向ないし再発について批難[82]」される機会をくりかえし与えた後で、イェーリングは、生活の諸欲求に先行する超実定法の思想から、人間は死せる被造物にあらずと、Zweckの中ではっきり言い切った。Max Weberが後に理論的に基礎づけるであろうこと、[83] すなわち、Thomas v. Aguinが夢想だにしえなかった法の権力に対する依存は自然法をも含むということ、それゆえ、たとえば、カソリックの影響を受けた立法部は婚姻の非解消性を当然のこととして実施しようとし、社会主義的多数者は、おそらく教育に対する自然権を確立するであろうということは、彼においては、すでに明らかな懐疑であると思われたのである。このようにして、エチケットに関しては、ぶどう栽培者と法律家とは全く同じような悪用を行ない、いわゆるより良い資質とは、利害関係に結びついた添え書き（Zuschreibung）に依っているということを、イェーリングは確実に認識していたし、またさまざまな形で述べている。Geistにおいてなお引用された世間ばなれした法文の是認をもはや彼は認めなかった。彼は、「かつて、たとえば殺人、暴行致死、強盗、窃盗、姦通、重婚の禁止といった法感情の最も簡単ないわゆる基本的真理を、人間にとってア・プリオリに理解できるものだと考えたのではなくて、それらすべてについて、経験の歴史的道程、すなわち、それらの基本的真理は当時存在しえなかったのだという社会の何千もの事例を通じて出された認識を仮定したのである。[84]」

(75) NUG.
(76) Zweck I, S. VIII, これと部分的に矛盾するのは、Zweck II, S. 70 ff.
(77) W. Wertenbruch, Versuch einer kritischen Analyse…S. 93ff.
(78) だから、最初のウィーンでの講演から引用すると、「私はプロテスタントとして……固執したのであり、私の信念に忠実だったのだ。そして、私自身、宗教的関心を弁護する気持ちなどいささかもないのである。しかし、それと同じ情熱をもって、私は又、学問が彼らの権利となるよう要求する。私は、学問と宗教との両者

の限界を混乱することは同じ方法において拒絶と害悪が結果となる確信している」(NUG)

(79) Wertenbruch によれば、「ルドルフ・フォン・イェーリングが経験的に確定しようとしたことと全く逆のこと、すなわち、社会生活と国家権力とは神の意欲によるということ、そして神が万物の支配者だということを経験は示している。」W. Wertenbruch, Versuch … S. 96, このような二人の経験論者が一致する所では、学問は何ものをも勝ち取れないのである。

(80) 同 S. 48.

(81) NUG

(82) 同。イェーリングの著作におけるこの点でとくに著しい食いちがいについては下記参照。Harry Lange, Die Wandlungen Jherings im seiner Auffassung vom Recht, Berlin 1927, S. 28 ff.

(83) Max Weber, Wirtschaft und Gesellschaft, S. 28ff.

(84) NUG.

すでに Geist において、そして Zweck において力強く法文と法組織との発達に対する社会的利益状態の決定的な意義を指摘したことは争う余地なくイェーリングの業績であるが、しかし、その意義を規範設定力にのみ還元された法発生論全体への壮大で単項的な高まりの中に認めることはできない。雄大な上部構造に欠けているのは、もっぱら確実な根本原理(Fundamente)だけである。

実質的にみて、有機的な法発達という論証された神話の代りに、別の神話、すなわち、目的という神話が置かれているにすぎないという批難は根拠がないわけではないと思われる。(85) 法が純粋に目的の創造したものであることを立証しようとして、イェーリングは、たくさんの民族学的、法史上の素材から複雑な多数の因果事象において反覆すると認めうる規範の形成過程を丹念に分離し、類型的な諸原因を吟味しなければならなかった。それにもかかわらず、このような面倒な細かい仕事[86]に対して、散発的な手がかりが Zweck 第一巻には存在している。大抵の個々の法創造行為は「きわめて遠い過去に溯る。そして、人類は過去の記憶を喪失してしまったのだ[87]」という主張は、資料が乏しい古代において法の発生が生じたのと同じように、むしろ、朦朧たる思弁への道を切り開いている。そうした意図のためにはかかる先史時代の方法だけが唯一つの万能な方法であるのではなく、今日の現代社会において日常的となった規範形成の機会からする推論の方がより容易であり、より実り多いという考え方には、なるほどイェーリングは無縁であるわけではない。けれども彼がこの道を歩む限り、みずからの経験的知識の範囲を踏み越えることはほとんどないのである。

彼の仮説が彼をして各々の法制度について、適合する目的を探求させたということが、彼の思想構造に関し重大な誤謬の源泉として判明したはずである。イェーリングがいかに易々と合理化の危険をおかしたかということは、とくに一八八六年出版の著書〔Zweck II〕第二巻を例にとるとよくわかる。その著書の一般的な意図については、なお予め最も必要なことを述べておこう。イェーリングは、釣り合いのとれていない、そして、それにも拘らず完結していない七〇〇ページをこえる数章から成るこの文献史上の珍本[88]によって、タイトルにおいて示唆された「目的思想の全能を、法にきわめて近しい習俗の領域に明白に及ぼす[89]」という意図の枠を飛び越えるのである。「法、道徳、習俗という三つの社会的命令[90]」に関する、彼の本来の計画をはるかに越え出る道徳的なるものの全領域について、彼は、それらの命令がもっぱら社会の実際的な諸目的にその存在を負っているということ、および、それゆえに「人類は、人類が必要とするあらゆるものを産み出すためには、いささかの道徳的資質をも必要としなかったのだ[91]」ということを立証しようとする。イェーリング自身によって後により詳しい哲学的な書物[92]に照らしてまさしくオリジナルではないと認められた「生得」[93]説についてのこのような批判の一般的な一貫性については、原理上、第一巻について挙げた異議があてはまる。イェーリングを哲学者として批判的に突き放すことは公正ではない。それゆえ、彼の専門ではなかった分野では彼の知識はつねに優れた学者たちとの共有物となったのであり、しばしばこれらの人々の後塵を拝しながらも優れた作品が残ったのである。(94) けれども、社会学者たちにとっては、彼がみずからの道徳的なるものの理論のために開拓した素材、およびしばしば、その気まぐれな解釈でさえ、多くの重要な手がかりを与えてくれる。すなわち、あらゆる習俗と習慣から彼の考察のための原理を獲得しようとして、イェーリングは自分自身でさえ大いに驚くほどの自己克服をもって恐れることなく、「日常生活の最低次の領域(95)」に身を置いて、人間の社会的な行動様式を討究したのである。

このように、書斎学者の高邁な思考の飛翔から経験的な社会研究の低地へ下降することは、事実、当時の法学者にとってはまったく稀有なことだった。それで彼は、なかば弁解しつつ彼の顕微鏡的手法を、「滴虫、旋虫、内臓(96)」の詳しい観察を重視する生物学者の手法と比較しようとしたのであった。その結果は、なによりもまず、たとえば今日すでに文化史的な関心を占めている習俗の領域から取った多数の実に鋭く観察された細目であった。言葉、態度、衣服、住居に関する家族と社会に置ける世代と年齢との間の社交上の交際の諸形態、そして当然にも著者の好む領域、すなわち飲食の諸形態はとくに詳細に、もっぱらヨーロッパ文化圏から集められている。イェーリングは、それらの諸形態を、それらの拘束力〔義務づける力〕の程度に応じて、習慣(Gewohnheit)、風習(Brauch)、習俗(Sitte)と看做し、法に先行する領域における体系化、規範発生現象の概観となし、これが今世紀初頭――ツェルノヴィッツの Eugen Ehrlich などの――法社会学者たちに受け継がれ敷衍されていったのである。

(85) Felix Dahn, Die Vernunft im Recht, Berlin 1879, S. 219.

(86) イェーリングはこうしたことについては向いていなかった。Vgl. Ernst Immannel Bekker, Rudolf Jhering 1852—1868, Briefe und Erinnerungen, Berlin 1907, S. 105.

(87) R. v. Jhering, Zweck I, S. 344. 同じことがある草稿でこう述べられている。「法のもっとも簡単な基本的な真理でさえ、……それらの実際的な不可欠性からはじめて認められたのであり、苦しい血みどろの労働の中で実現されてきたものにちがいない。……それにもかかわらずそうした知識は後代になって忘れられた。それに代って、法とはけっして法以外の何ものでもないという考えがあらわれた。」(NUG)

(88) Zweck II, S. X.

(89) R. v. Jhering, Ästhetik des Essens und Trinkens, (in): Gegenwart 22 (1882), S. 179. 本論文は、Zweck II, S. 333ff. に挿入されている。

(90) R. V. Jhering, Zweck II, S. IV.

(91) 同上。

(92) とくにLock の書物。因みにロックの書物についてはこう述べられている。「恥ずかしいことに私はこう白状しなければならない。ロックの本は以前私にとって未知のものだった。しかし、彼が法哲学について知っていた所のものを専門の法哲学者に戻せという非難が当時の法哲学書から借用した実定法学者たる私に、加えられたのであった。」(NUG)

(93) Zweck II, 85ff. この点については Hugo Sommer, Rudolf von Jherings Sozialutilitalianismus, (in): Preußische Jahrbücher 55 (1885), S. 55ff.

(94) L. Mitteis, Rudolf Jhering, S. 658. 「たとえ彼が哲学的な著述を行なったにしても、哲学においては彼はたんなる門外漢であった。」

（95） Zweck II, S. VI. また、同書 S. 496 を参照せよ。「学問には、学問が踏み越えることのできない境界線があるという偏見を抱いている者は……すくなからず立腹するであろう。」

（96） Zweck II, S. 299.

一八八六年のミカエル祭（九月二九日）――〔これは一八八五年の誤記と思われる――訳者〕にゲッチンゲン大学に入学し、それにもかかわらず、イェーリングの講義に足繁く出席することのなかった Max Weber は、後になって、風習（Brauch）と習俗に就いてのイェーリングの諸研究について、短いがしかし功績を認めつつ言及することとなった。[97] 実際には Weber は、イェーリングの研究を部分的にフォローしたにすぎない。Weber はとくに習俗の概念規定においてはイェーリングと意見を異にせざるをえないと考えた。イェーリングは、習俗の概念の下に、全体の利益の中に存在し、それを無視すれば不利益をもたらす社会的に義務づける習慣を理解したのに対して、[98] Weber は、習俗の概念の中に、その停止がだれからも要求されない長期に亘って受容されていることにもとずく風習（Brauch）だけを考えた。[99] 大体のところ、イェーリングの言う習俗（Sitte）の代わりに、Weber においては、それ自体、強制手段を欠いていることによってのみ法から区別される所の――Zweck においては詳しく論じられていない――慣行（Konvention）の概念が立ちあらわれる。[100] 適切な概念形成においてつねに考慮を必要とする普通の言語慣用は、むしろ習俗（Sitte）に義務づけの要素を与え、慣行（Konvention）に、あまり制裁的でなく、たとえきわめて重要ではないという訳ではないにしても解釈しうる合意という性格を与えるのが習いであるから、[101] Zweck で選ばれた定義は明らかに好ましいものといえよう。もちろん、イェーリングは、習俗（Sitte）を良俗（gute Sitte）と等置し弊風（Unsitte）と対置させたかぎりにおいて、社会学的用語法に対するその語の有用性を減じてしまっている。このことによって概念の中に入ってきた評価を通じて、この概念は主体的に不必要な負担となったばかりではなくて、イェーリングは迷うことにもなり、通常の社会学的な観察の幹を越え出て、とくに彼の心中に私憤を喚起した所の行動様式を、弊風という厳格な尺度を用いて罰せしめたのである。Zweck にたずさわっている間に Zweck とは別個にそうした努力の一つの成果が生み落とされた。それは『チップ論』である。それは著者の名声を馭者や給仕たちにも周知のものとなした、――今日もそのまま現実的な――テーマゆえに多くの注目を浴びた一研究である。[102] 本書は、たとえば、いわば立ち去っていく招待客が全接待に対して与えなければならない「料理成績表」(die kulinarische Zensurnummer) というような、[103] これらの制度の退化した変種の影響のもとにあるこれらの制度の種々の形態の注意深い分析をふくんでいる。このような処理をいわゆる第一次的な目的に還元する方法は、イェーリングの説明法にとって典型的である。「チップ本来の動機は、好意、博愛、公平にあったのではなくて、私益にあったのだ――チップを始めて与えた人は、チップによって何か自分の得になることを目的としていたのだ。[104]」かくして、おそらくは宗教的な観念にもとずく不合理な動機や――気前の良さといった――特殊な精神的な素質は、イェーリングがチップを意味深長なものと考えたのと同じようにしてチップをやらねばならない仮定上の究極的な［最初の］目的設定者の公正のために、簡単に否定されている。

この法学者［イェーリング］の比較的狭い経験領域は、社会学的にも形而上学的にも重要な礼儀というテーマに献げられた論文のあちこちに、足跡をたどることができる。たしかに、イェーリングは、彼の視野を専門学者との交際におけるこうした彼の好きな分野で広げようとしたのであったが、[105][106] しかし、このような支配は、彼の見解に対してただ偶然的に作用したにすぎず、彼の自覚的な判断に著しい影響を与えることはなかった。それにもかかわらず、礼節と礼儀との概念に関する微妙な細部にまで亘る諸研究は、多数の注目すべき諸形態と確定的な限界づけの微妙さゆえに、今日までその価値を保っている。[107] 礼節 (Anstand) の社会的条件、礼節の種々のカテゴリーにおいて不快なるもの（das Anstößigen）を遠ざけるという、礼節の消極的な目的、礼節の推移と礼儀（Höflichkeit）との区別、そしてふたたび礼儀（Höflichkeit）の特徴、それらの現象学の諸特徴は、驚嘆すべき洞察と非常な愛着とをもって詳細に論じられている。この法学者［イェーリング］の抽象能力は、いわゆる日常茶飯事なるがゆえに数世紀に亘ってまともに取り上げられることもなく無秩序に放置されてきた素材に即して、チップ論において実証されている。おそらくこのようなテーマ領域は家系（Haus）から彼に期待されていたのである。彼の父は、「礼儀概念の学問的解明」という興味深い研究を残している。残念なことに、イェーリングは、こうしたテーマに関する彼より前に書かれたいくつかの論文を知らなかった。ジョン・オースチンの法哲学的著作は、ハーバート・スペンサーの Ceremonial Institution（1879）に関する研究と同様、たぶん英語を知らなかったため、彼の手の届かないものに終わった。

礼儀作法（Umgamgsformen）の論究は、Zweck im Recht の第三巻において、イェーリングがさらに書き終えることのできた作法（Takt）に関する一章を付け加えるはずであった。本書をさらに書き継ぐ計画があったことについては、彼が――第一巻の論駁しうる思想系列に関連して――自分の道徳的なるものの理論を「個人の倫理的自己主張」というやや曖昧な概念によって完成させようと考えていたことからして、確実である。[108] けれども彼は、他の競争者の取り上げなかった新しいけれども少なからず困難な素材、すなわち、一八九二年秋、ゲッチンゲンで死がペンを手から打ち落すまで彼が携わった Vorgeschichte der Indoeuropäer に近づこう[109]として、この［Zweck 第三巻を書き継ぐという］計画を放棄してしまったのである。

（97） Max Weber, Wirtschaft und Gesellschaft, S. 15.
（98） Zweck II. S. 19, 192.

(99) Max Weber, Wirtschaft und Gesellschaft, S. 15 und 181. 結論の類似しているのは、Ferdinand Tönnies, Die Sitte, Frankfurt/M. 1909, S. 12.

(100) M. Weber, Wirtschaft und Gesellschaft, S. 18.

(101) その限りにおいて、私はたとえばRudolf Stammlerの見解に心がひかれる。Vgl. また、Hermann Kantorowicz, Der Begriff des Rechts, Göttingen 1957, S. 79, Anm. 73.

(102) C. Herquet, Miscellen zur Geschichte Ostfriesland, S. 92, Anm. 2.

(103) 「私の住んでいる所（ゲッチンゲン）の示す所では、習俗はかならずしも一般的である訳ではない。ここでは、何人かの人々は、習俗の生ずる余地をなくすべきと考えている。」Vgl. R.v. Jhering, Das Trinkgeld, 4. Aufl., Braunschweig 1902, S. 46, Anm.

(104) Ebd. S. 27.

(105) このようなテーマ圏に従事することへの刺激は、たぶん「礼儀概念の学問的解明の試み」(Versuch einer wissenschaftlichen Erörterung des Begriffs der Höflichkeit) を著した彼の父に遡る。

(106) R.v. Jhering, Zweck II, S. 384. 註1

(107) Vgl. ホセ・オルテガ・イ・ガセット (José Ortega y Gassett) のイェーリングに関する意見。Der Mensch und die Leute（『人と人々』——邦訳オルテガ著作集5では『個人と社会』—訳者）、Stuttgart 1961, S. 166.

(108) Zweck II, S. VIII. この点については、G. Radbruch, Eine Feuerbach—Gedenkrede, S. 26,「作為のしすぎと失策」ラートブルフの『法哲学』(6 Aufl. Stuttgart 1963, S. 116) において表明された「イェーリングはZweck第三巻を書いたならば、方法論的一元論を克服したであろう」という想像は、遺稿に存在する断片からは、確実に立証できる訳ではない。彼にとってそのような見解の変化は——モンテーニュの言う意味での「変化と移り気がある」(être divers et ondoyant) ——しかし、直ちに信頼できるものであった。

(109) 本書は、一八九四年に Victor Ehrenberg によって編集された。本書については、Jhering - Briefe, S. 420, 459ff. そして批判的には Alexander Leist, Rudolf von Jhering, Göttingen 1919, S. 8.

V

方法論的な入念さの欠如、興味ある仮説と考慮との無秩序な混乱、および、しばしば魅力的で時には又何程か錬磨された文体の素晴しさにおいて、イェーリングの社会学的な理論は、実に多くの特徴を近代ドイツ社会哲学の諸著作と共有している。社会科学的研究のこうした方向にとって一見して判る必然的に内在している体系的な弱さは、もちろん今日きわめて巧みにカモフラージュされている。他方、イェーリングはまさしく、つねに表現のわかりやすさを意識的にめざしたがゆえに、著書の中で、きわめて容易に認めうる弱さを示したのであった。けれども、明るいところでみると、少なくとも、方法論的な前進は、それほど大きくはないと思われる。到る所で古い誤謬が治療を求めてふたたびむしかえされている現代において、Tönnies, Weber, v. Wiese に続いて、職業的な覆刻出版社［Scientia］によって促進されたイェーリング・ルネッサンスが開拓されるならば、精神的論議の全く同じような覆刻法が今一度古い状態をめぐって、すなわち、かの勇士たちが築きあげ獲得した名声において享受したかつての国家組織という半ば吹き飛んだ砂上の楼閣をめぐって始まるという心配は、十分に根拠がある。まさしく Zweck im Recht というイェーリングの柔軟な思想の枠組みは、遅れて再開されたそのような論争に少しも向いていないであろう。原典に習熟し、角のある思想過程を辿ってみるという企ても、どれほど多くの遣り甲斐あることであろうか。けれども、古い書籍に伴う苦労は、いくらかは残っている。イェーリングのすぐれた想像力の主たる作用は、今日、たぶん、優れて歴史的にのみ評価しうるであろう。この主たる作用は、前世紀において、彼が上記の法政策的努力を与えた所の稀にみる実り豊かな刺激の中に存在したのである。かくして、彼の多くの命題は、早くから、近代的法思考の無意識の構成要素となったのである。

〔初出一覧〕

1 グスタフ・ラートブルフ「ルドルフ・フォン・イェーリングの著作『法をめぐる闘争』の予定された出版のための序文」……「名経法学」一九九八年二月
2 ヨゼフ・コーラー「フリージアの田舎牧師イェーリング」……「名経法学」一九九八年二月
3 ヴォルフガンク・フィケンチャー「イェーリングの近代法学方法論」……「名経法学」二〇〇一年一月
4 ヴォルフガンク・フィケンチャー「イェーリングの近代法解釈学方法論」……「名経法学」二〇〇〇年三月
5 フランツ・ヴィアッカー「ルドルフ・フォン・イェーリング論」……「比較文化研究」二〇〇〇年三月
6 エルンスト・E・ヒルシュ「法教育改革者としてのイェーリング」(日常生活の法律学)……「名経法学」一九九七年一月
7 クリスチャン・ヘルファー「法社会学者としてのイェーリング」……「名経法学」一九九九年三月

〈編訳者紹介〉

山 口 廸 彦（やまぐち　みちひこ）

1942年　愛知県岡崎市に生まれる。早大第一法学部、大学院修士課程を経て、早大大学院法学研究科博士課程単位修得。早大副手、名古屋音楽大学講師、助教授を経て、（現在）名古屋経済大学法学部教授（大学院兼担）、この間、神奈川大、名城大、同朋大、中京大、愛知学院大、名古屋市立大講師、（比国）セブ大学大学院客員教授など。（専攻）法哲学、法文化論、法学教育論

〔共著、編訳〕

『現代社会の法構造』（芦書房、1984年）

『イギリスの社会と文化Ⅰ』（成文堂、1991年）

『イギリスの社会と文化Ⅱ』（成文堂、1993年）

『日・豪の社会と文化—異文化との共生を求めて』（成文堂、1995年）

“The Japanese Society Today”（豪、Central Queensland Univ. Press, 1995）

“Reinventing the Old Japan”（豪、Central Queensland Univ. Press, 2001）

“Japan at the Crossroads”（成文堂、1998年）

『イェーリング　法における目的』（信山社、1997年）

『大法学者イェーリングの学問と生活』（信山社、1997年）

『イェーリングの法理論』（信山社、2002年）

イェーリング法学論集

2002年（平成14年）　11月30日　第1版第1刷発行

編訳者　山　口　廸　彦

発行者　今　井　貴

発行所　信山社出版株式会社

〒113-0033　東京都文京区本郷6-2-9-102

電　話　03(3818) 1019

ＦＡＸ　03(3818) 0344

Printed in Japan

ISBN4-3095-9　C3332

3095-012-006-004

分類 321.001